业财一体信息化 实验教程

（用友U8 V10.1） 微课版

彭飞　陈宏博　主编

清华大学出版社

北京

内 容 简 介

本书以简述原理、突出实训为主导思想，以一个企业单位的经济业务为原型，重点介绍了用友 U8 财务管理与供应链管理系统核心子系统的主要功能和业务处理方法，兼顾原理阐释与实务训练。书中为读者定制了 57 个实训项目并提供了实训准备账套和结果账套，每个实验既环环相扣，又可以独立运作，适应了不同层次的教学需要。

本书共分为 10 章，第 1 章介绍了会计信息化应用的基础，第 2 和第 3 章介绍了用友 U8 V10.1 管理软件的使用基础——系统管理和企业应用平台，第 4 ～ 10 章分别介绍了用友 U8 软件中最重要和最基础的总账管理、固定资产管理、薪资管理、采购与应付款管理、销售与应收款管理、库存管理与存货核算、UFO报表等模块的基本功能，并以系列实训的形式详解了这些模块的主要业务的处理，模拟一个企业连续一个月的全面经济业务进行实务操作。

本书可作为高等院校经济管理等相关专业的教学用书、会计技能大赛辅导用书，也可作为在职会计人员学习用友 U8 的自学读本。

图书在版编目(CIP)数据

业财一体信息化实验教程：用友 U8 V10.1：微课版 /
彭飞，陈宏博主编 . -- 北京 : 清华大学出版社，2025. 6.
 ISBN 978-7-302-69437-3

 Ⅰ . F232

中国国家版本馆 CIP 数据核字第 2025Y2M463 号

责任编辑： 刘金喜
封面设计： 何凤霞
版式设计： 思创景点
责任校对： 成凤进
责任印制： 沈　露

出版发行： 清华大学出版社

　　　　　网　　　址： https://www.tup.com.cn，https://www.wqxuetang.com
　　　　　地　　　址： 北京清华大学学研大厦 A 座　　　　**邮　　编：** 100084
　　　　　社　总　机： 010-83470000　　　　　　　　　　**邮　　购：** 010-62786544
　　　　　投稿与读者服务： 010-62776969，c-service@tup.tsinghua.edu.cn
　　　　　质　量　反　馈： 010-62772015，zhiliang@tup.tsinghua.edu.cn
印　装　者： 三河市龙大印装有限公司
经　　　销： 全国新华书店
开　　本： 185mm×260mm　　　　**印　　张：** 17.5　　　　**字　　数：** 494 千字
版　　次： 2025 年 8 月第 1 版　　　　**印　　次：** 2025 年 8 月第 1 次印刷
定　　价： 68.00 元

产品编号：097367-01

习近平总书记在清华大学考察时强调，要用好学科交叉融合的"催化剂"，打破学科专业壁垒，对现有学科专业体系进行调整升级，推进新工科、新医科、新农科、新文科建设，加快培养紧缺人才。党的二十大报告中提出，加快建设数字中国，构建新一代信息技术。会计信息化是企业信息化的起点，也是企业信息化普及面最广的一项应用。为会计信息化培养合格的应用人才，使其理解会计信息化的基本原理，熟悉业财一体信息化核心子系统的业务操作，是本书编写的初衷。

全书以企业财务业务一体化集成应用为信息化背景，共分10章，分别为会计信息化基础、系统管理、企业应用平台、总账管理系统、固定资产管理系统、薪资管理系统、采购与应付款管理系统、销售与应收款管理系统、库存管理与存货核算系统、UFO报表管理系统，涵盖了U8财务业务一体化应用的主要内容。本书特色表现在以下5个方面。

1. 融入党的二十大报告精神

党的二十大报告中提出：加快建设数字中国，支持专精特新企业发展，构建新一代信息技术、人工智能，加快发展数字经济，促进数字经济和实体经济深度融合，打造具有国际竞争力的数字产业集群。这些关键词体现了我国对于加快建设数字中国、发展数字经济的高度重视。本书的每章"素养园地"中都展示了我国企业在数字领域ERP方面的典型应用案例，展现了我国在数字经济领域突飞猛进的卓越成就。

2. 理论简明，侧重实训

本书每章均按理论知识和实务训练展开，各部分作用说明如表1所示。

表1　各部分作用说明

每章结构项	子项	作用
理论知识	基本功能	阐释本章所介绍子系统的主要功能
	系统初始化	系统初始化的主要内容及设置方法
	系统日常业务	系统主要业务类型及业务处理方法
实务训练	系列实训设计	将企业典型应用按业务流程设计为前后衔接贯通的实训项目 通过详细的实训指导引导学员完成业务处理、掌握方法并理解原理

从以上逻辑框架可以看出，本书从理论知识到实务训练逐步进阶，提高了学习者对原理的基本把握及对整体流程的掌控和实践能力。

在实训部分的设计中，所有业务均依照现行会计准则编写，全面实施"营改增"和"新税制"。实训以证明业务发生的原始凭据为牵引，加深学生对企业真实业务的了解，运用所学财务会计知识，完成对经济业务的会计处理，进而在会计信息化平台中进行处理，不仅会核算，而且善工具。

3. 内容独立，自由组合

鉴于不同专业、不同教学对象的教学目标、内容与学时存在差异，因此，实验业务设计按系统模块设置为"拼板"方式，各章节实验业务保障所描述模块业务核算的完整性，既可以由上至下顺序进行，也可以由教师根据实际需求，结合学生基础和教学目标，任意选择其中的若干实验进行组合，给予教学较大的自由空间。

4. 教赛结合，分层教学

本书的编者为会计信息化竞赛一线指导教师，在编写过程中结合多年指导大赛的经验，将大赛成果予以转化，充分将"赛、教"融于一体。实验业务基于企业真实案例数据，结合经济管理类专业人才培养方案及信息化大赛测试重点，根据不同岗位设置高度仿真的实训项目。另外，各章节实验业务设置兼顾基础教学与竞赛选拔，实现日常教学与竞赛培训的接轨，将信息化竞赛培训融入课堂教学。同时，教师在授课过程中，亦可依据课程目标及学生培养目标选择书中不同难度的业务开展课堂教学，从而满足不同层次的教学需求。

本书还提供了实验操作的微课视频，方便学生自学。

5. 资源丰富，便于自学

鉴于各校的实验环境存在差异，本书教学资源包对每个实验结果都保留了标准账套。课堂教学中可把以往章节实验基础数据引入系统，直接开始下一内容的实验，从而有效地利用教学时间。同时，由于教学学时有限，部分实验业务需要由学生在课外自行完成，因此，本书操作指导部分针对不同业务给出非常详尽的操作步骤，以此为对照，学生便可以按部就班地完成全部实验并通过标准账套对照自己的实验结果，掌握管理软件的精要。

本书可作为高等院校大数据与会计专业、税务专业、财务管理专业、审计学专业、工商管理专业、经济学专业及金融学专业等经济管理类专业"会计信息系统"及相关信息化专业课程的授课教材，也可作为其他层次和形式的会计教学与信息化培训的参考用书。

本书由彭飞、陈宏博担任主编。在编写团队前期进行的企业与行业调研及教材编写过程中，得到了用友新道科技有限公司、中国工商银行天津分行及天津商务职业学院与天津商业大学两校会计学院领导的大力支持，在此一并表示衷心的感谢。

限于作者水平，书中不当和疏漏之处，恳请读者批评指正。

本书PPT教学课件、实验账套和微课视频可通过扫描下方二维码下载、观看。

课件+实验账套　　　　　　　　　微课视频

服务邮箱：476371891@qq.com。

编　者

2025年4月

目 录

第1章 会计信息化基础 1

1.1 会计信息化实训平台 ················· 1
1.1.1 软件特点 ··········· 1
1.1.2 功能结构 ··········· 2

1.2 教材使用说明 ··········· 3
1.2.1 教材设计思路 ········ 3
1.2.2 教学安排建议 ········ 3
1.2.3 教学软件运行环境 ····· 4

实务训练 ··············· 4
实训1 安装数据库管理系统 ···· 4
实训2 安装用友U8管理软件 ··· 6

素养园地 ··············· 9

第2章 系统管理 10

2.1 系统管理概述 ··········· 10
2.1.1 系统管理的作用 ······· 10
2.1.2 系统管理的主要功能 ···· 10
2.1.3 系统管理操作流程 ····· 11
2.1.4 启动系统管理模块 ····· 12
2.1.5 角色、用户及权限管理 ·· 14
2.1.6 账套管理 ·········· 16
2.1.7 账套库管理 ········· 20
2.1.8 使用视图 ·········· 21

2.2 原型企业背景资料 ········ 22

实务训练 ··············· 24
实训1 增加用户 ········· 24
实训2 建立账套 ········· 25
实训3 操作员权限设置 ····· 28
实训4 账套管理 ········· 29

素养园地 ··············· 30

第3章 企业应用平台 32

3.1 企业应用平台概述 ········ 32
3.1.1 企业应用平台的作用 ···· 32
3.1.2 基础设置 ·········· 32

3.1.3 系统服务 ·········· 38
3.1.4 业务工作 ·········· 39

实务训练 ··············· 39
实训1 在企业应用平台中启用子系统 ··· 39
实训2 设置机构人员 ······ 40
实训3 设置客商信息 ······ 42
实训4 设置存货信息 ······ 44
实训5 设置财务信息 ······ 46
实训6 设置收付结算 ······ 53
实训7 单据设置 ········· 55
实训8 基础档案批量导入 ···· 55
实训9 系统服务 ········· 57

素养园地 ··············· 57

第4章 总账管理系统 59

4.1 总账管理系统概述 ········ 59
4.1.1 总账管理系统的功能 ···· 59
4.1.2 总账管理系统与其他系统之间的关系 ···· 59
4.1.3 总账管理系统数据流程 ··· 60

4.2 总账管理系统业务处理 ····· 60
4.2.1 总账管理系统的初始设置 ·· 60
4.2.2 总账管理系统日常业务处理 · 64
4.2.3 总账管理系统期末业务处理 · 69

实务训练 ··············· 74
实训1 总账管理系统初始化设置 · 74
实训2 凭证管理 ········· 77
实训3 期末结转 ········· 86
实训4 账务管理系统对账与结账 · 89

素养园地 ··············· 90

第5章 固定资产管理系统 92

5.1 固定资产管理系统概述 ······ 92
5.1.1 固定资产管理系统的功能 ·· 92
5.1.2 固定资产管理系统与其他系统之间的
关系 ············· 92

5.1.3 固定资产管理系统数据流程·········· 92

5.2 固定资产管理系统业务处理········· 93

5.2.1 固定资产管理系统初始设置········· 93

5.2.2 固定资产管理系统日常业务处理········· 95

5.2.3 固定资产管理系统期末业务处理········· 97

实务训练········· 98

实训1 固定资产系统初始化设置·········· 98

实训2 固定资产增加业务········· 102

实训3 固定资产变动业务········· 106

实训4 计提当月折旧········· 108

实训5 固定资产盘点业务········· 108

实训6 固定资产管理系统对账与结账·········· 110

素养园地········· 111

第6章 薪资管理系统 112

6.1 薪资管理系统概述·········· 112

6.1.1 薪资管理系统的功能·········· 112

6.1.2 薪资管理系统与其他系统之间的关系·········· 112

6.1.3 薪资管理系统数据流程········· 113

6.2 薪资管理系统业务处理········· 113

6.2.1 薪资管理系统的初始设置········· 113

6.2.2 薪资管理系统日常业务处理········· 116

6.2.3 薪资管理系统期末业务处理········· 118

实务训练········· 119

实训1 薪资管理系统初始化设置·········· 119

实训2 工资数据变动及计算········· 125

实训3 工资分摊设置········· 127

实训4 工资分摊相关账务处理········· 129

实训5 缴纳社保业务········· 129

实训6 薪资管理系统结账········· 131

素养园地········· 132

第7章 采购与应付款管理系统 134

7.1 采购与应付款管理系统概述········· 134

7.1.1 采购与应付款管理系统的功能······· 134

7.1.2 采购与应付款管理系统和其他系统之间的关系·········· 134

7.1.3 采购与应付款管理系统数据流程········· 135

7.2 采购与应付款管理系统业务处理········· 135

7.2.1 采购与应付款管理系统初始设置····· 135

7.2.2 采购与应付款管理系统日常业务处理········· 138

7.2.3 采购与应付款管理系统期末业务处理········· 147

实务训练········· 148

实训1 业务信息设置········· 148

实训2 采购业务管理相关系统 初始化····· 151

实训3 普通采购业务········· 158

实训4 普通采购业务逆操作(选做业务)···· 162

实训5 采购现结业务········· 163

实训6 采购退货业务········· 166

实训7 含现金折扣的采购业务········· 169

实训8 代垫运费二次分摊········· 173

实训9 采购业务手工结算········· 174

实训10 采购暂估业务········· 178

素养园地········· 181

第8章 销售与应收款管理系统 183

8.1 销售与应收款管理系统概述········· 183

8.1.1 销售与应收款管理系统的功能········· 183

8.1.2 销售与应收款管理系统和其他系统之间的关系········· 183

8.1.3 销售与应收款管理系统数据流程···· 183

8.2 销售与应收款管理系统业务处理········· 184

8.2.1 销售与应收款管理系统初始设置········· 184

8.2.2 销售与应收款管理系统日常业务处理········· 188

8.2.3 销售与应收款管理系统期末业务处理········· 200

实务训练········· 201

实训1 销售与应收款管理系统初始设置········· 201

实训2 普通销售业务········· 205

实训3 销售现结业务········· 209

实训4 直运销售业务········· 212

实训5 委托代销业务········· 216

实训6 分期收款业务········· 222

实训7 代垫运费业务········· 226

实训8 票据贴现业务········· 228

　　实训9　销售退回业务 ……………… 228
素养园地 ………………………………… 231

第9章　库存管理与存货核算系统　233

9.1　库存管理与存货核算系统概述 ……233
　　9.1.1　库存管理与存货核算系统的功能 …233
　　9.1.2　库存管理与存货核算系统和其他
　　　　　系统之间的关系 ………………233
　　9.1.3　库存管理与存货核算系统数据
　　　　　流程 ……………………………234
9.2　库存管理与存货核算业务处理 ……234
　　9.2.1　库存管理与存货核算系统的初始
　　　　　设置 ……………………………234
　　9.2.2　库存管理与存货核算系统日常业务
　　　　　处理 ……………………………237
　　9.2.3　库存管理与存货核算系统期末业务
　　　　　处理 ……………………………242
实务训练 ………………………………… 244
　　实训1　库存盘点业务 ………………244
　　实训2　计提存货跌价准备业务 ………246

　　实训3　系统结账 ………………………247
素养园地 ………………………………… 249

第10章　UFO报表管理系统　251

10.1　UFO报表管理系统概述 ……………251
　　10.1.1　UFO报表管理系统的功能 ………251
　　10.1.2　UFO报表管理系统与其他系统
　　　　　　之间的关系 …………………251
　　10.1.3　UFO报表管理系统数据流程 ……251
10.2　UFO报表管理系统业务处理 ………252
　　10.2.1　UFO报表管理系统的基本术语 …252
　　10.2.2　UFO报表管理系统的初始设置 …254
　　10.2.3　UFO报表管理系统日常业务处理 …258
实务训练 ………………………………… 260
　　实训1　利用模板生成利润表 ………261
　　实训2　利用模板生成资产负债表 ……262
　　实训3　自定义"财务指标分析表" ……264
　　实训4　自定义预算管理报表 ………268
素养园地 ………………………………… 269

第 1 章 会计信息化基础

1.1　会计信息化实训平台

在2023年9月的黑龙江考察调研中，习近平总书记首次提出了"新质生产力"的概念，随后党的二十届三中全会进一步强调了因地制宜发展新质生产力的重要性。当前，随着信息技术的飞速发展和管理理念的持续创新，会计信息系统与组织管理信息系统之间的融合变得日益紧密，特别是企业资源计划(Enterprise Resource Planning，ERP)管理思想和系统的引入，极大地推动了财务与业务向一体化管理模式的转变。

业财一体信息化管理模式的实施，实现了财务账与实物账的同步生成，这不仅极大地减轻了财会人员的工作负担，使他们得以从烦琐的日常劳动中解脱出来，还促使会计信息系统的控制功能得到了不断的完善。在会计信息系统的强大支持下，控制职能得以有效延伸至业务前端，财会人员的角色也因此从传统的核算型转变为管理决策型。此外，借助会计决策系统的支持，财会人员能够在决策过程中发挥更加积极的辅助作用。

高等院校经济管理类专业在开展会计信息系统课程教学时，应契合这一现实背景，使学生从理论、应用方法及管理变革等方面去把握会计信息系统的发展与应用，进而提升学生对会计信息系统基本原理及其应用流程的理解深度与掌握程度。

为了促进学生更深入、熟练地掌握企业实际业务处理能力，锻炼学生财务综合能力，本书在编写过程中，兼顾学科发展的前沿性、实践性、实验条件的差异性，力求为学生提供一套贴近实际、业务类型完整、具有可操作性的实验。本书选择用友U8 V10.1版(以下简称"用友U8")管理软件作为实训平台。用友U8管理软件是面向中型企业普及应用的一款产品，功能全面，运行稳定，在教育市场拥有广大的合作伙伴。

1.1.1　软件特点

用友U8管理软件是通用软件，适用于各行各业和大中小型企业，可以满足不同的竞争环境、制造模式、商务模式及运营模式下的企业经营。用友U8以"优化资源，提升管理"为核心理念，以快速实施为特点，提供从企业日常运营、人力资源管理到办公事务处理等全方位的企业管理解决方案。

用友U8管理软件由财务系统、供应链管理系统、决策支持系统、行业集团管理系统等多个系统构成，各个系统为同一个会计主体的不同方面服务，且相互联系、共享数据，从而可以实现业务、财务一体化管理的目的。

1.1.2　功能结构

用友U8在业务功能上涵盖财务会计、供应链、管理会计、生产制造、人力资源、集团应用、专家财务评估、企业应用集成(EAI)和内部控制等全面应用。这些应用中的各个系统共同构成了用友U8系统框架，且每个系统又包括多个子功能系统。各子功能系统间既相互独立(即各自具有完善和系统的功能)，又有机地结合在一起。

用友U8融合会计核算、财务管理、采购、库存、销售几大业务循环系统于一体，全面管理企业的资源和经济业务状况。软件功能对应了现今高等教育的多个专业方向，如企业管理、物流管理、会计、人力资源管理等。考虑到各校教学实际情况，为突出业务处理重点，使学生在有限学时内掌握会计信息系统业务处理精髓，本书选取了财务会计中的总账管理、UFO报表、固定资产、应收款管理、应付款管理等主要模块，供应链管理中的采购管理、销售管理、库存管理、存货核算等主要模块，以及人力资源管理中的薪资管理模块来搭建本书的实验体系，以支撑企业业务和财务的一体化管理。为使学习者对业财一体信息化运行模式有一个初步的认识和了解，现以图1-1所示描述本书所选模块间的数据关系。

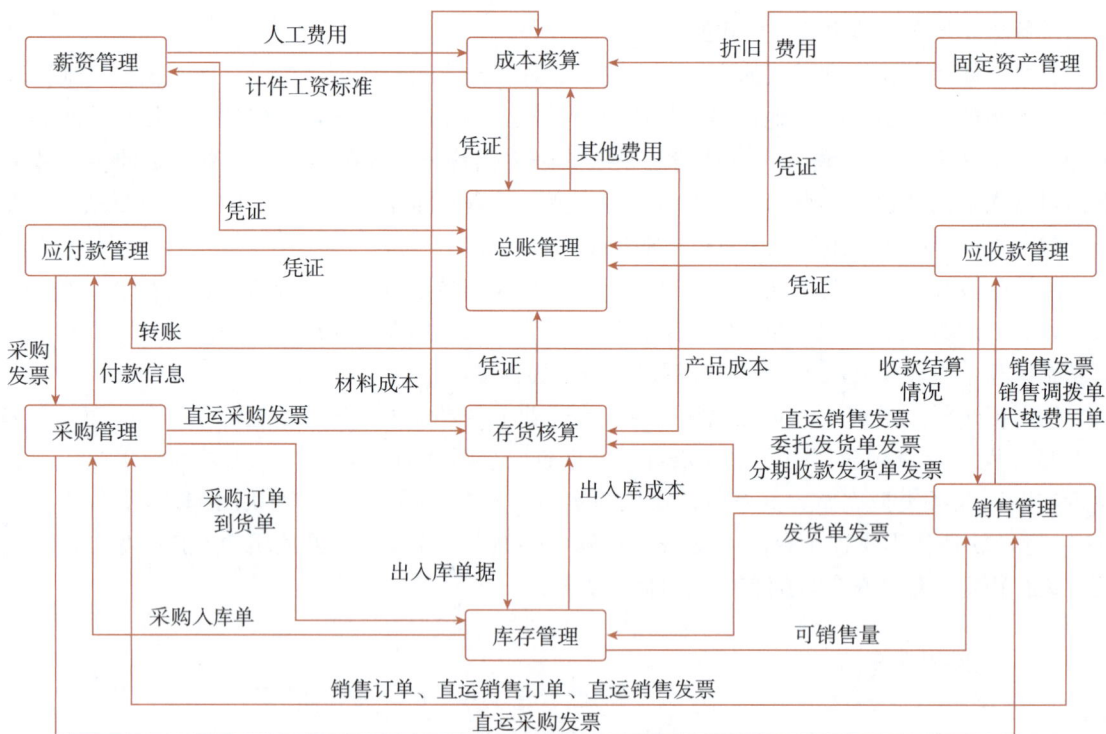

图1-1　所选模块间的数据关系

1.2　教材使用说明

1.2.1　教材设计思路

　　ERP教学作为经济管理类专业实践教学的重要手段，对高等院校的教学改革工程起到了重要的推进作用，是培养学生综合素质和能力的有力支撑。但是，在日常教学中，各高校往往存在"重实践，轻理论"的现象。学生由于缺乏"会计信息系统"基本工作原理的学习，在课程学习过程中只能机械地重复教材列示业务的操作步骤，难以透彻理解并掌握企业管理软件的整体系统结构和数据流向，导致学生参加工作后，对于企业出现的综合业务处理无法做到举一反三，降低了课程的整体效能。

　　为解决以上问题，本书在设计介绍企业管理软件各核心子系统功能的相关章节内容结构时，让每章都包括系统概述、系统业务处理和数量不等的系统业务处理实训等内容。系统概述部分描述本章所介绍的用友U8管理软件所提供的功能，以及该系统与其他子系统的数据传递关系、业务操作流程，使学生对该系统建立初步的了解。系统业务处理部分对子系统提供的功能及常见业务处理流程做了一定程度的展开，为第三部分系统业务处理实训部分打下基础。系统业务处理实训部分是本书编写重点。第2～10章系统业务处理实训部分以某商业企业实际经济业务为原型编制，实训内容包括背景资料、实训要求、岗位说明、实训指导等环节；为顺利完成实验，实训指导部分针对实训资料给出了具体的业务处理方法，并借助注意事项对实训中应注意的事项给予特别提示。

　　为锻炼学生适应社会及就业与创业能力，培养和发掘创新型、实用型、复合型人才，同时为企业选拔人才提供实践能力的考查依据，工业和信息化部每年都会面向各类高等院校在校学生举办"全国大学生会计信息化技能大赛"(以下简称"信息化大赛")。考虑到各院校会计信息系统课程除完成正常教学目标外，还承担着竞赛培训与选拔任务的实际情况，本书在保障教学流畅性的前提下，在进行实验业务选取与设置时兼顾了企业经济业务处理重点与信息化大赛考点。

1.2.2　教学安排建议

　　为了使本书适用于不同教学条件下的教学需要，方便教师制订课程教学计划，根据章节内容为教师提供以下教学课时分配供参考。以45分钟/课时计算，每个章节所需讲授学时及上机学时建议课时如表1-1所示。

表1-1　章节建议课时一览表

章节名称	讲授课时	上机课时	课时合计
第1章　会计信息化基础	2		2
第2章　系统管理	1	2	3
第3章　企业应用平台	1	4	5
第4章　总账管理系统	4	8	12
第5章　固定资产管理系统	2	4	6
第6章　薪资管理系统	2	4	6

续表

章节名称	讲授课时	上机课时	课时合计
第7章　采购与应付款管理系统	4	10	14
第8章　销售与应收款管理系统	4	10	14
第9章　库存管理与存货核算系统	2	6	8
第10章　UFO报表管理系统	2	4	6
合计	24	52	76

1.2.3　教学软件运行环境

用友U8管理软件采用三层架构体系，逻辑上分为数据库服务器、应用服务器和客户端。用友ERP-U8软件属于应用软件范畴，需要预先对其操作系统进行配置并安装必要的支撑软件，以保障该管理软件的正常运行。用友U8 V10.1全产品的配置要求如表1-2所示。

表1-2　用友U8 V10.1全产品的配置要求

项目名称	配置要求
操作系统	Windows 7/10/11 Windows 2008 R2(SP1或更高版本补丁)
数据库管理软件	Microsoft SQL Server 2008 R2
浏览器	微软IE浏览器IE 8.0＋SP1使用U8 V10.1的Web产品
Internet信息服务(IIS)	安装IIS 7.0
.NET运行环境	.NET Framework 3.5 Service Pack 1

实务训练

实训1　安装数据库管理系统

实训要求

安装Microsoft SQL Server 2008 R2数据库管理系统。

实训指导

① 运行安装文件"setup.exe"，在弹出的窗口中单击"安装"按钮，在安装页面的右侧选择"全新安装或向现有安装添加新功能"选项。

② 弹出安装程序支持规则，检测安装能顺利进行后，单击"确定"按钮。

③ 在弹出的"产品密钥"对话框中，选择"输入产品密钥"选项，并输入SQL Server 2008 R2产品密钥，单击"下一步"按钮。

④ 在弹出的"许可条款"对话框中，选择"我接受许可条款"选项，单击"下一步"按钮。

⑤ 弹出"安装程序支持文件"对话框，单击"安装"按钮，安装程序支持文件。注意若要

安装或更新SQL Server 2008系统，这些文件是必需的。

⑥ 单击"下一步"按钮，弹出"安装程序支持规则"对话框，安装程序支持规则可确定在用户安装SQL Server安装程序文件时可能发生的问题。必须更正所有失败，安装程序才能继续。单击"下一步"按钮。

⑦ 选择"SQL Server功能安装"选项，单击"下一步"按钮。

⑧ 在弹出的"功能选择"对话框中，选择要安装的功能及"共享功能目录"选项，单击"下一步"按钮。

⑨ 弹出"安装规则"对话框，安装程序正在运行规则以确定是否要阻止安装过程，若参阅有关详细信息，请单击"帮助"按钮。

⑩ 单击"下一步"按钮，出现"实例配置"对话框，制定SQL Server实例的名称和实例ID。实例ID将成为安装路径的一部分，这里选择默认实例。

⑪ 单击"下一步"按钮，弹出"磁盘空间要求"对话框，可以查看我们选择的SQL Server功能所需的磁盘摘要。

⑫ 单击"下一步"按钮，弹出"服务器配置"对话框，指定服务账户和排序规则配置，页面中弹出"对所有SQL Server服务使用相同的账户"对话框。

⑬ 在打开的对话框中，为所有SQL Server服务账户指定一个用户名和密码。

⑭ 单击"下一步"按钮，弹出"数据库引擎配置"对话框，选择"混合模式"，输入用户名和密码(密码设为123456)，添加"当前用户"。

⑮ 添加"当前用户"后，单击"下一步"按钮。

⑯ 单击"下一步"按钮，打开"Reporting Services配置"对话框。

⑰ 单击"下一步"按钮，打开"错误报告"对话框。

⑱ 单击"下一步"按钮，打开"安装配置规则"对话框。

⑲ 单击"安装"按钮，等待安装过程的完成，完成安装，运行界面如图1-2所示。

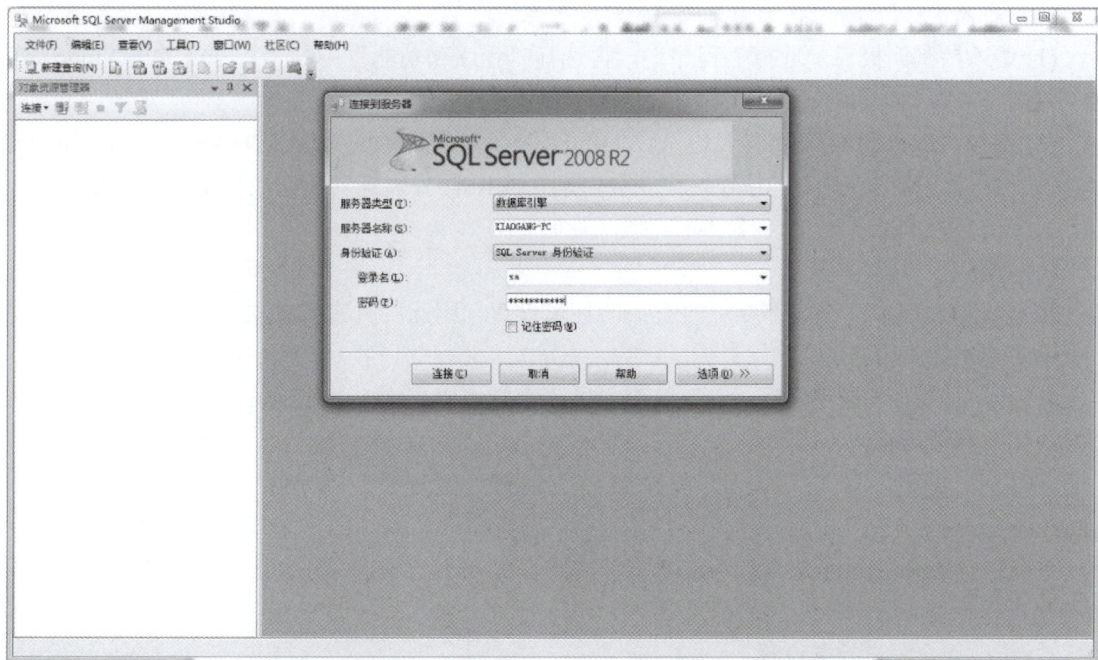

图1-2　Microsoft SQL Server 2008 R2运行界面

实训2　安装用友U8管理软件

▣ 实训要求

在个人计算机中安装用友U8管理软件。

▣ 实训指导

以在Windows 10/11操作系统中安装用友U8为例。

1) 安装前注意事项

在单机上安装用友ERP-U8且操作系统使用Windows 10/11时，要注意以下问题。

(1) 操作系统。Windows 10/11家庭版、高级家庭版均不符合软件安装要求，操作系统版本只能是旗舰版和专业版。

(2) 数据库。数据库系统为SQL Server 2008 R2，并使用REGEDIT命令更改注册表。

(3) 安装的权限。管理员具有安装权限，最好是超级用户。

(4) 用户权限控制。用户权限控制设置为最低，即对安装不做限制。

(5) 安全管理软件。安全卫士、杀毒软件等软件在安装过程中必须停止运行。最好先卸载，安装成功后再安装安全管理类软件。

(6) 其他软件。可以安装Office、输入方法、浏览器、即时通信类软件。不能在同一环境存在其他管理软件。

2) Internet信息服务(IIS)安装步骤

IIS(Internet Information Services，互联网信息服务)，是由微软公司提供的基于运行Windows的互联网基本服务。IIS的默认安装不完全，需要我们手动添加进行安装。以Windows 10/11操作系统为例，需进行以下配置。

(1) 进入控制面板后，选择"程序"，再选择"程序和功能"中的"打开或关闭Windows功能"选项。

(2) 选择"Internet信息服务"，进入后，点开所有加号，简单的做法是选取可选的全部项目。进行相关设置后，单击"确定"按钮，系统会自动完成IIS的安装。安装完成后重新启动计算机。

3) 安装环境的准备

(1) 安装用户。

安装软件过程中，一般都要更改有关的环境设置，因此要具有管理员权限才能安装，最好在安装时使用超级用户。

Windows 10/11安装完成后，若默认登录的不是超级用户(Administrator)，则可使用如下方法将超级用户释放出来。

① 右击桌面上的"计算机"快捷图标，选择"管理"|"本地用户和组"|"用户"|Administrator选项。

② 双击Administrator选项，取消选择"账户已禁用"选项，单击"确定"按钮，退出后重新启动操作系统。

(2) 更改用户账户控制设置。

为了安全起见，Windows 10/11系统对用户的权限进行了控制，以防止非法软件被安装。但一些软件的安装需要最高权限，否则表面上看似安装完成，但由于安装人员的权限不够，在修改有关系统参数时不成功，从而导致安装后无法使用。这种问题通常发生在程序安装过程中，安装程序不一定会有提示，当出现错误时很难查找原因和解决办法。

选择"控制面板"|"用户账户和家庭安全"|"用户账户"选项，单击选择"更改用户账户控制设置"选项，将用户账户控制设置为最低。

(3) 更改计算机名称。

① 打开"控制面板"，选择"系统和安全"选项，再选择"系统"选项。

② 在用友U8中，计算机名不能使用如"-"等特殊字符，如需更改，可选择计算机名的"更改设置"功能完成。

③ 单击"应用"按钮，再单击"确定"按钮，重新启动计算机后完成。

(4) 日期分隔符设置。

用友U8中，要求日期分隔符号设置为"-"，设置的方法为：进入Windows 10/11控制面板，选择"时钟、语言和区域"|"更改日期、时间或数字格式"选项，将短日期的格式设置为"yyyy-mm-dd"。单击"应用"按钮，再单击"确定"按钮，完成。

4) 用友U8管理软件安装

(1) 安装环境检测。

① 双击软件安装目录下的Setup.exe安装程序，单击"下一步"按钮，在"许可证协议"窗口中选择"接受协议"选项，单击"下一步"按钮，进入客户信息设置，输入公司名称(这里输入的公司名称对后面的实际应用没有影响，可自行输入)。单击"下一步"按钮，进入"选择目的地位置"，一般按照默认选择，也可以更改。

② 单击"下一步"按钮，在"安装类型"窗口中，选择"全产品"选项，即全部组件在同一台机器上安装。

③ 安装语言可不选择"繁体中文"和"英语"，单击"下一步"按钮，进入"环境检测"窗口，单击"检测"按钮，结果如图1-3所示。

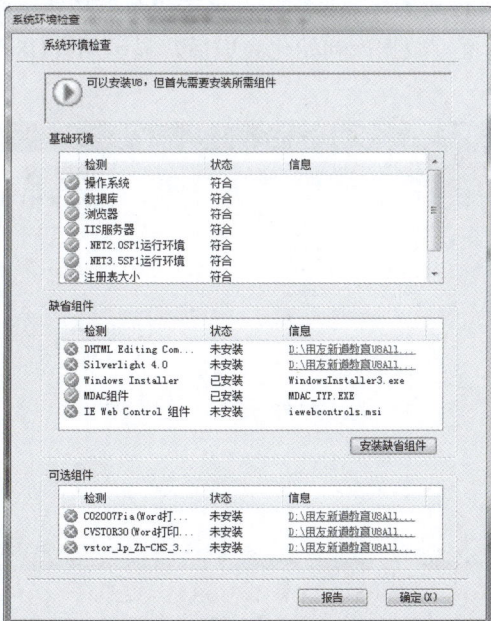

图1-3　系统环境检查

④ 如果显示有未安装的组件(具体与当前环境有关)，则要选择"安装缺省组件"选项，或者直接单击相应项目进行安装。

⑤ 选择安装"可选组件"以便教学使用，也可以不安装。

(2) 安装系统。

① 系统环境检查通过后，单击"确定"按钮，进入"可以安装程序了"窗口，单击"安装"按钮进行具体的安装。安装将持续较长时间，具体与所用机器性能有关，安装中如果出现"这个程序可能安装不正确"信息提示框，可选择"使用推荐的设置重新安装"选项。安装完毕，需要重新启动计算机。

② 重新启动后系统提示进行数据源配置，在"数据库"文本框中输入当前计算机名，在"SA口令"文本框中输入"123456"。单击"测试连接"按钮，显示"测试成功"信息提示框，否则说明数据库没有连接上，注意检查数据库名和密码，如图1-4所示。

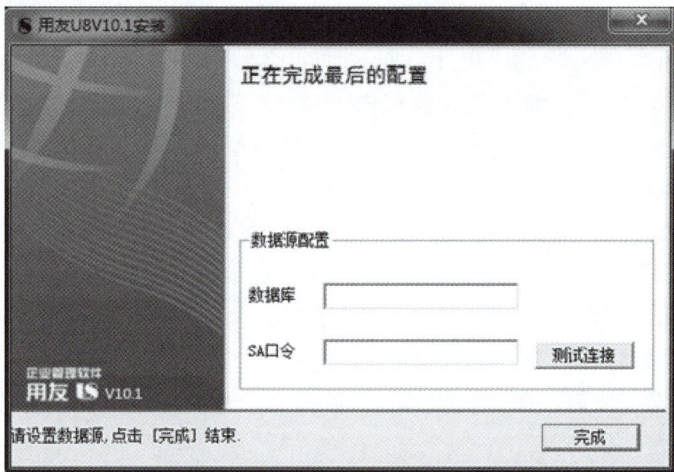

图1-4　测试连接

③ 配置完成后提示"是否初始化数据库"，单击"是"按钮，弹出"正在初始化数据库实例，请稍后……"信息提示框。数据库初始化完成后，显示用友U8管理软件登录窗口，如图1-5所示。

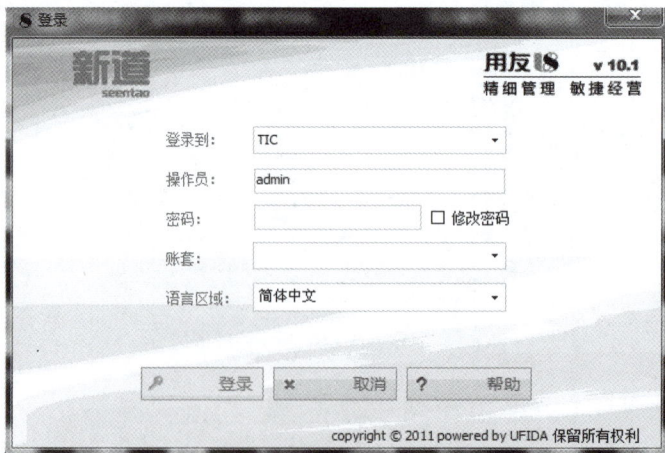

图1-5　用友U8管理软件登录窗口

素养园地

数字中国(一)——用友：全球企业级(ERP)TOP10中唯一的亚太厂商

党的二十大报告提出，加快建设数字中国，打造具有国际竞争力的数字产业集群。在我国有大量的科技类上市公司也正为这一目标努力奋斗。

用友公司自1988年创立以来，始终主动适应经济发展的新常态，积极承担经济、社会及环境责任，并坚定践行"责任、开放、创新、合作、绿色"的发展理念，不断提升其社会责任管理水平，引领中国企业智慧走向全球前沿。用友公司专注于运用创意与技术驱动商业与社会进步，通过构建并运营全球领先的商业创新平台，助力企业实现数智化转型与商业创新，旨在成就数以千万计的数智化企业，使云服务能够按需即用，让数智化的价值无处不在，让商业创新变得前所未有地便捷。

根据Gartner的研究，用友是全球企业级应用软件(ERP)TOP10中唯一的亚太区厂商，同时在全球ERP SaaS市场中位居亚太区厂商之首，也是唯一入选Gartner全球云ERP市场指南和综合人力资源服务市场指南的中国企业。此外，IDC的数据显示，用友在中国企业云服务市场中持续领先，占据中国应用平台化云服务APaaS市场和中国企业应用SaaS市场的首位，并荣获2021年度全球财务SaaS客户满意度大奖，成为中国企业数智化服务和软件国产化自主创新的领军品牌。

用友在财务、人力、供应链、采购、制造、营销、研发、项目、资产及协同等多个领域，为客户提供数字化、智能化、高弹性、安全可信、平台化、生态化、全球化及社会化的企业云服务产品与解决方案。公司秉持"用户之友、持续创新、专业奋斗"的核心价值观，一切以创造客户价值为出发点。目前，用友在全球范围内拥有超过230个分支机构和10000多家生态合作伙伴，众多行业领军企业均选择用友BIP作为其数智化商业创新的平台。

第2章 系统管理

2.1 系统管理概述

2.1.1 系统管理的作用

企业的业务与财务一体化会计信息系统通常涵盖了企业的资金流、物流及信息流，形成一个综合性的管理体系。这一系统由多个相互关联、数据共享的子系统构成，共同实现了业务与财务的一体化管理。为了实现这一目标，这些子系统需满足以下要求。

- 拥有统一的基础信息，确保信息的一致性和准确性。
- 使用相同的账套和年度账，以便于数据的整合与分析。
- 实施操作员和操作权限的集中管理，增强系统的安全性和可控性。
- 业务数据需存储于同一数据库中，以实现数据的无缝流通与共享。

为了满足上述条件，需要设立一个专门的系统管理模块。该模块作为企业级财务软件的核心组件，负责统一管理和维护各个子系统的操作与数据。通过提供一致的运行环境，系统管理模块确保了各子系统能够无缝集成，实现一体化的管理应用模式，从而提升了企业的整体运营效率和管理水平。

2.1.2 系统管理的主要功能

系统管理模块的主要功能是对各个子系统进行统一的操作管理和数据维护，具体包括以下几个方面。

1. 账套管理

账套指的是一组相互关联的数据。一般来说，我们可以为企业中每一个独立核算的单位建立一个账套。账套管理包括账套的建立、修改、删除、引入和输出等。

2. 账套库管理

账套库管理包括账套库的建立、清空、引入、输出、账套库初始化和清空账套库数据。用户不仅可以建立多个账套，而且每个账套中还可以包含多个账套库。企业是持续经营的，原则上一个账套仅需对应一个账套库，但若企业出于特殊原因，如调整组织机构或设置部分业务，账套库中过多的数据会影响业务处理性能，则新建账套库可以通过重置部分数据来达到提升应用效率的目的。而对不同核算单位、不同时期的数据只需要设置相应的系统路径，就可以方便地进行操作。

分别设置账套和账套库两级结构的优点在于：①便于企业的管理，如进行账套的上报、跨年的数据结构调整等；②方便数据输出和引入；③减少数据的负担，提高应用效率。

3. 操作权限管理及设立统一安全机制

为了保证系统及数据的安全与保密，系统管理提供了操作员及操作权限的集中管理功能。通过对系统操作分工和权限的管理，一方面可以避免与业务无关的人员进入系统，另一方面可以对系统所含的各个子系统的操作进行协调，以保证各负其责，流程顺畅。操作权限的集中管理包括设定各子系统的操作员及为操作员分配一定的权限。设立统一的安全机制，包括数据库的备份、功能列表及上机日志。

2.1.3 系统管理操作流程

1. 新用户操作流程

第一次使用本系统，应按图2-1所示步骤进行操作。

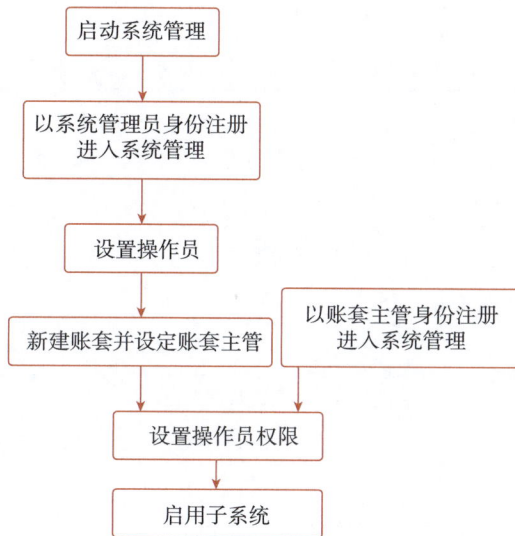

图2-1 新用户操作流程

2. 老用户操作流程

如果已经使用了本系统，到了年末，应进行数据结转，以便开始下一年度的工作。新年度开始时应按图2-2所示的步骤进行操作。

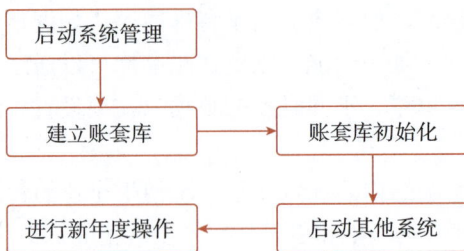

图2-2　老用户操作流程

2.1.4　启动系统管理模块

在"开始"|"所有程序"|"用友U8 V10.1"|"系统服务"菜单项中，单击"系统管理"选项，即可启动系统管理模块。系统管理一般以后台方式运行，启动之后，用户看到的是任务栏上的任务按钮。用户如果要进行系统设置操作，需单击任务栏上的"系统管理"按钮，打开"系统管理"窗口，如图2-3所示。

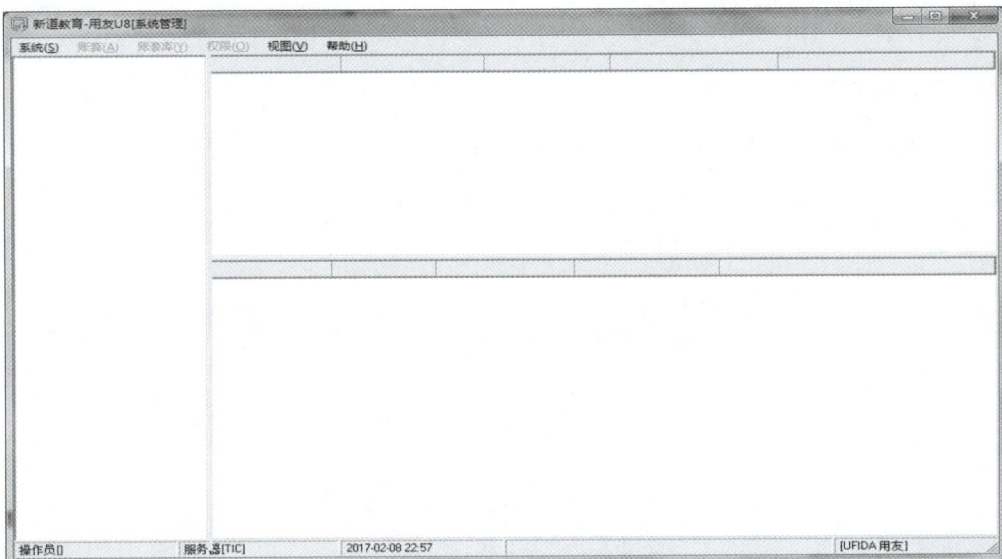

图2-3　"系统管理"窗口

1. 注册

系统允许以两种身份注册进入系统管理，一是以系统管理员的身份注册，二是以账套主管的身份注册。

系统管理员负责整个系统的总体控制和维护工作，其可以管理该系统中所有的账套。以系统管理员身份注册进入系统管理，可以进行的操作包括：账套的建立、引入和输出，设置操作员和账套主管，设置和修改操作员的密码及其权限，等等。

账套主管负责所选账套的维护工作，主要包括对所选账套进行修改、对年度账的管理(包括建立、初始化、清空、引入、输出和各子系统的年末结转、所选账套的数据备份)，以及该账套操作员权限的设置。

单击"系统"菜单下的"注册"命令，出现系统管理员"登录"对话框，如图2-4所示。

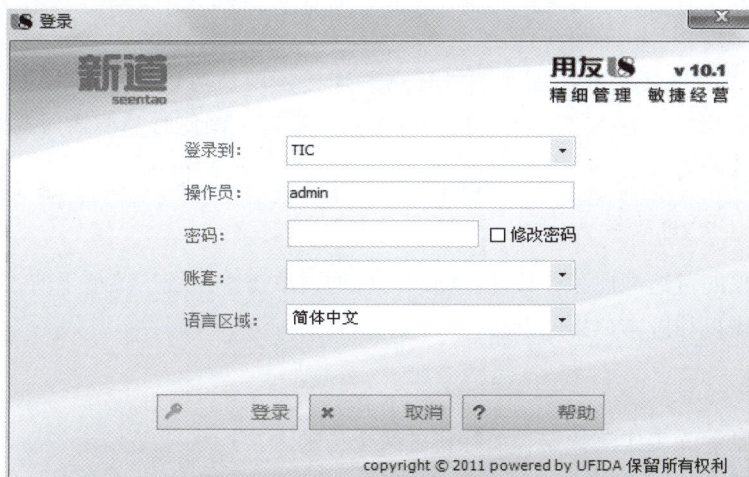

图2-4　系统管理员"登录"对话框

　　第一次运行时，系统管理员口令为空，按照前面的提示，为了保证系统的安全性，可以更改系统管理员的密码(如果只用来练习，则直接单击"登录"按钮即可)。首先在"密码"栏中输入要设置的密码，然后选中"修改密码"复选框，单击"确定"按钮，系统要求用户输入新的密码，并确认新密码。

2. 设置备份计划

　　系统管理可以对系统的数据进行自动备份，以增强系统数据的安全性。用户可以通过系统管理中的设置备份计划功能，来对系统数据的备份方式进行设置，使之能够更好地满足用户的使用要求。

　　单击"系统"菜单下的"设置备份计划"命令，进入"备份计划设置"窗口，单击"增加"按钮，在打开的"备份计划详细情况"对话框中设置相关信息，如图2-5所示。

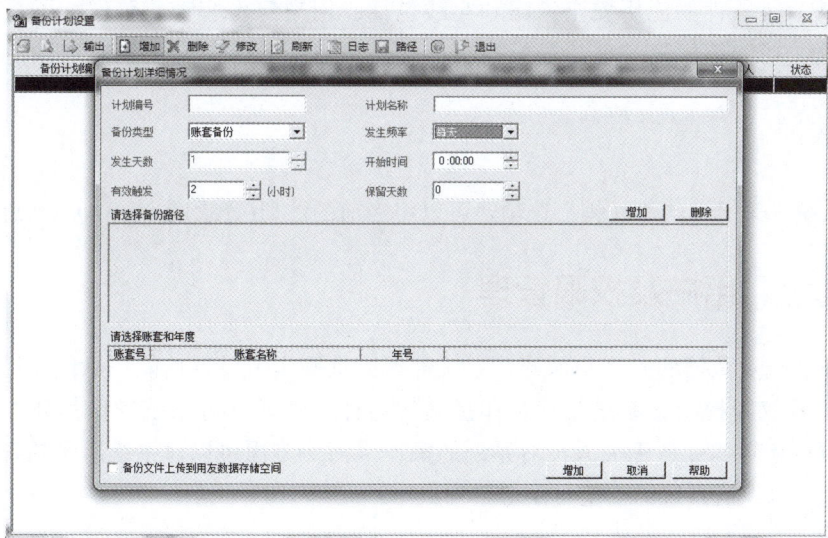

图2-5　设置备份计划

　　在此，用户可以决定是否使用自动备份功能，如果使用，系统会自动对设定的账套或账套库进行备份，还可以指定备份路径。

3. 初始化数据库

系统管理可以对连接的数据库实例进行重置连接。用户可以通过单击"系统"菜单下的"初始化数据库"命令，进入"初始化数据库实例"窗口，操作时需要输入数据库实例的名称和数据库管理员(SA)的口令。

4. 升级SQL Server数据

为了保证数据的可追溯性和一致性，用户可以通过单击"系统"菜单下的"升级SQL Server数据"命令，实现以往版本数据的升级。

5. 数据清除

数据清除包括清除工作流数据和清除日志两个选项。

清除工作流数据是指将工作流运行数据(工作流运行过程中产生的实例、日志信息)进行清除。若需要，可以通过还原工作流数据功能将清除的数据恢复到系统中。在数据清除界面，根据起止年度确定需要操作的账套库后，可以选择按日期范围或按单据类型进行清除。清除工作流数据需系统管理员Admin登录操作。

清除日志是指对各种日志类数据的清除，包括业务功能操作日志、数据操作日志、系统管理操作日志。若需要，还可以通过还原日志功能将清除的数据恢复到系统中。清除日志需安全管理员SAdmin登录操作。

6. 数据还原

数据还原操作与数据清除操作互为逆过程。通过"清除工作流数据"功能所备份的工作流数据，能够通过数据还原功能重新恢复到系统中，从而便于追溯历史记录、分析问题。

7. 安全策略

用友U8 V10.1软件的应用安全策略和实践包括：用户身份和密码管理；子系统和用户特权管理；数据、功能等权限管理；登录控制；安全日志；等等。安全策略选项需安全管理员SAdmin登录操作。

8. 注销

单击"系统"菜单下的"注销"选项，可以将当前的注册(登录)注销掉，重新进行注册。

2.1.5 角色、用户及权限管理

为了保证系统及数据的安全与保密，系统管理提供操作员设置功能，以便在计算机系统上进行操作分工及权限控制。系统管理员和账套的会计主管通过对系统操作的分工和权限的管理，一方面可以避免与业务无关人员对系统的操作，另一方面可以对系统所含的各个子系统的操作进行协调，以保证系统的安全与保密。

1. 角色管理

角色是指在企业管理中拥有某一类职能的组织，该角色组织可以是实际的部门，也可以是由拥有同一类职能的人构成的虚拟组织。在设置角色后，即可定义角色的权限，当用户归属某一角色后，就相应地拥有了该角色的权限。设置角色的方便之处在于可以根据职能统一进行权限的划分，方便授权。只有系统管理员才有权力建立和管理角色，用户可以通过单击"权限"菜单下的"角色"命令，实现对角色的增加、删除和修改等操作。

2. 用户管理

用户是指有权限登录系统，对系统进行操作的人员，也称为操作员。与角色的建立和管理相同，只有系统管理员才有权力建立和管理用户(操作员)。因此，定义用户时，必须以系统管理员的身份注册进入系统管理，然后单击"权限"菜单下的"用户"命令，进入"用户管理"窗口，在该窗口中，可以进行用户的管理和维护工作。

1) 增加用户

在"用户管理"窗口中，单击"增加"按钮，可以进行增加用户操作。增加用户时，必须指定操作员编号、姓名，定义并确认用户口令及用户所属部门。

(1) 编号。即用户编号，用来标识所设置的用户，用户编号必须唯一。

(2) 用户全名。即用户姓名，是用户登录各子系统时的用户名，不能为空。

(3) 部门。用户所属部门，可以不填。

(4) 口令。用户登录系统时使用的口令，不能为空。

(5) 所属角色。选择用户归属哪一个角色，则其自动具有该角色的权限，包括功能权限和数据权限。一个角色可以拥有多个用户，一个用户也可以分属于多个不同的角色。

2) 修改或删除用户

在"用户管理"窗口中，单击"修改"按钮，进入"操作员详细情况"窗口，可以修改操作员的用户名和口令。在"操作员详细情况"窗口中，可以设置操作员启用(有效)或注销(无效)权限。

在"用户管理"窗口中，单击"删除"按钮，可以删除用户。但在各子系统中进行过操作的用户是不能被删除的。

通常所设置的操作员用户一旦以其身份进入过系统，便不能被修改和删除。

3) 刷新

刷新的作用是根据系统中有关操作员用户的变化来适时地刷新系统管理中有关用户设置的内容。单击"刷新"按钮进行刷新操作。

3. 用户权限管理

用户权限管理功能是用于对已建立的用户(操作员)进行赋权或取消赋权。只有系统管理员和账套主管有权利对用户权限进行设置，但两者的权限又有所区别。系统管理员可以指定或取消各账套的账套主管，还可以对各个账套的操作员进行权限设置。而账套主管只可以对所管辖账套的操作员进行权限管理。

在设置操作员权限前，一般应先建立系统核算账套。以系统管理员或账套管理员身份登录后，单击"权限"菜单下的"权限"命令，系统将弹出"操作员权限"管理窗口。

(1) 设定或取消账套主管。

只有系统管理员才有权限进行账套主管的设定与放弃操作。操作步骤如下。

① 用户从窗口左边的操作员列表中选择要设定或放弃账套主管资格的操作员。

② 在图2-6所示界面右侧的下拉菜单中选择账套后，若想将该操作员用户设定为账套主管，

则单击选中"账套主管"复选框；若想放弃该操作员的账套主管资格，则取消选择该选项。一个账套可以定义多个账套主管。

系统默认账套主管自动拥有该账套的全部权限，因此对账套主管操作员无须进行增加和删除权限操作。如果用户以账套主管身份注册登录系统，则在操作员窗口中只显示非账套主管的操作员。

(2) 增加用户权限。

系统管理模块要对所有子系统的权限进行统一管理。为方便用户设置权限，系统提供了按子系统分组选择权限的方式，并提供了各子系统与其所包含所有明细权限名称的树形结构，如图2-6所示。

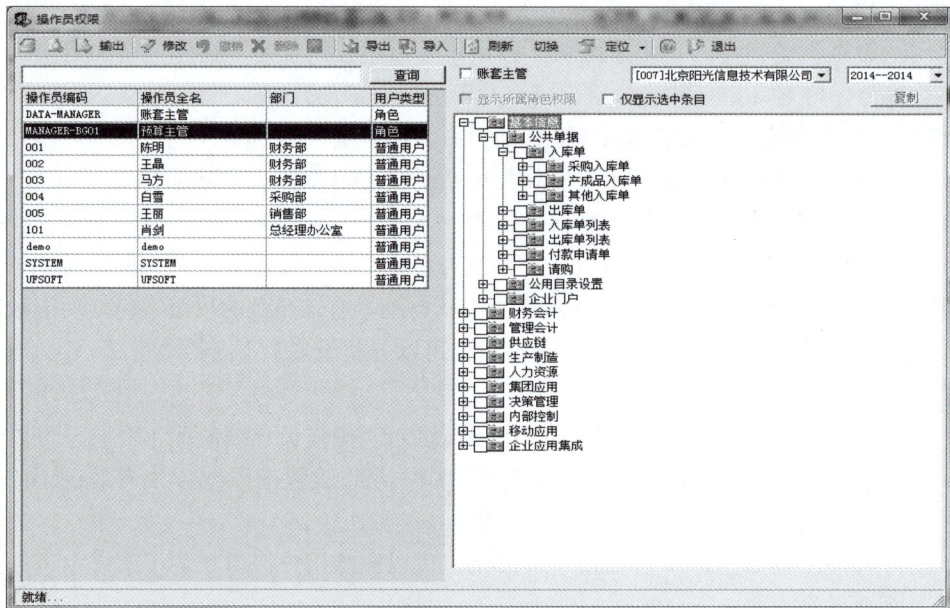

图2-6　各子系统权限和明细权限

树形结构的第一层级列示了系统中已安装的全部子系统，第二层级及以下则分层列示了当前子系统所具有的全部明细权限。

选择权限和删除权限都是在"系统名称"和"权限名称"前单击(即标上"√"标记)选择。

当第一层级列示某个系统名称时，将选中该子系统的全部权限；或者从下一层级中根据需要选择明细权限，选中均标记"√"。

(3) 删除操作员权限。

系统管理员或账套主管可以对非账套主管的操作员已拥有的权限进行删除，方法是：首先在界面右侧的操作员显示区中选取用户，然后单击"删除"按钮，此时系统将自动弹出一个对话框供用户对该删除操作进行确认。需要注意的是，所设置的操作员权限一旦被引用，便不能修改或删除。

2.1.6　账套管理

为了使通用的财务软件能够适应本企业的需要，在使用账务处理等子系统之前，要对系统进行初始化设置。系统初始化就是结合本企业的实际情况，将一个通用的账务核算系统设置成适合本企业核算要求的专用账务核算系统，是企业进行会计核算及各种专项辅助核算等工作顺利开展的重要环节之一。初始化工作分两部分完成：核算体系的建立和期初数据的整理录入。核算体系的建立在系统管理子系统中完成，期初数据的整理录入由账务处理子系统完成。

1. 建立账套

在设定操作员之后，运行系统之前，应该先为本单位建立一个账套。只有系统管理员有权力建立账套。

以系统管理员的身份注册进入"系统管理"窗口。在该窗口中，单击"账套"菜单下的"建立"命令，进入"创建账套"界面。跟随建账向导，创建账套的过程分为以下6步。

1) 输入账套信息

用于记录新建账套的基本信息如下。

(1) 新建空白账套：建立全新空白账套。

(2) 参照已有账套：系统将现有的账套以下拉列表框的形式显示出来，用户只能参照，不能输入或修改。选择完成后，单击"下一步"按钮，进行下一步设置。

(3) 账套号：用来输入新建账套的编号，账套号为3位(001～999)，账套号必须唯一且用户必须输入。

(4) 账套名称：用来输入新建账套的名称，用户必须输入。

(5) 账套路径：用来输入新建账套放置的路径，系统默认的路径为"C:\U8SOFT\用户名"，用户可以人工输入，也可以利用▨按钮进行参照输入，但一般都使用系统的默认路径。

(6) 启用会计期：用来输入新建账套启用的时间，用户必须输入。系统默认为计算机的系统日期，可单击"会计期间设置"按钮，设置账套的启用年度和月度。随后系统会自动将启用月份以前的日期的背景色设置为蓝色，标识为不可修改的部分；而将启用月份以后的日期(仅限于各月的截止日期，至于各月的初始日期则随上月截止日期的变动而变动)的背景色设置为白色，标识为可以修改的部分，可由用户任意设置。输入完成后，单击"下一步"按钮，进行下一步设置。

2) 输入单位信息

用于记录本单位的基本信息包括单位名称、单位简称、单位地址、法人代表、邮政编码、电话、传真、电子邮件、税号、备注。

(1) 单位名称：用户单位的全称，必须输入。企业全称只在打印发票时使用，其余情况全部使用企业简称。

(2) 单位简称：用户单位的简称，最好输入。

(3) 备注：输入用户认为有关该单位的其他信息，如所有制类型。

其他栏目都属于任选项。输入完毕后，单击"下一步"按钮。

3) 输入核算信息

用于记录本单位的基本核算信息，包括本位币代码、本位币名称、账套主管、企业类型、行业性质、是否按行业预置科目等。

(1) 本位币代码：用来输入新建账套所用的本位币的代码，如"人民币"的代码为RMB。

(2) 本位币名称：用来输入新建账套所用的本位币的名称，用户必须输入。

(3) 账套主管：用来输入新建账套中账套主管的姓名，用户必须从下拉列表框中选择输入。

(4) 企业类型：用户必须从下拉列表框中选择输入。系统提供工业、商业和医药流通3种类型。如果选择工业模式，则系统不能处理受托代销业务；如果选择商业模式，委托代销和受托代销业务都能处理。

(5) 行业性质：用户必须从下拉列表框中选择输入，系统按照所选择的行业性质预置科目。

(6) 是否按行业预置科目：如果用户希望预置所属行业的标准一级科目，则选中该项。

4) 输入基础信息

存货、客户和供应商是否分类管理，要视具体情况而定。如果单位的存货、客户、供应商相对较多，则可以进行分类核算。如果此时不能确定是否进行分类核算，可以待分销软件启动时再设置分类核算。

(1) 存货分类。如果企业存货较多且种类繁多，可以选择存货分类管理，单击选中"存货是否分类"前的复选框即可。如果选择了存货分类，那么在进行基础信息设置时，必须先设置存货分类，然后才能设置存货档案。如果存货较少且品种单一，可以选择存货不分类，那么在进行基础信息设置时，可以直接设置存货档案。

(2) 客户分类。如果企业客户较多，可以进行分类管理，单击选中"客户是否分类"前的复选框即可。如果选择了客户分类，那么在进行基础信息设置时，必须先设置客户分类，然后才能设置客户档案。如果选择客户不分类，那么在进行基础信息设置时，可以直接设置客户档案。

(3) 供应商分类。如果供应商较多，可以进行分类管理，单击选中"供应商是否分类"前的复选框即可。如果选择了供应商分类，那么在进行基础信息设置时，必须先设置供应商分类后，才能设置供应商档案。如果供应商不分类管理，那么在进行基础信息设置时，可以直接设置供应商档案。

(4) 有无外币核算。如果企业涉及外币业务，可以选择，单击选中"有无外币核算"前的复选框即可。

全部输入完成后，单击"完成"按钮，完成建账操作。

5) 分类编码方案

为了便于用户进行分级核算、统计和管理，本系统可以对基础数据的编码进行分级设置，可分级设置的内容有：科目编码、存货分类编码、地区分类编码、客户分类编码、供应商分类编码、部门编码、成本对象编码、收发类别编码和结算方式编码等，如图2-7所示。

编码级次和各级编码长度的设置将决定用户单位如何编制基础数据的编号，进而构成用户分级核算、统计和管理的基础。如果在建立账套时设置存货(客户、供应商)不分类，则在此不能进行存货分类(客户分类、供应商分类)的编码方案设置。

6) 数据精度

由于各用户企业对数量、单价的核算精度要求不一致，为了适应各用户企业的不同需求，本系统提供了自定义数据精度的功能。在系统管理部分需要设置的数据精度主要有存货数量小数位、存货单价小数位、开票单价小数位、件数小数位和换算率小数位，如图2-8所示。用户可根据企业的实际情况进行设置。

账套创建成功后，屏幕上会出现创建成功的提示信息。

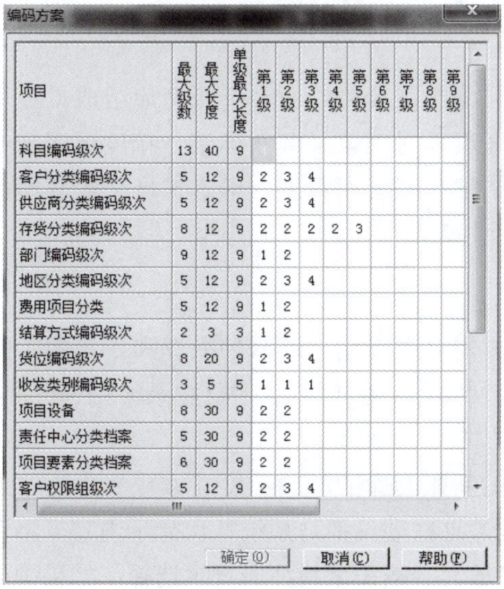

图 2-7 分类编码方案

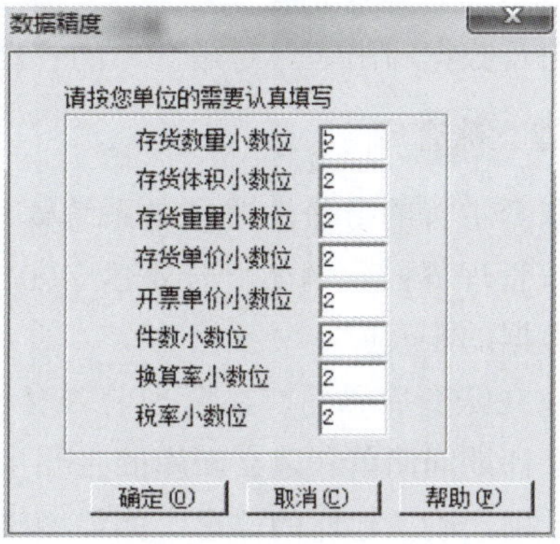

图 2-8 定义数据精度

2. 修改账套

用户可以通过修改账套功能，查看或修改账套信息。但只有账套主管才有权限修改相应的账套。

以账套主管的身份注册，选择相应的账套，进入"系统管理"窗口。在"系统管理"窗口中，单击"账套"菜单下的"修改"命令，进入修改账套功能。系统自动列示出所选账套的账套信息、单位信息、核算信息、基础设置信息。账套主管可根据实际情况，对可修改的内容进行修改。

3. 账套的引入和输出

引入账套功能是指将系统外某账套数据引入本系统中。该功能的增加将有利于集团公司的操作，子公司的账套数据可以定期被引入母公司系统中，以便进行有关账套数据的分析和合并工作。如果仅需定期将子公司的账套数据引入总公司系统，则最好在初始建账时就做好规划，确保各公司的账套号不同，避免因账套号重复而出现数据覆盖问题。

以系统管理员的身份注册登录系统管理，单击"账套"菜单下的"引入"命令，在弹出的对话框中选择所要引入的账套数据备份文件。账套数据备份文件是系统卸出的文件，前缀名统一为UfErpAct，确认后，即可将账套备份数据引入系统中。

输出账套功能是指将所选的账套数据做一个备份，既可以在硬盘上备份，也可以在软盘上备份。

以系统管理员的身份注册登录系统管理，单击"账套"菜单下的"输出"命令，进入"账套输出"对话框。选择将要进行输出的账套，若想删除源账套，则要选中"删除当前输出账套"栏目。确定后，系统自动压缩所选账套数据，并要求用户选择备份目标，才能按要求完成账套输出。

在账套管理功能中，系统管理员有建立账套、引入和输出账套的权限，而修改账套只能由该账套的主管负责。

2.1.7 账套库管理

在系统管理软件中，用户可以建立多个账套，且每个账套可以由多个账套库组成。一个账套对应一个经营实体或核算单位，而账套中的一个账套库对应该经营实体某一年度区间的业务数据。账套库管理包括建立账套库、账套库初始化、清空账套库数据、语言扩展、账套库的引入和输出及数据卸出等。对账套库的管理只能由账套主管进行。

1. 建立账套库

以账套主管的身份注册登录系统管理模块，选定需要进行建立新库的账套和上年的时间，进入系统管理界面。例如，若要建立001演示账套的2025年新账套库，则要登录001账套的包含2024年数据的账套库。

在建立账套库界面，显示当前账套、将要建立的新账套库的起始年度、本账套库内业务产品所在会计期间清单和建立新库的主要步骤及其进度。这些项目都是系统默认显示内容，不可修改，便于用户确认建库的信息。如需调整，请单击"放弃"按钮重新注册登录选择；如果确认可以建立新账套库，则单击"确定"按钮；如果放弃账套库的建立，可单击"放弃"按钮。

2. 账套库初始化

新建账套库后，为了支持新旧账套库之间的业务衔接，可以通过账套库初始化功能将上一账套库中相关模块的余额及其他信息结转到新账套库中。为了统计分析的规整性，每个账套库包含的数据都以年为单位，上一账套库的结束年加一就是新账套库的开始年。用户以账套主管的身份注册进入系统管理，选择"账套库"菜单中的"账套库初始化"选项，则可进行账套库初始化功能设置。

账套库初始化功能按照公共平台、财务会计、管理会计、供应链、生产制造、人力资源及集团应用结转规则，将上年度账套的相关数据结转到新年度账套中。

3. 清空账套库数据

当用户发现某账套库中错误太多，或者不希望将上一账套库的余额或其他信息全部结转到下一年度时，便可使用清空账套库数据的功能。"清空"并不是指将账套库的数据全部删除，而是还保留一些信息，主要有基础信息、系统预置的科目报表等。保留这些信息主要是为了方便用户使用清空后的账套库重新做账。以账套主管的身份注册，并且选定账套和登录时间，进入"系统管理"窗口，单击"年度账"菜单下的"清空年度数据"命令进行操作。需要注意的是，清空账套库数据时一定要备份数据，然后再进行操作。

4. 语言扩展

用友U8 V10.1软件支持英语、泰语、简体中文、繁体中文等不同语言。为发挥多语言优势，方便用户灵活使用，同时节省资源占用，U8 V10.1提供了语言扩展工具。用户可以在建立账套时只选择使用的语言，若以后需要使用其他语言，则可以通过"语言扩展"工具来实现。

5. 账套库引入

引入账套库功能是指将系统外账套中的某年度区间的账套库数据引入本系统中。在系统管理界面单击"账套库"菜单下的"引入"选项，即可进入账套库引入功能界面。账套库数据备份文件是系统卸出的文件，前缀名统一为UfErpYer，确认后，即可将账套库备份数据引入系统中。

6. 账套库输出

账套库的输出作用和账套的输出作用相同。账套库的输出方式有助于有多个异地单位的客户实现及时集中管理。例如,某单位总部在深圳,其天津分公司每月需将最新的数据传输到深圳总部。初次传输时,分公司仅需将账套进行输出(备份),然后传输到总部并进行账套的引入(恢复备份)即可,以后再要传输数据时只需将账套库进行输出(备份)然后引入(恢复备份)即可。采用这种方式后,后续只需传输账套库即可,其优势在于数据量小,既能提高传输效率,又能降低传输成本。

7. 数据卸出

当一个账套库中包含多年份的数据,导致其体积过于庞大,进而影响业务处理性能时,可以通过数据卸出功能,将一些历史年度的数据卸出,以减小本账套库的体积,提高运行效率。数据卸出时,只能以会计年为单位进行处理,从本账套库的最小年度开始,到指定年度结束,卸出该年度区间中所有业务产品的不常用数据。数据卸出后,系统将自动生成一个账套库保留这些卸出的数据,相对当前使用的账套库来说,该包含卸出数据的账套库可以称为"历史账套库"。用户需以账套主管的身份注册进入系统管理执行数据卸出功能。

2.1.8 使用视图

视图主要包括刷新、清除异常任务、清除选定任务、清除所有任务、清退站点、清除单据锁定和上机日志等功能。

1. 刷新

系统管理的一个重要用途就是对各个子系统的运行实施实时监控。为此,系统将正在登录系统管理的子系统及其正在执行的功能在窗口中列示出来,以便于系统管理员用户或账套主管用户进行监控。

系统管理的功能列表分为上下两部分,上部分列示的是当前已登录系统管理的子系统,下部分列示的是子系统中正在执行的功能。查看时,用户可在上部分选中一个子系统,下部分将自动列示出该子系统中正在执行的功能。这两部分的内容都是动态的,它们都将根据系统的执行情况而自动变化,用户如果想看到最新的情况,则可启用刷新功能来适时刷新功能列表的内容。

2. 清除异常任务

系统管理对每个登录系统的子系统定时轮询检查,如果发现有死机、网络阻断等异常情况,就会在与子系统相对应的任务条的"运行状态"栏内显示"运行不稳定"。这时,如果单击"视图"菜单中的"清除异常任务"命令,就会把这些异常任务所申请的系统资源予以释放,并恢复可能被破坏的系统数据库和用户数据库,同时任务栏内也将清除这些异常任务。任务的运行情况都被记录在上机日志中。

3. 清除选定任务

U8 V10.1软件提供手动清除任务功能。选择要清除的任务,单击"清除选定任务"按钮,强制结束该任务(不释放该任务占用的授权点数)。

4. 清除所有任务

该功能提供清除当前界面所见的所有任务的功能，单击相应按钮清除所有任务。

5. 清退站点

系统管理员或有权限的管理员用户可以选定特定客户端，手动执行清除任务，在此过程中，系统会同时释放该客户端所占用的所有产品许可。被清退的客户端上会弹出提示信息，等待15秒后强制结束该客户端的门户进程。

6. 清除单据锁定

系统管理员或有权限的管理员用户可以执行清除单据锁定功能。在使用过程中，不可预见的因素可能会造成单据锁定，导致无法正常操作单据，此时，可使用"清除单据锁定"功能来恢复正常功能的使用。

7. 上机日志

为了保证系统的安全运行，系统随时对各个产品或模块的每个操作员的上下机时间、操作的具体功能等情况进行登记，形成上机日志，以便使所有的操作都有所记录、有迹可循。

用户可以对上机日志的内容进行删除。

2.2 原型企业背景资料

1. 企业基本信息

天津新华家纺股份有限公司(简称新华公司)，是一家专门从事床上用品、家居服装、毛巾系列产品、家纺系列产品、室内装饰品等产品零售及批发的商贸企业。

公司法人代表：陈强

公司人民币开户银行：中国工商银行天津河西支行　账号：12001657901052500555

公司欧元开户银行：中国银行天津河西支行　账号：12001666901052501366

公司纳税登记号：120101355203023526

公司地址：天津市河西区珠江道86号

电话：022-28285566

邮箱：1201013552@qq.com

2. 组织结构及岗位分工

新华公司董事会下设总经理办公室、财务部、采购部、销售部、生产部和仓管部。现行岗位分工及工作职责如表2-1所示。

表2-1　现行岗位分工及工作职责

编码	姓名	隶属部门	职务
A01	陈强	总经理办公室	总经理
W01	赵晓琪	财务部	会计主管
W02	张文华	财务部	会计

续表

编码	姓名	隶属部门	职务
W03	黄宁	财务部	出纳
X01	段佳奕	销售部	销售员
G01	林群	采购部	采购员
C01	陈晨	仓管部	库管员

3. 企业会计核算的基本要求

1) 科目设置要求

应付账款科目下设暂估应付账款、一般应付账款和债务重组3个二级科目，其中一般应付账款设置为受控于应付款系统，暂估应付账款和债务重组科目设置为不受控于应付款系统。

预收账款科目下设预收货款和一般预收款2个二级科目，其中预收货款科目设置为不受控于应收款系统，一般预收款设置为受控于应收款系统。

2) 辅助核算要求

(1) 日记账：库存现金、银行存款/基本存款账户、其他货币资金/存出投资款。

(2) 银行账：银行存款/基本存款账户。

(3) 客户往来：应收票据/银行承兑汇票、应收票据/商业承兑汇票、应收账款、预收账款/预收货款、预收账款/一般预收款、发出商品/其他销售发出商品。

(4) 供应商往来：在途物资、应付票据/银行承兑汇票、应付票据/商业承兑汇票、应付账款/一般应付账款、应付账款/暂估应付账款、应付账款/债务重组、预付账款、其他应收款/单位往来。

(5) 个人往来：其他应收款/个人往来。

(6) 项目核算：交易性金融资产/公允价值变动。

(7) 项目(数量)核算：交易性金融资产/成本。

(8) 数量核算：在途物资、发出商品/分期收款发出商品、发出商品/其他销售发出商品、库存商品、受托代销商品。

3) 会计凭证的基本规定

录入或生成"记账凭证"均由指定的会计人员操作，含有库存现金和银行存款科目的记账凭证均需出纳签字。采用复式记账凭证和单一凭证格式。对已记账凭证的修改，只采用红字冲销法。为保证财务与业务数据的一致性，能在业务系统生成的记账凭证不得在总账系统直接录入。根据原始单据生成记账凭证时，除特殊规定外不采用合并制单。出库单与入库单原始凭证以软件系统生成的为准；除指定业务外，在业务发生当日，收到发票并支付款项的业务使用现付功能处理，开出发票的同时收到款项的业务使用现结功能处理。

4) 货币资金业务的处理

公司采用的结算方式包括现金、支票、托收承付、委托收款、银行汇票、商业汇票、电汇、同城特约委托收款等。收、付款业务由财务部门根据有关凭证进行处理。

5) 薪酬业务的处理

由公司承担并缴纳的医疗保险、工伤保险、生育保险、住房公积金分别按10%、1%、0.8%、12%的比例计算，养老保险、失业保险分别按20%、1%的比例计算；职工个人承担的养老保险、医疗保险、失业保险、住房公积金分别按8%、2%、0.2%、12%的比例计算。按工资总额的2%计提工会经费，按工资总额的2.5%计提职工教育经费。各类社会保险费当月计提，次月缴纳。

按照国家有关规定，公司代扣代缴个人所得税，其费用扣除标准为5 000.00元，附加费用为

1 300.00元；工资分摊制单合并科目相同、辅助项相同的分录。

6) 固定资产业务的处理

公司固定资产包括房屋及建筑物、办公设备和运输工具，均为在用状态；采用平均年限法(二)按月计提折旧；同期多次增加固定资产时，可合并制单。

7) 销售业务的处理

对客户销售商品时产生的费用由销售管理子系统处理。

8) 存货业务的处理

存货业务主要包括购进商品后按存货分类进行存放和项目核算两项。企业各类存货一般采用实际成本核算并实行永续盘存制；发出存货成本核算采用"先进先出法"且按仓库进行核算。其中，普通采购业务的入库存货对应科目统一使用"在途物资"科目，受托代销的入库存货对应科目使用"受托代销商品款"科目，委托代销的成本核算方式按发出商品核算。同一批次的出库或入库业务生成一张凭证；采购与销售业务必须依据订单开展(订单号即为合同号)，到货必须对应到货单，发货必须对应发货单，存货按业务发生日期逐笔记账并制单(暂估业务除外)。

存货核算制单时普通业务不允许选择"已结算采购入库单自动选择全部结算单上单据(包括入库单、发票、付款单)，非本月采购入库按蓝字报销单制单"选项。

9) 税费的处理

公司为增值税一般纳税人，增值税税率为13%，按季缴纳，按当期应交增值税的7%计算城市维护建设税、3%计算教育费附加和2%计算地方教育费附加；企业所得税采用资产负债表债务法，企业所得税的计税依据为应纳税所得额，税率为25%，按月预计，按季预缴，全年汇算清缴。交纳税费按银行开具的原始凭证编制记账凭证。

10) 财产清查的处理

公司每年年末对存货及固定资产进行清查，根据盘点结果编制"盘点表"，并与账面数据进行比较，由相关管理员审核后进行处理(月末视同年末)。

11) 坏账损失的处理

除应收账款外，其他的应收款项不计提坏账准备。每年年末，按应收账款余额百分比法计提坏账准备，提取比率为0.5%(月末视同年末)。

12) 利润分配

根据公司章程，公司税后利润按以下顺序及规定分配：①弥补亏损；②按10%提取法定盈余公积；③按30%向投资者分配利润(月末视同年末)。

13) 损益类账户的结转

每月末将各损益类账户余额转入本年利润账户，结转时按收入和支出分别生成记账凭证。

实务训练

实训1　增加用户

实训要求

以系统管理员身份登录系统管理，增加用户。

📥 **岗位说明**

以"系统管理员"身份完成实训。

📥 **实训指导**

(1) 启动系统管理。

执行"开始"|"程序"|"用友U8 V10.1"|"系统服务"|"系统管理"命令，启动系统管理。

(2) 以系统管理员身份登录系统管理。

① 执行"系统"|"注册"命令，打开"登录"系统管理对话框。

② 系统中预先设定了一个系统管理员admin，第一次运行时，系统管理员密码为空，选择系统默认账套(default)，单击"登录"按钮，以系统管理员身份进入系统管理。系统管理界面左下角操作员显示[admin]。

❖ **注意:**

◇　为了保证系统的安全性，可以在"登录"系统管理对话框中设置或更改系统管理员的密码。考虑实际教学环境，为简化课堂操作，教学过程中建议不要设置系统管理员密码。

(3) 增加操作员。

① 执行"权限"|"用户"命令，进入"用户管理"窗口，其中显示系统安装完成后默认的用户。

② 单击工具栏上的"增加"按钮，打开"操作员详细情况"对话框，按表2-1所示的资料输入操作员。"职务"一栏无须录入。

③ 单击"取消"按钮结束，返回"用户管理"窗口，所有用户以列表方式显示。单击工具栏上的"退出"按钮，返回"系统管理"窗口。

❖ **注意:**

◇　①只有系统管理员才有权限设置角色和用户。②用户编号在系统中必须唯一，即使是不同的账套，用户编号也不能重复。③设置操作员口令时，为保密起见，输入的口令字以"*"号在屏幕上显示。④所设置的操作员用户一旦被引用，便不能修改和删除。⑤如果操作员调离企业，可以通过"修改"功能"注销当前用户"。⑥在"操作员详细情况"对话框中，蓝色字体标注的项目为必输入项，其余项目为可选项，这一规则适用于所有界面。

实训2　建立账套

📥 **实训要求**

天津新华家纺股份有限公司账套参数信息如下。

(1) 账套信息。

账套号：001；账套名称：天津新华家纺股份有限公司；采用默认账套路径；启用会计期：2025年7月；会计期间设置：默认。

(2) 单位信息。

单位名称：天津新华家纺股份有限公司；单位地址：天津市河西区珠江道86号；法人代表：陈强；联系电话及传真：022-28285566；税号：120101355203023526。

(3) 核算类型。

该企业的记账本位币：人民币(RMB)；企业类型：商业；行业性质：2007年新会计制度科目；科目预置语言：中文(简体)；账套主管：陈强；选中"按行业性质预置科目"复选框。

(4) 基础信息。

选中"存货分类""客户分类""供应商分类""无外币核算"复选框。

(5) 分类编码方案。

该企业的分类方案如下。

科目编码级次：4222。

收发类别编码级次：121。

其他为系统默认。

(6) 数据精度。

该企业将存货数量、单价小数位定为2。

(7) 系统启用。

启用总账系统，启用时间为2025-07-01。

↘ 岗位说明

以"系统管理员"身份登录系统管理，建立账套。

↘ 实训指导

(1) 创建账套。

执行"账套"|"建立"命令，打开"创建账套"对话框。选择"新建空白账套"选项，单击"下一步"按钮。

(2) 输入账套信息。

① 已存账套：系统中已存在的账套在下拉列表框中显示，用户只能查看，不能输入或修改。

② 账套号：必须输入。本例输入账套号"001"。

③ 账套名称：必须输入。本例输入"天津新华家纺股份有限公司"。

④ 账套路径：用来确定新建账套要放置的位置，系统默认的路径为C:\U8SOFT\ Admin，用户可以人工更改，也可以利用"…"按钮进行参照输入。本例采用系统的默认路径。

⑤ 启用会计期：必须输入。系统默认为计算机的系统日期，更改为"2025年7月"。

⑥ 是否集团账套：不选择。

⑦ 建立专家财务评估数据库：不选择。

⑧ 输入完成后，单击"下一步"按钮，进行单位信息设置。

(3) 输入单位信息。

① 单位名称：用户单位的全称，必须输入。企业全称只在打印发票时使用，其余情况全部使用企业的简称。本例输入"天津新华家纺股份有限公司"。

② 其他栏目都属于任选项，参照实训资料输入即可。

③ 输入完成后，单击"下一步"按钮，进行核算类型设置。

(4) 输入核算类型。

① 本币代码：必须输入。本例采用系统默认值"RMB"。

② 本币名称：必须输入。本例采用系统默认值"人民币"。

③ 企业类型：用户必须从下拉列表框中选择输入。系统提供了"工业""商业""医药流通"3种模式。如果选择工业模式，系统不能处理受托代销业务；如果选择商业模式，系统可处理受托代销业务。本例选择"商业"模式。

④ 行业性质：用户必须从下拉列表框中选择输入，系统按照所选择的行业性质预置科目。本例选择行业性质为"2007年新会计制度科目"。

⑤ 科目预置语言：中文(简体)。用友ERP-U8 V10.1为多语言版本。

⑥ 账套主管：必须从下拉列表框中选择输入。本例选择"[A01]陈强"。

⑦ 按行业性质预置科目：如果用户希望预置所属行业的标准一级科目，则选中该复选框。本例选择"按行业性质预置科目"。

⑧ 输入完成后，单击"下一步"按钮，进行基础信息设置。

(5) 确定基础信息。

如果单位的存货、客户、供应商相对较多，则可以进行分类核算。如果此时不能确定是否进行分类核算，也可以在建账完成后，由账套主管在"修改账套"功能中设置分类核算。

按照本例要求，选中"存货是否分类""客户是否分类""供应商是否分类"3个复选框。单击"下一步"按钮，进入"准备建账"。

(6) 准备建账。

单击"完成"按钮，系统提示"可以创建账套了吗？"，单击"是"按钮，系统依次进行初始化环境、创建新账套库、更新账套库、配置账套信息等工作，所以需要一段时间才能完成，必须耐心等待。完成以上工作后，系统打开"编码方案"对话框。

(7) 确定编码方案。

为了便于对经济业务数据进行分级核算、统计和管理，系统要求预先设置某些基础档案的编码规则，即规定各种编码的级次及各级的长度。

按实训资料所给内容修改系统默认值，单击"确定"按钮，再单击"取消"按钮，打开"数据精度"对话框。

❖ 注意：

◇ 科目编码级次中第1级科目编码长度根据建账时所选行业性质自动确定，此处显示为灰色，不能修改，只能设定第1级之后的科目编码长度。

(8) 数据精度定义。

数据精度是指定义数据的小数位数，如要进行数量核算，则需认真填写该项。本例采用系统默认值，单击"确定"按钮，系统弹出"正在更新单据模板，请稍等"信息提示框。

(9) 完成。

① 完成单据模板更新后，系统弹出"[001]建账成功"系统提示框，单击"否"按钮，暂不进行系统启用的设置。系统弹出"请进入企业应用平台进行业务操作！"信息提示框，单击"确定"按钮返回。

② 单击工具栏上的"退出"按钮，返回系统管理。

❖ **注意：**

◇ 编码方案、数据精度、系统启用项目可以由账套主管在"企业应用平台"|"基础设置"|"基本信息"菜单中进行修改。

实训3 操作员权限设置

⬇ 实训要求

按照用友U8的要求，整理新华公司用户信息，如表2-2所示。

表2-2 用户信息

编码	姓名	操作分工
A01	陈强	账套主管
W01	赵晓琪	公共目录设置、联查辅助明细、记账凭证的审核及查询、账表、对账、总账结账、编制UFO报表
W02	张文华	总账(填制和查询凭证、账表，期末处理，记账)、应收款和应付款管理(不含收付款单填制、选择收款和选择付款权限)、固定资产、薪资管理、存货核算的所有权限
W03	黄宁	收付款单填制、选择收款和选择付款权限、票据管理、出纳签字、银行对账
X01	段佳奕	公共目录设置、销售管理的所有权限
G01	林群	公共目录设置、采购管理的所有权限
C01	陈晨	公共目录设置、公共单据、库存管理的所有权限

⬇ 岗位说明

以"系统管理员"身份登录系统管理，设置操作员权限。

⬇ 实训指导

① 执行"系统管理"|"权限"|"权限"命令，进入"操作员权限"窗口。

② 选择001账套，2025年度。

③ 从窗口左侧操作员列表中选择"A01 陈强"，选中"账套主管"复选框，确定陈强具有账套主管权限。

❖ **注意：**

◇ ①在增加用户和建立账套时已设定"陈强"为账套主管，此处无须再设置。②如果在建账时未设定"陈强"为账套主管，可以在此处进行指定。③一个账套可以设定多个账套主管。④账套主管自动拥有该账套的所有权限。

④ 选择"W01 赵晓琪"和"001"账套。单击工具栏上的"修改"按钮，选中"公共目录设置""联查辅助明细""记账凭证的审核及查询""账表""对账""总账结账""编制

UFO报表"权限，单击"保存"按钮。

⑤ 同理，按表2-2所示内容为其他用户相继设置操作权限。

⑥ 单击工具栏上的"退出"按钮，返回系统管理。

实训4 账套管理

1. 账套输出(备份)

📥 实训要求

将新建账套"[001]天津新华家纺股份有限公司"输出至D盘根目录下"2-1账套建立"文件夹中。

📥 岗位说明

以"系统管理员"身份登录系统管理，进行账套输出。

📥 实训指导

① 以"admin"身份进入系统管理。执行"账套"|"输出"命令，打开"账套输出"对话框，选择需要输出的账套"001"及账套文件的输出位置，单击"确认"按钮。

② 备份完成后，系统弹出"输出成功！"信息提示框，单击"确定"按钮返回。

❖ **注意：**
> ◇ 如果需要删除账套，在备份输出账套时，选中"删除当前输出账套"复选框，系统会在备份的同时，删除该账套。

2. 账套引入

📥 实训要求

引入账套"[001]天津新华家纺股份有限公司"。

📥 岗位说明

以"系统管理员"身份登录系统管理，进行账套引入。

📥 实训指导

① 以"admin"身份进入系统管理。执行"账套"|"引入"命令，打开"请选择账套备份文件"对话框，选择D盘，引入上一实验输出的账套数据，单击"确认"按钮。

② 系统弹出"请选择账套引入的目录"信息提示框，单击"确定"按钮，弹出"请选择账套引入的目录"对话框，保持默认路径，单击"确定"按钮。

③ 系统弹出"此操作将覆盖[001]账套当前的所有信息，继续吗？"信息提示框，单击"确定"按钮。

❖ **注意：**
> ◇ 若引入账套号未存在于系统内，则不提示此信息，直接引入。

④ 成功引入账套后，系统弹出"账套[001]引入成功！"信息提示框，单击"确定"按钮。

3. 账套修改

↘ 实训要求

修改账套"[001] 天津新华家纺股份有限公司"中基础信息的外币核算选项。

↘ 岗位说明

以"A01陈强"身份登录系统管理，修改账套参数。

↘ 实训指导

如果要修改建账参数，则需以账套主管的身份注册进入系统管理。

① 在"系统管理"窗口中，执行"系统"|"注册"命令，打开"登录"系统管理对话框。

❖ 注意：

◇ 如果此前是以系统管理员的身份注册进入系统管理，那么需要先执行"系统"|"注销"命令注销当前系统操作员，再以账套主管的身份登录。

② 在"操作员"文本框中输入"A01"，无密码，选择"001 天津新华家纺股份有限公司"，会计年度为"2018"。

③ 单击"登录"按钮，进入"系统管理"窗口，菜单中显示为黑色字体的部分为账套主管可以操作的内容。

④ 执行"账套"|"修改"命令，打开"修改账套"对话框，可修改的账套信息以白色显示，不可修改的账套信息以灰色显示。

⑤ 单击"下一步"按钮，打开"基础信息"对话框，选中"有无外币核算"前的复选框，修改完成后，单击"完成"按钮，系统弹出"确认修改账套了吗？"提示信息框；单击"是"按钮，确定"编码方案"和"数据精度"；单击"确认"按钮，系统弹出"修改账套成功！"信息提示框。

⑥ 单击"确定"按钮，返回系统管理。

素养园地

数字中国(二)——新道科技股份有限公司：推进教育数字化

党的二十大报告强调，必须坚持科技是第一生产力、人才是第一资源、创新是第一动力，深入实施科教兴国战略、人才强国战略、创新驱动发展战略，开辟发展新领域新赛道，不断塑造发展新动能新优势。要坚持教育优先发展、科技自立自强、人才引领驱动，加快建设教育强国、科技强国、人才强国，坚持为党育人、为国育才，全面提高人才自主培养质量，着力造就拔尖创新人才，聚天下英才而用之。

教育数字化建设的公司代表——新道科技股份有限公司(以下简称"新道科技"，证券代码833694)成立于2011年，是用友集团的重要成员企业。作为中国领先的数智化人才培养服务提供商，新道科技深耕数字教育，持续专注新商科、新工科、社培认证三大领域，规模化培养数智化人才。

　　多年来，新道科技致力于把数智商业融入校园，为高等教育和职业教育提供智能财务、数字人力、数字营销、区块链与金融科技、工业互联网、新IT领域的综合教育产品与云服务解决方案，凭借先进的实践育人理念，依托用友集团超700万企业客户最新应用实践，通过数字化教育云平台，为院校构建校企合作、产教融合新范式，共建未来技术学院和现代产业学院，共同培养数智化人才，服务产业升级。

　　目前，新道科技与全国超4800所院校及社会机构开展合作，携手院校共建实践教学基地超8100个、数智产业学院超450所，培养学生超650万人，培训教学师资超过22万人次，联合出版教材1050本。

　　新道科技自成立以来，始终高度重视研发与创新，目前，已获得专利18项，计算机软件著作权109项，作品著作权14项，并通过ISO 9001:2015国际质量管理体系认证及企业信用评价AAA级信用认证。

　　新道科技源自产业，扎根教育，坚持和践行"用户之友、持续创新、专业奋斗"的核心价值观。展望未来，作为平台型教育服务企业，新道科技希望汇聚政府、行业、企业、院校多方力量，以构建校企合作命运共同体为目标，持续优化新商科、新工科、社培认证三大业务布局，深入推进数字教育发展进程，服务自主创新型人才及产业技能型人才供给，推动中国教育事业和中国数字经济的进步与发展。

第 3 章　企业应用平台

3.1　企业应用平台概述

3.1.1　企业应用平台的作用

为了使企业能够存储内外部各类信息，让员工、用户和合作伙伴能够从单一的渠道访问其所需的个性化信息，用友ERP-U8 V10.1软件提供了企业应用平台。借助企业应用平台，员工可通过单一的访问入口访问企业的各类信息，自定义业务工作内容并规划个性化工作流程。

企业应用平台实现了信息的及时沟通、资源的有效利用、与合作伙伴的在线和实时链接，对提高企业员工的工作效率及企业的总处理能力起到一定的推动作用。

3.1.2　基础设置

基础设置是为系统的日常运行做好基础工作，主要包括基本信息设置、基础档案设置和单据设置。

1. 基本信息设置

在基本信息设置中，可以对建账过程确定的编码方案和数据精度进行修改，并进行系统启用设置。

U8 V10.1软件分为财务会计、管理会计、供应链、生产制造、人力资源、集团应用、决策支持和企业应用集成等产品组，每个产品组中又包含若干模块，它们中大多数既可以独立运行，又可以集成使用，但两种用法的流程是有差异的。一方面企业可以根据本身的管理特点选购不同的子系统；另一方面企业也可以采取循序渐进的策略有计划地先启用一些模块，一段时间之后再启用另外一些模块。系统启用模式为企业提供了选择的便利，它可以表明企业在何时启用了哪些子系统。只有设置了系统启用的模块才可以登录。

设置系统启用的方法有两种：一种是在企业建账完成后立即进行系统启用设置；另一种是在建账结束后由账套主管在系统管理中进行系统启用设置。

2. 基础档案设置

基础档案是系统日常业务处理必需的基础资料，是系统运行的基石。一个账套总是由若干子系统构成，这些子系统共享公用的基础档案信息。在启用新账套之前，应根据企业的实际情况，结合系统基础档案设置的要求，事先做好基础数据的准备工作。

1) 会计科目设置

建立会计科目是会计核算的方法之一。财务软件一般都提供了符合国家会计制度规定的一级会计科目。明细科目的确定要根据各企业情况自行确定，确定原则如下。

(1) 会计科目的设置必须满足会计报表编制的要求，凡是报表所用数据，需从账务系统取数的，必须设立相应科目。

(2) 会计科目的设置必须保持科目与科目间的协调性和体系完整性，不能只有下级科目而无上级科目，既要设置总账科目，又要设置明细科目，以提供总括和详细的会计核算资料。

(3) 会计科目要保持相对稳定，会计年中不能删除；如已经使用，不能增设下一级明细科目。一级科目名称要符合国家标准，明细科目名称要通俗易懂。

(4) 设置会计科目要考虑与子系统的衔接。在账务处理子系统中，只有末级会计科目才允许有发生额，才能接收各子系统转入的数据，因此，要将各子系统中的核算科目设置为末级科目。

在账务处理子系统中，为了便于计算机识别和处理会计数据，需对每一会计科目进行编码。典型的编码种类主要包括顺序编码、区间编码和层次编码3种。

(1) 顺序编码。顺序编码是一种用连续数字代表编码对象的代码。例如，对人员类别进行编码时，用1表示经理人员，用2表示生产人员，用3表示技术人员，用4表示销售人员等。顺序编码的优点是简单、易于管理，但顺序编码无逻辑基础，本身不能说明任何信息特征，故而会计科目的编码极少采取顺序编码的方式。

(2) 区间编码。区间编码是将整个编码系统分为多个组，形成多个区间，每个区间是一组，每组中的代码值都有特定的含义。总账科目编码即采用了区间编码方法。例如，现行的会计科目编码体系(2007年新会计制度科目)中，总账科目编码的位数是四位，将这四位数字进行分组，则分别表示了会计科目的类别。其中：区间"1001"(库存现金)至"1901"(待处理财产损溢)表示"资产类"科目；区间"2001"(短期借款)至"2901"(递延所得税负债)表示"负债类"科目。区间编码的优点是信息处理可靠，排序、分类、检索方便，但区间编码有时会产生长码，编码中可能会出现多余码的现象。

(3) 层次编码。层次编码是以分类对象的从属关系为排列顺序的一种代码。编码分为多个层次，与对象的分类层次相对应。会计科目编码中，对明细科目的编码通常采用的是层次编码方法。例如，某企业会计科目的编码方案为"4-2-2"，准备将固定资产进行编码，固定资产科目当前为三级核算，则在层次编码方式中，"固定资产——生产经营用固定资产——生产线"科目的编码方案如下所示。

```
1601        固定资产
    1601    01       固定资产——生产经营用固定资产
        1601    01    01       固定资产——生产经营用固定资产——生产线
```

以上8位编码分为3层含义，第一层编码4位"1601"，是总账科目"固定资产"的编码；第二层编码2位"01"，是固定资产大类"生产经营用固定资产"的科目编码；第三层编码2位"01"，是固定资产明细科目"生产线"的编码。

一般来说，为了充分体现计算机管理的优势，在企业原有的会计科目基础上，应对以往的一些科目结构进行优化调整，充分发挥计算机账务处理系统提供的辅助核算功能，深化、强化企业的核算和管理工作。

当企业规模不大，往来业务较少时，可采用与手工方式一样的科目结构及记账方法，即将往来单位、个人、部门、项目通过设置明细科目来进行核算管理；而对于往来业务频繁，清欠、清理工作量大，核算要求严格的企业来说，应采用账务处理子系统提供的辅助核算功能进行管理，即将这些明细科目的上级科目设为末级科目并设为辅助核算科目，然后将这些明细科目设为相应的辅助核算目录。一个科目设置了辅助核算后，它所发生的每一笔业务将会登记在总账和辅助明细账上。

例如，未使用辅助核算功能的科目设置如表3-1所示。

表3-1　未使用辅助核算功能的科目设置

科目编码	科目名称	科目编码	科目名称
1122	应收账款	5001	生产成本
112201	北京石化公司	500101	A产品
112202	天津销售分公司	50010101	直接材料
……		50010102	直接人工
1221	其他应收款	……	
122101	差旅费应收款	500102	B产品
12210101	王坚	50010201	直接材料
12210102	李默	50010202	直接人工
122102	私人借款	……	
12210201	王坚	6602	管理费用
12210202	李默	660201	办公费
……		66020101	A部门
1604	在建工程	66020102	B部门
160401	工程物资	660202	差旅费
16040101	A部门	66020201	A部门
16040102	B部门	66020202	B部门
……		……	

那么，在使用账务处理系统的辅助核算功能进行核算时，可将科目设置如表3-2所示。

表3-2　使用辅助核算功能的科目设置

科目编码	科目名称	辅助核算
1122	应收账款	客户往来
1221	其他应收款	
122101	差旅费应收款	个人往来
122102	私人借款	个人往来
1604	在建工程	
160401	工程物资	部门项目
5001	生产成本	
500101	直接材料	项目核算
500102	直接人工	项目核算

科目编码	科目名称	辅助核算
6602	管理费用	
660201	办公费	部门核算
660202	差旅费	部门核算

设置会计科目体系的主要功能包括增加会计科目、修改会计科目、查询会计科目及删除会计科目等，如图3-1所示。

图3-1 建立会计科目

图3-1中的级次即科目级次，以数字1、2、3、4、5、6表示，数字即代表科目级次，如"1"代表一级科目，"2"代表二级科目。级次由系统根据科目编码自动定义。

(1) 增加会计科目。

增加会计科目，主要涉及科目编码、科目名称、科目类型、科目性质、助记码、账页格式和辅助核算等内容。

① 科目编码：科目编码应是科目全码，即从一级科目至本级科目的各级科目编码组合。其中，各级科目编码必须唯一，且必须按其级次的先后次序建立，即先有上级科目，然后才能建立下级明细科目。科目编码中的一级科目编码必须符合现行的会计制度。通常，通用商品化会计核算系统在建立账套时，会自动装入规范的一级会计科目。

② 科目名称：科目名称是指本级科目名称，通常分为科目中文名称和科目英文名称，可以是汉字、英文字母或数字，也可以是减号(-)、正斜杠(/)，但不能输入其他字符。科目中文名称最多可输入10个汉字，科目英文名称最多可输入100个英文字母。在中文版中，必须录入中文名称；若是英文版，则必须录入英文名称。科目中文名称和英文名称不能同时为空。

③ 科目类型：行业性质为企业时，科目类型分为资产、负债、所有者权益、共同、成本、损益六类；行业性质为行政单位或事业单位时，按新会计制度科目类型设置。

④ 科目性质(余额方向)：增加记借方的科目，科目性质为借方；增加记贷方的科目，科目性质为贷方。一般情况下，只能在一级科目设置科目性质，下级科目的科目性质与其一级科目相同。已有数据的科目不能再修改科目性质。

⑤ 助记码：用于帮助记忆科目，提高录入和查询速度。一般可用科目名称中各个汉字拼音的首字母组成，例如管理费用，其助记码可写为glfy，这样在制单或查账中使用助记码glfy时，系统可自动将助记码转换成科目名称。通常，科目助记码可以重复。

⑥ 账页格式：定义该科目在账簿打印时的默认打印格式。通常系统会提供金额式、外币金额式、数量金额式、外币数量式4种账页格式供选择。

⑦ 辅助核算：也叫辅助账类，用于说明本科目是否有其他核算要求，系统除完成一般的总账、明细账核算外，还提供部门核算、个人往来核算、客户往来核算、供应商往来核算、项目核算5种专项核算功能供选用。

- 部门核算是企业实现立体交叉核算的方式之一。通常把成本和损益类科目设置为按部门核算。部门核算不仅可以核算出这些账户在一个会计期间内总的发生额，而且能够核算出其在各个部门的发生情况，为提高企业管理水平提供了依据。将会计科目设置为按"部门核算"后，还需建立部门档案。在日常账务处理中，如果此类科目有发生额，系统会提示按档案中存档的部门核算。

- 个人往来核算主要用来核算企业与本企业员工之间资金往来业务。例如，其他应收款和其他应付款科目。通常，在总账科目下，按业务类型划分设立明细科目，并将明细科目的辅助核算类型设置为"个人往来"核算，然后建立个人档案。在日常账务处理中，如果此类科目有发生额，系统会提示按档案中存档的个人核算。

- 客户往来核算和供应商往来核算用于核算企业与外部资金往来业务，如应收账款、应付账款、预收账款和预付账款。这些科目核算的业务涉及企业的债权债务，与企业的经济利益密切相关，企业对此类业务的核算和管理要求也不断提高。可以将应收账款、应付账款、预收账款和预付账款总账科目或根据需要建立的明细科目的辅助核算类型设置为"客户往来"或"供应商往来"，然后建立客户和供应商档案。在日常账务处理中，如果此类科目有发生额，系统会提示按档案中建立的客户或供应商核算。

- 项目核算是使用计算机技术进行会计核算后，企业能够实现立体交叉核算和管理的又一体现。以产品销售收入为例，如果企业有多个产品，且由多个销售部销售，则企业需要了解总的销售收入，同时还要掌握各产品的销售收入、不同产品在各个销售部门的销售收入，以及各销售部门的销售收入。为此，应根据企业的具体需要在总账科目下建立明细科目，把明细科目的辅助核算类型设置为按项目核算和分部门核算，然后建立项目档案。

设置辅助核算要考虑以下几点。

- 由于根据企业实际情况，同一总账科目下的明细科目可设置不同类型的辅助核算，故而一般仅对末级科目设置辅助核算。例如，"1221 其他应收款"下设有明细科目"122101 应收单位款"和"122102 应收个人款"，应对"122101 应收单位款"设置"客户往来"辅助核算，对"122102 应收个人款"设置"个人往来"辅助核算，而对总账科目"1221 其他应收款"不设置辅助核算。

- 一个科目可同时设置两种专项核算，如管理费用既想核算各部门的使用情况，也想了解各项目的使用情况，那么可以同时设置部门核算和项目核算。

- 个人往来核算不能与其他辅助核算一同设置，客户往来与供应商往来核算不能一同设置。辅助核算账类必须设在末级科目上，但为了查询或出账方便，有些科目也可以在末级和上级科目同时设置辅助核算账类。但若只在上级科目设置辅助核算账类，而未在其末级科目设置辅助核算账类，则系统将不会进行辅助核算。

在设置辅助核算时应慎重，如果科目已有数据，而要对科目的辅助核算类型进行修改，那么很可能会造成总账与辅助账对账不平。

⑧ 其他核算：用于说明本科目是否有其他要求，如银行账、日记账等。一般情况下，现金科目要设为日记账；银行存款科目要设为银行账和日记账。

⑨ 外币核算：用于设定该科目是否有外币核算，以及核算的外币名称。一个科目只能核算一种外币，只有"有外币核算"要求的科目才允许也必须设定外币币名。

⑩ 数量核算：用于设定该科目是否有数量核算及数量计量单位。计量单位可以是任何汉字或字符，如千克、件、吨等。设置数量核算需输入数量和单价，由系统计算金额。

(2) 修改会计科目。

当科目属性错误时，可以对错误属性进行修改。但如果某科目已被制过单或已录入期初余额，则不能修改该科目。若要修改该科目，则必须先删除所有与该科目有关的凭证，并将该科目及其下级科目余额清零。修改完毕后要将余额及凭证补上。已使用的科目不能增加下级科目。

(3) 查询会计科目。

科目查询可准确而迅速地将指针定位在用户所要查询的科目上，能够查询或修改科目的各种属性。

(4) 删除会计科目。

对于不再使用的科目，可以将其从科目库中删除，但不能删除已有余额的科目，也不能删除非末级科目。

2) 定义外币及汇率

汇率管理是专为外币核算服务的。若企业有外币业务，则要进行外币及汇率的设置。外币及汇率的设置仅录入固定汇率与浮动汇率值，在制单时并不决定使用固定汇率还是浮动汇率，而是由账簿初始化设置决定。

如果使用固定汇率，则应在每月初录入记账汇率(即期初汇率)，月末计算汇兑损益时录入调整汇率(即期末汇率)；如果使用浮动汇率，则应每天在此录入当日汇率。

3) 凭证类别设置

许多企业为了便于管理或登账方便，一般会对记账凭证进行分类编制，但各企业的分类方法不尽相同，可以按照本单位的需要对凭证进行分类。通常，系统提供以下5种常用分类方式供选择。

(1) 记账凭证。

(2) 收款、付款、转账凭证。

(3) 现金、银行、转账凭证。

(4) 现金收款、现金付款、银行收款、银行付款、转账凭证。

(5) 自定义凭证类别。

某些类别的凭证在制单时对科目有一定限制，通常系统有以下5种限制类型供选择。

(1) 借方必有：制单时，此类凭证借方至少有一个限制科目有发生额。例如，收款凭证的借方应有"库存现金"或"银行存款"科目。

(2) 贷方必有：制单时，此类凭证贷方至少有一个限制科目有发生额。例如，付款凭证的贷方应有"库存现金"或"银行存款"科目。

(3) 凭证必有：制单时，此类凭证无论借方还是贷方至少有一个限制科目有发生额。

(4) 凭证必无：制单时，此类凭证无论借方还是贷方不可有一个限制科目有发生额。

(5) 无限制：制单时，此类凭证可使用所有合法的科目。

限制科目由用户输入，可以是任意级次的科目，科目之间用逗号分隔，数量不限，也可参照输入，但不能重复录入。需要注意的是，科目之间分隔所用逗号为在英文状态中输入的逗号，即使用半角逗号。

在录入凭证之前，应进行凭证类别的设置；已使用的凭证类别不能删除，也不能修改类别字；若限制科目为非末级科目，则在制单时，其所有下级科目都将受到同样的限制。

4) 其他设置

其他设置用来建立和管理企业在经营活动中所涉及的结算方式。它与财务结算方式一致，如现金结算、支票结算等。结算方式最多可以分为2级。结算方式编码级次的设定在建账的编码部分中进行。定义结算方式的内容包括结算方式编码、结算方式名称和票据管理标志。

(1) 结算方式编码：用以标识结算方式。必须按照结算方式编码级次的先后顺序来进行录入，录入值必须唯一。一般结算方式编码可以用数字0~9或字符A~Z表示。

(2) 结算方式名称：根据企业的实际情况，必须录入所用结算方式的名称，录入值必须唯一。

(3) 票据管理标志：即是否使用支票登记簿，以辅助银行出纳对银行结算的管理。可根据实际情况，通过单击复选框来选择某结算方式下的票据是否要进行票据管理。

企业的会计业务中均有与银行的资金结算业务，且这类业务需要经常对账。一般情况下，银行的各种结算方式相对稳定，结算方式种类有限。为便于管理和提高银行自动对账的效率，账务系统一般要求用户设置与银行的资金结算方式。

3. 单据设置

不同企业各项业务处理中使用的单据可能存在细微的差别，用友ERP-U8 V10.1管理软件中预置了常用单据模板，并且允许用户对各单据类型的多个显示模板和多个打印模板进行设置，以定义本企业需要的单据格式。

在账务系统中，各企业所使用的各类原始单据(如发票、凭证、出入库单等)和常用基础信息(如客户、供应商和存货)中的项目可能会因为企业自身的原因出现一些差异，为满足企业的不同要求，系统为各类原始单据和基础信息设置了自定义项和自由项，以便设置一些系统没有提供，但又需要的特殊项目，这样在使用时就能够灵活自由地录入一些辅助信息。

系统预先定义好了最多可设置的自定义项和自由项。自定义项是针对单据、客户、供应商和存货而言的，而自由项只针对存货而言。一个自定义项只能定义一个属性，但一个自由项可以定义多个属性。

3.1.3 系统服务

通过系统服务能够便捷地实现工具的调用与权限的分配。

1. 预警与定时业务

预警与定时业务机制可以实现对业务状态和处理时限的预警，如应收应付信用预警、采购订单临近和逾期预警等。定时业务机制支持MRP、MPS等大数据量后台计算。

2. 权限管理

为保证系统运行安全、有序，适应企业精细管理的要求，权限管理必须向更细、更深的方向发展。用友ERP-U8 V10.1管理软件提供了权限的集中管理功能。除了提供用户对各模块操作权限的管理，还相应地提供了金额的权限管理和对于数据的字段级和记录级的控制，不同的组合方式使得权限控制更灵活、更有效。在用友ERP-U8管理软件中可以实现以下3个层次的权限管理。

(1) 功能级权限管理。该权限提供了更为细致的功能权限管理功能，包括各功能模块相关业务的查看和分配权限。例如，赋予用户赵晓琪对某账套中总账模块、工资模块的全部功能权限。

(2) 数据级权限管理。该权限可以通过两个方面进行控制，一方面是字段级的权限控制，另一方面是记录级的权限控制。

(3) 金额级权限管理。该权限主要用于完善内部金额控制，实现对具体金额数量划分级别，对不同岗位和职位的操作员进行金额级别控制，限制他们制单时可以使用的金额数量，不涉及系统内部控制的不在管理范围内。例如，设定操作员赵晓琪只能录入金额在20 000元以下的凭证。

功能权限的分配在系统管理的"权限"|"权限"命令中设置；数据级权限和金额级权限在"企业应用平台"|"系统服务"|"权限"命令中设置，且必须是在系统管理的功能权限分配之后才能进行。

3. 工作任务委托

该服务适用于某用户因出差等原因暂不能登录系统处理业务，需要临时委托给其他用户代为处理的场景，如"工作流"推送的审批任务代理等。

3.1.4　业务工作

在企业应用平台的"业务工作"界面中，集成了登录操作员拥有的操作权限的所有功能模块，包括财务会计、供应链及内部控制等部分。因此，该界面也是操作员进入用友ERP-U8 V10.1管理软件的唯一入口。

实务训练

实训准备

引入"2-1账套建立"账套数据。

实训1　在企业应用平台中启用子系统

实训要求

在企业应用平台中启用总账子系统、应收款管理子系统和应付款管理子系统，启用日期为2025-07-01。

岗位说明

以"A01 陈强"身份登录企业应用平台，进行系统启用。

实训指导

1. 登录企业应用平台

① 执行"开始"|"程序"|"用友ERP-U8 V10.1"|"企业应用平台"命令，打开"登录"对话框。

② 输入操作员A01或"陈强"；无密码；在"账套"下拉列表框中选择"001天津新华家纺股份有限公司"；更改"操作日期"为"2025-07-01"。

③ 单击"确定"按钮，进入UFIDA U8窗口。

2. 启用系统

① 在企业应用平台中，单击"基础设置"|"基本信息"|"系统启用"选项，打开"系统启用"对话框。

② 选中"总账"复选框，打开"日历"对话框。设置启用日期为"2025-07-01"，单击"确定"按钮。

③ 同理，启用应收款管理系统和应付款管理系统。

实训2　设置机构人员

实训要求

1. 设置部门档案(见表3-3)

表3-3　部门档案

序号	部门编码	部门名称
1	A	行政管理部门
2	A01	总经理办公室
3	A02	财务部
4	A03	人力资源部
5	A04	总务部
6	C	仓储部
7	C01	仓管部
8	C02	质检部
9	G	采购部
10	X	销售部

2. 设置人员类别(见表3-4)

表3-4　人员类别

分类编码	分类名称
1011	企管人员
1012	销售人员
1013	采购人员
1014	仓储人员

3. 设置人员档案(见表3-5)

表3-5　人员档案

人员编号	人员姓名	性别	行政部门	人员类别	是否业务员	业务或费用部门
A01	陈 强	男	总经理办公室	企管人员	是	总经理办公室
C01	陈 晨	男	仓管部	仓储人员	是	仓管部
G01	林 群	男	采购部	采购人员	是	采购部
R01	李 霞	女	人力资源部	企管人员	是	人力资源部
R02	林 力	男	总务部	企管人员	是	总务部
W01	赵晓琪	男	财务部	企管人员	是	财务部
W02	张文华	女	财务部	企管人员	是	财务部
W03	黄 宁	男	财务部	企管人员	是	财务部
X01	段佳奕	男	销售部	销售人员	是	销售部
X02	刘 丽	女	销售部	销售人员	是	销售部

注："雇佣状态"均为"在职"，"生效日期"均为"2025-07-01"。

⬇ 岗位说明

以"W01赵晓琪"身份登录平台，设置部门档案、人员类别和人员档案。

⬇ 实训指导

1. 设置部门档案

① 以"W01赵晓琪"身份登录平台，在企业应用平台中，单击"基础设置"|"基础档案"|"机构人员"|"部门档案"选项，进入"部门档案"设置界面。

② 按所给实训资料依次输入数据。

> ❖ 注意：
>
> ◇ ①设置各档案时，输入的数据量稍大，但操作比较简单，基本上遵循"增加—输入—保存"的操作原则。②必须先建立客户分类、供应商分类档案，才能建立客户档案、供应商档案，且客户档案、供应商档案必须建立在最末级分类上。③建立所有档案时，应遵循事先设定的分类编码原则。

2. 设置人员类别

① 在企业应用平台中，单击"基础设置"|"基础档案"|"机构人员"|"人员类别"选项，进入"人员类别"设置界面。

② 在左侧列表中选择"正式工"，单击"增加"按钮，按所给实训资料依次输入数据。

3. 设置人员档案

① 在企业应用平台中，单击"基础设置"|"基础档案"|"机构人员"|"人员档案"选项，进入"人员列表"窗口。

② 在左侧列表中选择"正式工"，单击"增加"按钮，按所给实训资料依次输入数据。

实训3　设置客商信息

实训要求

1. 设置客户分类(见表3-6)

表3-6　客户分类

分类编码	分类名称
01	国内
02	国外

2. 设置客户档案(见表3-7)

表3-7　客户档案

客户编号	客户名称/简称	所属分类码	税号	开户银行/银行账号	地址	电话
101	天津市白玫瑰家纺股份有限公司/天津白玫瑰	01	120101110033313123	中国工商银行天津南开支行 62270026727287972043	天津市河西区珠江道88号	022-28423357
102	深圳沃尔玛百货有限公司/深圳沃尔玛	01	914403006189074649	中国建设银行深圳华强中一支行 6226376890890564529	深圳市福田区香梅北路2001号	0755-83931080
103	上海美华日用品百货有限公司/上海美华	01	913101042786545865	中国建设银行上海浦东天苑支行 62278909876567890451	上海市澳门路168号	021-890098786
104	上海华润万家百货有限公司/上海华润万家	01	140103789256481313	中国建设银行上海天目支行 62270098675678459731	上海市徐汇区天目西路218号	021-87875667
105	北京仁智百货有限公司/北京仁智	01	117677798962237666	中国建设银行北京金融街支行 11232216993562377890	北京市海淀区知春路46号	010-58733665
106	武汉美誉家纺股份有限公司/武汉美誉	01	100989789867671931	中国建设银行武汉楚汉支行 62278909845673456781	武汉市武昌中路楚河汉街72号	027-8900098

3. 设置供应商分类(见表3-8)

表3-8　供应商分类

分类编码	分类名称
01	国内
02	国外

4. 设置供应商档案(见表3-9)

表3-9　供应商档案

供应商编号	供应商名称/简称	所属分类码	税号	开户银行/银行账号	地址	电话
01	山西春天家居用品制造有限公司/山西春天	01	14010378925647813	中国建设银行运城万容支行 6227156789098256767	山西运城市万容县西贾工业园西座	0359-86962998
02	山西捷达运输公司/山西捷达	01	140104102100989767	中国建设银行运城广田支行 62278909674567345565	山西省运城市广元路78号	0359-86745678
03	西安爱家家居用品制造有限公司/西安爱家	01	610132220660755	中国建设银行西安长乐支行 62270098675672399601	陕西省西安市长乐东路15号	029-82092886
04	成都宝蓝家居用品制造有限公司/成都宝蓝	01	100989789867671931	中国建设银行成都天华支行 62271908896756456780	成都市锦江区芙蓉路3号	028-99526987
05	上海华润万家百货有限公司/上海华润万家	01	14010378892564781313	中国建设银行上海天目支行 62270098675678459731	上海市徐汇区天目西路218号	021-87875667
10	天津百家和酒店/天津百家和	01	1203028966822121	中国建设银行天津新源支行 62205535533226693976	天津市河西区高新开发区新源路885号	022-87858755

⬇ 岗位说明

以"W01赵晓琪"身份登录平台,设置客商信息。

⬇ 实训指导

1. 设置客户分类

① 在企业应用平台中,单击"基础设置"|"基础档案"|"客商信息"|"客户分类"选项,进入"客户分类"窗口。

② 按所给实训资料依次输入数据。

2. 设置客户档案

① 在企业应用平台中,单击"基础设置"|"基础档案"|"客商信息"|"客户分类"选项,进入"客户档案"窗口。

② 按所给实训资料依次输入数据。

> ❖ **注意:**
> ◇ ①选择客户类别后,还需选中"基本"选项卡下的"国内"复选框,否则处理销售订单时无法选择客户信息。②"开户银行/银行账号"在"增加客户档案"窗口界面下,单击工具栏中的"银行"按钮录入;"账户名称"与企业名称相同;"默认值"均为"是"。

3. 设置供应商分类

① 在企业应用平台中，单击"基础设置"|"基础档案"|"客商信息"|"供应商分类"选项，进入"供应商分类"窗口。

② 按所给实训资料依次输入数据。

4. 设置供应商档案

供应商档案设置与客户档案设置类似，操作步骤在此不再赘述。

实训4　设置存货信息

⬇ 实训要求

1. 设置计量单位组(见表3-10)

表3-10　计量单位组

计量单位组编号	计量单位组名称	计量单位组类别
01	数量组	无换算率
02	里程	固定换算率

2. 设置计量单位(见表3-11)

表3-11　计量单位

计量单位组编号	计量单位编号	计量单位名称	所属计量单位组名称
01	0101	件	无换算关系
01	0102	条	无换算关系
01	0103	双	无换算关系
01	0104	个	无换算关系
01	0105	套	无换算关系
02	0201	千米(主计量单位)	固定换算率
02	0202	米	固定换算率

3. 设置存货分类(见表3-12)

表3-12　存货分类

分类编码	分类名称
01	床上用品
02	卫浴用品
03	受托代销商品
04	应税劳务

4. 设置存货档案(见表3-13)

表3-13　存货档案

存货编码	存货名称	型号	计量单位	税率	存货分类	存货属性
0101	被套(夏天)	1.8M	件	13%	01	内销、外销、外购、委外
0102	床笠(秋天)	1.8M	件	13%	01	内销、外销、外购、委外
0103	床垫(秋天)	1.8M	件	13%	01	内销、外销、外购、委外
0104	枕头(秋天)	1.8M	个	13%	01	内销、外销、外购、委外
0105	空调被(美梦)	1.8M	件	13%	01	内销、外销、外购、委外
0106	空调被(夏天)	1.8M	件	13%	01	内销、外销、外购、委外
0107	空调被芯(曼陀林)	1.8M	件	13%	01	内销、外销、外购、委外
0108	蚕丝被(美梦)	1.8M	件	13%	01	内销、外销、外购、委外
0109	被芯(泰国产)	1.8M	件	13%	01	内销、外销、外购、委外
0110	床上四件套(罗莱)	1.5M	套	13%	01	内销、外销、外购、委外
0111	床上四件套(罗莱)	1.8M	套	13%	01	内销、外销、外购、委外
0112	床上四件套(美梦)	1.5M	套	13%	01	内销、外销、外购、委外
0113	印花床上四件套(曼陀林)	1.8M	套	13%	01	内销、外销、外购、委外
0114	儿童床上四件套(卡通)	1.5M	套	13%	01	内销、外销、外购、委外
0115	儿童床上四件套(春天)	1.5M	套	13%	01	内销、外销、外购、委外
0201	纯棉浴巾(晚安)	70cm*40cm	条	13%	02	内销、外销、外购、委外
0202	纯棉浴巾(洁丽雅)	70cm*40cm	条	13%	02	内销、外销、外购、委外
0203	纯棉浴巾(春天)	70cm*140cm	条	13%	02	内销、外销、外购、委外
0204	沐浴防滑女拖鞋(三利)	37~40码	双	13%	02	内销、外销、外购、委外
0205	沐浴防滑女拖鞋(春天)	37~40码	双	13%	02	内销、外销、外购、委外
0301	沙发抱枕(宝蓝)	50cm*50cm	个	13%	03	内销、外销、外购、委外、受托代销
0302	床垫(宝蓝)	1.8M	件	13%	03	内销、外销、外购、委外、受托代销
0303	蚕丝被(宝蓝)	1.8M	件	13%	03	内销、外销、外购、委外、受托代销
0304	床上四件套(宝蓝)	1.8M	套	13%	03	内销、外销、外购、委外、受托代销
0401	运费		千米	9%	04	内销、外销、外购、委外、应税劳务

↳ 岗位说明

以"W01赵晓琪"身份登录平台,设置存货信息。

↳ 实训指导

1. 设置计量单位组

① 在企业应用平台中,单击"基础设置"|"基础档案"|"存货"|"计量单位"选项,进入"计量单位"窗口。

② 单击工具栏上的"分组"按钮,打开"计量单位组"窗口,按所给实训资料依次输入数据。

③ 单击"退出"按钮,关闭"计量单位组"窗口。

2. 设置计量单位

① 在企业应用平台中，单击"基础设置"|"基础档案"|"存货"|"计量单位"选项，进入"计量单位"窗口。

② 选中左侧列表中"(01)数量组<无换算率>"，单击工具栏上的"单位"按钮，打开"计量单位"窗口，按所给实训资料依次输入数据。

③ 单击"退出"按钮，关闭"计量单位"窗口。

④ 选中左侧列表中"(01)里程<固定换算率>"，单击工具栏上的"单位"按钮，打开"计量单位"窗口，按所给实训资料依次输入数据。

⑤ 单击"退出"按钮，关闭"计量单位"窗口。

3. 设置存货分类

① 在企业应用平台中，单击"基础设置"|"基础档案"|"存货"|"存货分类"选项，进入"存货分类"窗口。

② 单击工具栏上的"增加"按钮，在"分类编码"文本框中输入01，"分类名称"文本框中输入"床上用品"。

③ 单击工具栏上的"保存"按钮，左侧列表"存货分类"树形结构下出现"(01) 床上用品"。

④ 同理，按所给实训资料依次输入数据。

4. 设置存货档案

① 在企业应用平台中，单击"基础设置"|"基础档案"|"存货"|"存货档案"选项，进入"存货档案"窗口。

② 单击工具栏上的"增加"按钮，按所给实训资料依次输入数据。

> ❖ **注意：**
>
> ◇ 录入"存货属性"包含受托代销的存货之前，需预先启用"采购管理"，在该模块"选项"中选择"启用受托代销"选项方可设置。若已通过本章最后设置的"基础档案批量导入业务"导入完成存货档案的录入，则无须预先启用"采购管理"。

实训5　设置财务信息

📥 实训要求

1. 设置外币及汇率(见表3-14)

表3-14　外币及汇率

币符	币名	汇率类型	记账汇率	折算方式
EUR	欧元	固定汇率	7.8695	外币＊汇率＝本位币

2. 设置会计科目(见表3-15)

表3-15 会计科目

科目名称/科目编码	增修标记	计量单位/币种	辅助账类型/账页格式	余额方向	受控系统
库存现金(1001)	修改		日记账	借	
银行存款(1002)	修改		银行账、日记账	借	
工行存款(100201)	新增		银行账、日记账	借	
中行存款(100202)	新增	欧元	银行账、日记账	借	
其他货币资金(1012)				借	
存出投资款(101201)	新增			借	
银行汇票存款(101202)	新增			借	
交易性金融资产(1101)			项目核算	借	
成本(110101)	新增	股	项目核算	借	
公允价值变动(110102)	新增		项目核算	借	
应收票据(1121)				借	
银行承兑汇票(112101)	新增		客户往来	借	应收系统
商业承兑汇票(112102)	新增		客户往来	借	应收系统
应收账款(1122)	修改		客户往来	借	应收系统
预付账款(1123)	修改		供应商往来	借	应付系统
应收股利(1131)				借	
应收利息(1132)				借	
其他应收款(1221)				借	
个人往来(122101)	新增		个人往来	借	
单位往来(122102)	新增		供应商往来	借	
坏账准备(1231)				贷	
在途物资(1402)	修改	件(套、个)	供应商往来	借	
库存商品(1405)	修改	件(套、个)		借	存货核算系统
发出商品(1406)	修改	件(套、个)		借	
分期收款发出商品(140601)	新增	件(套、个)		借	存货核算系统
其他销售发出商品(140602)	新增	件(套、个)	客户往来/数量金额式	借	
受托代销商品(1434)	修改	件(套、个)		借	
受托代销商品(1431)		件(套、个)		贷	
存货跌价准备(1471)				借	
固定资产(1601)				贷	
累计折旧(1602)				贷	
固定资产减值准备(1603)				借	
固定资产清理(1606)				借	
待处理财产损溢(1901)				借	
待处理流动资产损溢(190101)	新增			借	
待处理非流动资产损溢(190102)	新增			贷	
交易性金融负债(2101)				贷	
应付票据(2201)				贷	
银行承兑汇票(220101)	新增		供应商往来	贷	应付系统
商业承兑汇票(220102)	新增		供应商往来	贷	应付系统

续表

科目名称/科目编码	增修标记	计量单位/币种	辅助账类型/账页格式	余额方向	受控系统
应付账款(2202)				贷	
暂估应付账款(220201)	新增		供应商往来	贷	
一般应付账款(220202)	新增		供应商往来	贷	应付系统
债务重组(220203)	新增		供应商往来	贷	
预收账款(2203)				贷	
预收货款(220301)	新增		客户往来	贷	
一般预收款(220302)	新增		客户往来	贷	应收系统
应付职工薪酬(2211)				贷	
工资(221101)	新增			贷	
职工福利(221102)	新增			贷	
养老保险(221103)	新增			贷	
医疗保险(221104)	新增			贷	
失业保险(221105)	新增			贷	
工伤保险(221106)	新增			贷	
职工教育经费(221107)	新增			贷	
住房公积金(221108)	新增			贷	
工会经费(221109)	新增			贷	
应交税费(2221)				贷	
应交增值税(222101)	新增			贷	
进项税额(22210101)	新增			贷	
进项税额转出(22210102)	新增			贷	
销项税额(22210103)	新增			贷	
已交税金(22210104)	新增			贷	
出口退税(22210105)	新增			贷	
转出未交增值税(22210106)	新增			贷	
未交增值税(222102)	新增			贷	
应交企业所得税(222103)	新增			贷	
应交个人所得税(222104)	新增			贷	
应交城市维护建设税(222105)	新增			贷	
应交教育费附加(222106)	新增			贷	
应交地方教育费附加(222107)	新增			贷	
应交房产税(222108)	新增			贷	
应交车船税(222109)	新增			贷	
应交印花税(222110)	新增			贷	
应付利息(2231)				贷	
应付股利(2232)				贷	
其他应付款(2241)				贷	
住房公积金(224101)	新增			贷	
养老保险(224102)	新增			贷	
医疗保险(224103)	新增			贷	
失业保险(224104)	新增			贷	
受托代销商品款(2314)	修改			贷	
股本(4001)	修改			贷	

续表

科目名称/科目编码	增修标记	计量单位/币种	辅助账类型/账页格式	余额方向	受控系统
资本公积(4002)				贷	
盈余公积(4101)				贷	
法定盈余公积(410101)	新增			贷	
任意盈余公积(410102)	新增			贷	
本年利润(4103)				贷	
利润分配(4104)				贷	
提取法定盈余公积(410401)	新增			贷	
提取任意盈余公积(410402)	新增			贷	
应付现金股利或利润(410403)	新增			贷	
转作股本股利(410404)	新增			贷	
盈余公积补亏(410405)	新增			贷	
未分配利润(410406)	新增			贷	
主营业务收入(6001)	修改	件(套、个)		贷	
利息收入(6011)				贷	
其他业务收入(6051)				贷	
租赁收入(605101)	新增			贷	
劳务收入(605102)	新增			贷	
公允价值变动损益(6101)				贷	
投资收益(6111)				贷	
营业外收入(6301)				贷	
债务重组利得(630101)	新增			贷	
固定资产处置收益(630102)	新增			借	
主营业务成本(6401)				借	
其他业务成本(6402)				借	
税金及附加(6403)	修改			借	
销售费用(6601)				借	
修理费(660101)	新增			借	
广告费(660102)	新增			借	
运杂费(660103)	新增			借	
职工薪酬(660104)	新增			借	
业务招待费(660105)	新增			借	
折旧费(660106)	新增			借	
委托代销手续费(660107)	新增			借	
差旅费(660108)	新增			借	
其他(660109)	新增			借	
福利费(660110)	新增			借	
管理费用(6602)				借	
职工薪酬(660201)	新增			借	
办公费(660202)	新增			借	
差旅费(660203)	新增			借	
招待费(660204)	新增			借	
折旧费(660205)	新增			借	
税金及附加(660206)	新增			借	

续表

科目名称/科目编码	增修标记	计量单位/币种	辅助账类型/账页格式	余额方向	受控系统
福利费(660207)	新增			借	
存货盘点(660208)	新增			借	
废品损失(660209)	新增			借	
财务费用(6603)				借	
资产减值损失(6701)				借	
信用减值损失(6702)				借	
营业外支出(6711)				借	
债务重组损失(671101)	新增			借	
盘亏支出(671102)	新增			借	
捐赠支出(671103)	新增			借	
非公益性捐赠(67110301)	新增			借	
公益性捐赠(67110302)	新增			借	
非正常损失(671104)	新增			借	
所得税费用(6801)				借	
当期所得税费用(680101)	新增			借	
递延所得税费用(680102)	新增			借	
以前年度损益调整(6901)				借	

注："账页格式"未特殊注明均为"金额式"，"余额方向"均为默认方向。

3. 设置凭证类别(见表3-16)

表3-16　凭证类别

凭证类别	限制类型	限制科目
记账凭证		

4. 设置项目目录(见表3-17)

表3-17　项目目录

项目设置步骤	设置内容
项目大类	金融资产项目
核算科目	交易性金融资产(1101) 交易性金融资产——成本(110101) 交易性金融资产——公允价值变动(110102)
项目分类	1. 股票 2. 债券
项目名称	01泰达股份公司股票　所属分类码1 02神华集团公司债券　所属分类码2

岗位说明

以"W01赵晓琪"身份登录平台，设置财务信息。

实训指导

1. 设置外币

① 在企业应用平台"基础设置"选项卡中，执行"基础档案"|"财务"|"外币设置"命令，打开"外币设置"对话框。

② 单击"增加"按钮，输入币符EUR、币名"欧元"，单击"确认"按钮。

③ 输入"2025-07"月份的记账汇率为7.8695，单击"退出"按钮。

❖ **注意：**

◇ ①此处录入的固定汇率与浮动汇率值并不决定在制单时使用固定汇率还是浮动汇率，可在总账"选项"对话框的"其他"选项卡的"外币核算"中设置制单使用固定汇率还是浮动汇率。②如果使用固定汇率，则应在每月月初录入记账汇率(即期初汇率)，月末计算汇兑损益时录入调整汇率(即期末汇率)；如果使用浮动汇率，则应每天在此录入当日汇率。

2. 设置会计科目

(1) 增加明细会计科目。

① 在企业应用平台的"基础设置"选项卡中，执行"基础档案"|"财务"|"会计科目"命令，进入"会计科目"窗口，显示所有按"2007年新会计制度科目"预置的科目。

② 单击"增加"按钮，进入"会计科目_新增"窗口，输入实训资料中"增修标记"栏标注为"新增"的会计科目。

③ 输入明细科目相关内容。输入科目编码为100201、科目名称为"工行存款"；选中"日记账""银行账"单选按钮，单击"确定"按钮。

④ 继续单击"增加"按钮，输入实训资料中其他明细科目的相关内容。

⑤ 全部输入完成后，单击"关闭"按钮。

❖ **注意：**

◇ 新增的会计科目编码长度及每段位数要符合编码方案中的编码规则。

(2) 修改会计科目。

① 在"会计科目"窗口中，单击要修改的会计科目1001。

② 单击"修改"按钮或双击该科目，进入"会计科目_修改"窗口。

③ 单击"修改"按钮，选中"日记账"复选框，单击"确定"按钮。

④ 按实训资料内容修改实训资料中"增修标记"栏标注为"修改"的会计科目，修改完成后，单击"返回"按钮。

❖ **注意：**

◇ ①已有数据的科目不能修改科目性质。②被封存的科目在制单时不可以使用。③只有处于修改状态才能设置汇总打印和封存。

(3) 指定会计科目。

① 在"会计科目"窗口中，执行"编辑"|"指定科目"命令，进入"指定科目"窗口。

② 选中"现金总账科目"单选按钮，将"现金(1001)"由待选科目选入已选科目。

③ 选中"银行总账科目"单选按钮，将"银行存款(1002)"由待选科目选入已选科目。

④ 单击"确定"按钮。

❖ **注意：**

◇ ①指定会计科目是指定出纳的专管科目，只有指定科目后，才能执行出纳签字，从而实现现金、银行存款管理的保密性，才能查看现金、银行存款日记账。②在指定"现金科目""银行科目"之前，应在建立"库存现金""银行存款"会计科目时选中"日记账"复选框。

3. 设置凭证类别

① 在企业应用平台"基础设置"选项卡中，执行"基础档案"|"财务"|"凭证类别"命令，打开"凭证类别预置"对话框。

② 选择"记账凭证"单选按钮。

③ 单击"确定"按钮。

4. 设置项目目录

(1) 定义项目大类。

① 在企业应用平台的"基础设置"选项卡中，执行"基础档案"|"财务"|"项目目录"命令，进入"项目档案"窗口。

② 单击"增加"按钮，打开"项目大类定义—增加"对话框。

③ 输入新项目大类名称"金融资产项目"。

④ 单击"下一步"按钮，输入要定义的项目级次，本例采用系统默认值。

⑤ 单击"下一步"按钮，输入要修改的项目栏目，假设本例采用系统默认值。

⑥ 单击"完成"按钮，返回"项目档案"窗口。

❖ **注意：**

◇ 项目大类的名称是该类项目的总称，而不是会计科目名称。例如，在建工程按具体工程项目核算，其项目大类名称应为"工程项目"而不是"在建工程"。

(2) 指定核算科目。

① 在"项目档案"窗口中，打开"核算科目"选项卡。

② 选择项目大类"生产成本"。

③ 单击">"按钮，将"1101 交易性金融资产"及其明细科目选为参加核算的科目，单击"确定"按钮。

❖ **注意：**

◇ 一个项目大类可指定多个科目，一个科目只能指定一个项目大类。

(3) 定义项目分类。

① 在"项目档案"窗口中，打开"项目分类定义"选项卡。

② 单击右下角的"增加"按钮，输入分类编码"1"、分类名称"股票"，单击"确定"按钮。

③ 同理，定义"2债券"项目分类。

❖ **注意:**

◇ 为了便于统计,可对同一项目大类下的项目进一步划分,即定义项目分类。若无分类,也必须定义项目分类为"无分类"。

(4) 定义项目目录。

① 在"项目档案"窗口中,打开"项目目录"选项卡。

② 单击右下角的"维护"按钮,进入"项目目录维护"窗口。

③ 单击"增加"按钮,输入项目编号01、项目名称"泰达股份公司股票";选择所属分类码"1"。

④ 同理,继续增加"02神华集团公司债券"项目档案。

❖ **注意:**

◇ 标志结算后的项目将不能再使用。

实训6　设置收付结算

▶ 实训要求

1. 设置结算方式(见表3-18)

表3-18　结算方式

结算方式编码	结算方式名称	是否票据管理	对应票据类型
1	现金		
2	支票		
201	现金支票	是	现金支票
202	转账支票	是	转账支票
3	银行汇票		
4	商业汇票		
401	银行承兑汇票	是	商业汇票
402	商业承兑汇票	是	商业汇票
5	电汇		
6	同城特约委托收款		
7	委托收款		
8	托收承付		
9	其他		

2. 设置付款条件(见表3-19)

表3-19　付款条件

付款条件编码	付款条件名称	信用天数	优惠天数1	优惠率1	优惠天数2	优惠率2	优惠天数3	优惠率3
01	1/10,n/10	10	10	1	0	0	0	0
02	2/10,1/20,n/30	30	10	2	20	1	30	0

3. 设置本单位开户银行(见表3-20)

表3-20　本单位开户银行

编码	开户银行	银行账号	币种	账户名称
01	中国工商银行天津河西支行	12001657901052500555	人民币	天津市新华家纺股份有限公司
02	中国银行天津河西支行	12001666901052501366	欧元	天津市新华家纺股份有限公司

注：中国银行天津河西支行机构号和联行号假定为02556、104110040000。

岗位说明

以"W01赵晓琪"身份登录平台，设置收付结算。

实训指导

1. 设置结算方式

① 在企业应用平台中，单击"基础设置"|"基础档案"|"收付结算"|"结算方式"选项，进入"结算方式"窗口。

② 单击工具栏上的"增加"按钮，在"结算方式编码"文本框中输入"1"，"结算方式名称"文本框中输入"现金"。

③ 单击工具栏上的"保存"按钮，左侧列表"结算方式"树形结构下出现"(1) 现金"。

④ 同理，按所给实训资料依次输入数据。

2. 设置付款条件

① 在企业应用平台中，单击"基础设置"|"基础档案"|"收付结算"|"付款条件"选项，进入"付款条件"窗口。

② 单击工具栏上的"增加"按钮，在"付款条件编码"栏输入"01"，"优惠天数1"栏输入"10"，"优惠率1"栏输入"1"。

③ 单击工具栏上的"保存"按钮。同理，按所给实训资料依次输入数据。

3. 本单位开户银行信息

① 执行"基础档案"|"收付结算"|"银行档案"命令，修改"01 中国工商银行"信息，取消选中企业账户规则"定长"复选框，单击"保存"按钮。

② 在企业应用平台"基础设置"中，执行"基础档案"|"收付结算"|"本单位开户银行"命令，打开"本单位开户银行"对话框。

③ 单击"增加"按钮，在"编码"栏输入"01"，"银行账号"栏输入"12001657901052500555"，"账户名称"栏输入"天津市新华家纺股份有限公司"，"币种"输入"人民币"，"开户银行"输入"中国工商银行天津河西支行"，"所属银行编码"选择"01 中国工商银行"。

④ 单击"保存"按钮。同理，设置外币账户。

❖ 注意：

◇ 若需在银行档案中增删记录，需注意"银行编码"项一旦保存无法修改，如录入错误只能重新输入。

实训7　单据设置

↘ 实训要求

1. 设置单据格式

删除销售专用发票、销售普通发票表头项目"备注"栏。

2. 设置单据编号

修改销售专用发票、采购专用发票编号规则为"完全手工编号"。

↘ 岗位说明

以"W01赵晓琪"身份登录平台，进行单据设置。

↘ 实训指导

1. 单据格式设置

① 执行"基础档案"|"单据设置"|"单据格式设置"命令，打开"单据格式设置"窗口。

② 在左侧树形结构中，依次单击"销售管理"|"销售专用发票"|"显示"|"销售专用发票"选项，打开"销售专用发票"窗口。

③ 选中"备注"项目，单击"删除"按钮，系统弹出"是否删除当前选择项目？"信息提示框，单击"是"按钮。

④ 单击"保存"按钮。同理，删除销售普通发票表头项目"备注"栏。

2. 单据编号设置

① 执行"基础档案"|"单据设置"|"单据编号设置"命令，打开"单据编号设置"窗口，选择"编号设置"选项卡。

② 在左侧树形结构中，依次单击"销售管理"|"销售专用发票"选项，单击" 🗡 "按钮。

③ 选中"完全手工编号"项目前的复选框。

④ 单击"保存"按钮。同理，修改采购专用发票编码方式。

实训8　基础档案批量导入

↘ 实训要求

利用"U8实施与维护工具"批量导入机构人员信息、客商信息、财务信息，以及收付结算信息等基础档案。

↘ 岗位说明

以"W01赵晓琪"身份登录U8实施与维护工具，导入基础数据。

📥 **实训指导**

设置各档案时，输入的数据量稍大，操作比较简单，基本上遵循"增加—输入—保存"的操作原则。必须先建立客户分类、供应商分类档案，才能建立客户档案、供应商档案，且客户档案、供应商档案必须建立在最末级分类上。建立所有档案时，应遵循事先设定的分类编码原则。

实际操作中，企业基础设置信息的录入往往采用批量导入的方式实现。本书已预先将本章涉及的主要基础档案数据转换为导入模板，放置于本书教学资源包内。在教学与练习过程中，可挑选实训1～实训6中若干实验进行练习，其余业务采用模板导入方式完成，从而减少不必要的重复操作，有效利用课堂教学实践。

若已完成本章之前的业务操作，则可通过引入第2章结果账套的方式，完成实训8的操作。

① 在"开始"菜单的程序列表中，执行"用友U8 V10.1"|"U8实施与维护工具"命令，打开"登录"对话框。

② 以"W01赵晓琪"身份登录，选择"001 天津新华家纺股份有限公司"。

③ 单击"登录"按钮，进入"U8实施与维护工具"窗口，依次单击左侧树形结构中"U8实施与维护工具"|"基础数据导入"|"数据导入"|"打开模板"选项，打开"导入模板"界面。

④ 单击"机构人员"|"部门档案"选项，打开"部门档案"模板，按照模板及本章实训2第一步要求将数据录入指定列。

❖ **注意：**

◇ 标题行为"蓝色"列不可为空。

⑤ 修改完成后，单击"保存"按钮，关闭模板文件；选择左侧界面树形结构中的"U8实施与维护工具"|"数据导入"|"导入设置"选项，在右侧界面中，单击"机构人员"选项，选中"部门方案"复选框。

⑥ 单击"导入选项"按钮，"操作方式"选择"追加"，单击"确定"按钮，系统弹出"保存成功！"信息提示框，单击"确定"按钮，返回"导入设置"界面。

⑦ 选择左侧树形结构中的"U8实施与维护工具"|"数据导入"|"数据导入"选项，出现导入进度条窗口，进度条滚动完成后，系统弹出"本次导入全部成功，是否查看本次的导入日志？"信息提示框，单击"否"按钮。

⑧ 同理，完成"人员类别""人员档案""客户分类""客户档案""供应商分类""供应商档案""结算方式""付款条件""会计科目""计量单位""存货分类""存货档案"的数据导入。

❖ **注意：**

◇ ①在操作过程中，如果直接使用本书教学资源包提供的模板，则无须执行第4步，在执行第5步时还需指定教学资源包提供模板的路径。②教学资源包中"会计科目"模板仅包括需要"新增"的会计科目，导入完成后，还需完成实训5中会计科目"修改"的内容。③导入数据过程中如弹出"外部数据库驱动程序(1)中的意外错误"提示信息，若是计算机操作系统(一般是客户端)请按以下系统对应补丁进行处理：Windows 7系统卸载微软补丁KB4041678与KB4040966；Windows 10系统卸载微软补丁KB4041676与KB4041691。

实训9 系统服务

实训要求

本账套不实行数据级权限管理及金额级权限管理。

岗位说明

以"A01陈强"身份登录平台，取消数据权限控制设置。

实训指导

① 执行"系统服务"|"数据权限控制设置"命令，打开"数据权限控制设置"窗口，单击"全消"按钮。

② 单击"确定"按钮，退出界面。

③ 将账套输出至D盘根目录下"3-1基础设置"文件夹。

素养园地

数字中国(三)——中国医药集团总公司：科技创新助力健康中国建设

中国医药集团总公司成立于1998年，是目前由中央管理的我国最大的国有医药工商企业，年国内销售额超过110亿元人民币，进出口总额为2亿美元。

党的十八大以来，以习近平同志为核心的党中央把保障人民健康放在优先发展的战略位置，加快推进健康中国建设，明确要求要"面向人民生命健康"加快科技创新。习近平总书记高度重视生物医药产业发展，指出"生物医药产业是关系国计民生和国家安全的战略性新兴产业"，强调"要加强基础研究和科技创新能力建设，把生物医药产业发展的命脉牢牢掌握在我们自己手中"。

公司深入贯彻落实总书记关于健康中国建设、科技创新、生物医药产业发展的重要讲话和重要指示批示精神及党中央决策部署，秉承"护佑生命、关爱健康"的企业理念，大力实施创新驱动发展战略，努力以高水平科技创新助力健康中国建设，为人民健康保驾护航。

公司以中、西药和医疗器械的生产经营、科研设计及投资为核心业务，以创建跨国医药集团为目标，在国内拥有生产企业、科研设计院所、药材种植基地和设在全国各大城市的营销网络。公司所属子公司不仅在西药原料药、西药制剂、中药材、中成药、制药设备、医疗器械和国内生产、销售、进出口贸易及服务贸易等方面有相当的规模和独到之处，还长期担负着全国各地所需抢险救灾药品、中药材、医疗器械的中央储备、调拨和供应任务。医药集团总公司在我国医药行业调整产业结构、规范医药流通市场秩序、储备救灾抢险医药物资等方面发挥着国有医药流通主渠道作用；在国际经济技术合作和交流、引进外资建立合资企业、利用国际资源和市场为中国医药走向世界等方面具有举足轻重的地位。

信息技术的蓬勃发展及商业化的进程从根本上改变了行业的运营模式。而作为中央管理的我国最大的国有医药工商企业如何将企业自身优势与现代信息技术相结合，从而更好地使之发扬光大是企业领导最为关心的问题。因此，为加强集团资金管理，提高资金的调控能力和使用效益，公司运用现代网络技术和理财手段，吸收先进的集团财务管理思路，将推行财务信息化建设和实行资金集中管理作为公司近期信息化建设的总体目标。为此公司专门组建了领导小组，经过严谨的调查筛选，最终选择了国内最大的管理软件厂商用友ERP-U8产品。

公司采用用友ERP-U8总账、应收应付、报表、固定资产、合并报表、全面预算管理、资金管理、资金Web、管理驾驶舱等系统，从而实现集团公司借助于局域网、ERP管理系统及因特网、金融机构建立的网上银行系统，将总公司与子公司间的财务会计信息系统有机地连接起来，实行财务信息共享、信息查询、反馈、财务监督，以实现集中控制、资源共享、节省资源运作成本，为公司的经营管理提供决策依据，增强经济效益和提高现代化管理水平，从而全面提升中国医药集团总公司的市场竞争能力。

医药行业是我国国民经济的重要组成部分，是传统产业和现代产业相结合的高科技产业群体，涉及国民健康、社会稳定和经济发展。伴随我国人口基数不断增加、人口老龄化问题加剧、城市化进程加快、人们对医疗保健的重视程度越来越高，我国医药行业呈现较高增长态势。在物联网、大数据、云计算等为代表的数字技术高速发展及日益成熟的今天，数智化已成为医药企业高质量发展的核心竞争力。

近年来，中国医药集团与用友持续深化合作，共同建设一体化综合管理平台。通过这一平台，中国医药全面整合内部管理体系与业务流程，打通上下游产业环节，深度挖掘数据资产价值，实现多方协同运作，有力加速了医药行业的数智化转型。在具体成效方面，该平台深度覆盖的业务流程提效超过80%，应收账款周转率提升了10%，销售费用率降低了2%。中国医药借助此次商业创新举措，进一步优化内部管理与业务流程的整合，显著提升了精细化管理能力。目前，总部平台已与各子企业的核心业务系统实现数据无缝对接，使整个中国医药体系的核心业务系统形成紧密协作的有机整体。

4.1 总账管理系统概述

4.1.1 总账管理系统的功能

总账管理系统是企业财务及管理软件的核心模块。总账管理系统与其他系统成并行关系，既可独立运行，也可同其他系统协同运转。其是与应收款管理系统、应付款管理系统、固定资产系统、薪资管理系统、采购管理系统、销售管理系统、存货管理系统，以及库存管理系统的接口，接收其他系统生成的凭证；也是与报表管理系统、决策支持系统、财务分析系统的接口，提供财务数据生成财务报表及其他财务分析表。财务分析系统向总账系统提供预算数据，对总账系统中的填制凭证进行预算控制。

4.1.2 总账管理系统与其他系统之间的关系

总账管理系统既可独立运行又可同其他系统协同运转，与其他系统传递相关的数据和凭证。其主要包括应收款管理系统、应付款管理系统、固定资产系统、薪资管理系统、采购管理系统、销售管理系统、存货核算系统、成本管理系统，以及UFO报表管理系统等。

1. 应收款管理与应付款管理系统

应收款管理与应付款管理中的所有凭证都传递到总账管理系统中，总账管理系统可从应收款管理与应付款管理中引入期初余额。应收款管理及应付款管理可与总账管理系统进行对账。

2. 固定资产系统

固定资产系统根据折旧分配表生成的凭证传递到总账管理系统中。固定资产可与总账管理系统进行对账。

3. 薪资管理系统

薪资管理系统将工资计提、分摊结果自动生成转账凭证，并传递到总账管理系统。

4. 采购管理系统、销售管理系统与存货核算系统

采购管理系统、销售管理系统及存货核算系统将伴随日常业务的发生与变动所产生的记账凭证传递到总账管理系统。

5. 成本管理系统

成本管理系统引用总账管理系统提供的应计入生产成本的间接费用(制造费用)或其他费用数据。成本管理系统将成本核算结果自动生成转账凭证，并传递到总账管理系统。

6. UFO报表管理系统

总账管理系统为UFO报表管理系统提供财务数据生成财务报表。

由此可见，在会计信息系统中，总账管理系统是整个集成系统的核心系统，应收款管理系统、应付款管理系统、固定资产系统、薪资管理系统、采购管理系统、销售管理系统、存货核算系统、成本管理系统，以及UFO报表管理系统均以其为中心进行信息的传递和汇总等处理。

4.1.3 总账管理系统数据流程

总账管理系统数据处理流程如图4-1所示。

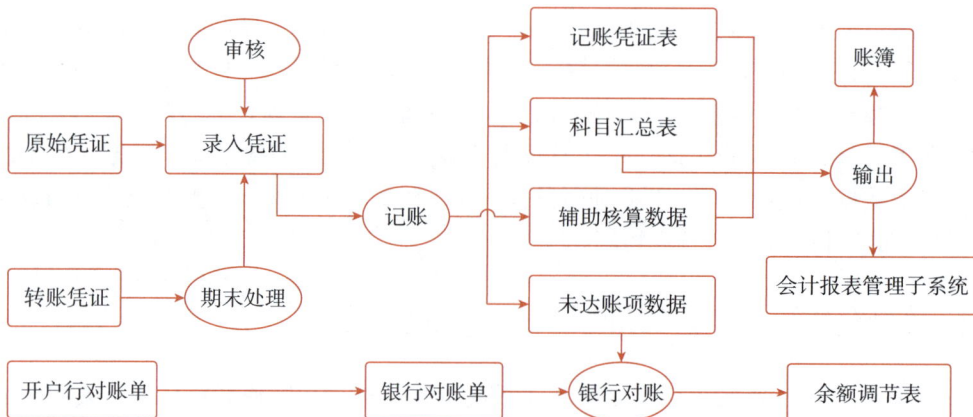

图 4-1 总账管理系统数据处理流程

4.2 总账管理系统业务处理

4.2.1 总账管理系统的初始设置

在建立账套之后，启用总账管理系统时，还需对总账管理系统进一步初始化，建立适用于用户自己的应用环境，使总账管理系统成为符合需要的专用系统。

总账管理系统的初始化主要包括控制功能设置、会计科目设置、定义外币及汇率、录入期初余额、凭证类别设置、常用凭证及常用摘要定义，以及其他设置。

1. 总账管理系统的控制功能设置

首次启用一个新建账套的总账管理系统或启用一个总账管理系统后，都可以对总账管理系统的控制功能做进一步设置。账务处理系统部分控制功能设置包括如下几项。

1) 凭证控制设置

(1) 制单控制：在填制凭证时，系统能够进行的控制。

① 制单序时控制：制单时，凭证编号必须按日期顺序排列。选择此项和"系统编号"选项，制单时凭证编号必须按日期顺序排列，如11月16日编制16号凭证，则11月17日只能开始编制17号凭证，即制单序时。

② 资金及往来赤字控制：制单时，当"资金及往来科目"或"全部科目"的最新余额出现负数时，系统将予以提示。

③ 可以使用其他系统(应收、应付或存货)受控科目：若某科目为其他系统的受控科目(如客户往来科目为应收、应付系统的受控科目)，一般来说，为了防止重复制单，应只允许其受控系统来使用该科目进行制单，总账管理系统是不能使用此科目进行制单的，但如果用户希望在总账系统中也能使用这些科目填制凭证，则应选择此项。

④ 允许修改他人填制的凭证：在制单时可修改别人填制的凭证。

⑤ 支票控制：在制单时录入了未在支票登记簿中登记的支票号，系统将提供登记支票登记簿的功能。

⑥ 制单权限控制到科目：在制单时，操作员只能用具有相应制单权限的科目制单。

(2) 凭证控制：处理凭证时，系统能够进行的操作控制。

① 打印凭证页脚姓名：在打印凭证时，自动打印制单人、出纳、审核人、记账人的姓名。

② 凭证审核控制到操作员：允许对审核凭证权限做进一步细化，如只允许某操作员审核其本部门操作员填制的凭证，而不能审核其他部门操作员填制的凭证，并应通过"明细权限"做进一步设置。

③ 出纳凭证必须经由出纳签字：含有现金、银行科目的凭证必须由出纳人员对其核对签字后才能记账。

(3) 凭证编号方式控制：填制凭证时，依照凭证类别按月自动编制凭证编号，即"系统编号"，或者在制单时手工录入凭证编号，即"手工编号"。

(4) 现金流量参照科目：用来设置现金流量录入界面的参照内容和方式。选择"现金流量科目"选项时，系统只参照凭证中的现金流量科目；选择"对方科目"选项时，系统只显示凭证中的非现金流量科目；选择"自动显示"选项时，系统依据前两个选项将现金流量科目或对方科目自动显示在指定现金流量项目界面中，否则需要手工参照选择。

2) 账簿设置

该选项用来调整各种账簿的输出方式及打印要求等。

(1) 打印位数宽度：定义正式账簿打印时各栏目的宽度，包括摘要、金额、外币、数量、汇率、单价。

(2) 明细账(日记账、多栏账)打印输出方式：打印正式明细账、日记账或多栏账时，按年排页还是按月排页。

(3) 凭证、正式账每页打印行数：可对明细账、日记账、多栏账的每页打印行数进行设置。

(4) 明细账查询权限控制到科目：允许对查询和打印权限做进一步控制。例如，仅允许某操作员具有部分科目明细账的查询或打印权限，而不具有另一部分科目明细账的查询或打印权限。

3) 凭证打印设置

(1) 合并凭证显示、打印：选择此项，则在填制、查询凭证时在科目明细账显示或打印时凭证按照"按科目、摘要相同方式合并"或"按科目相同方式合并"合并显示，并在明细账显示界面提供是否"合并显示"的选项。

(2) 打印凭证的制单、出纳、审核、记账等人员姓名：在打印凭证时，是否自动打印制单人、出纳人、审核人、记账人的姓名。

(3) 打印包含科目编码：在打印凭证时，是否自动打印科目编码。

(4) 打印转账通知书：在打印转账通知书时选择哪种列示方式，只能选取"按科目""按部门""按客户或供应商"中的一种。

(5) 凭证、正式账每页打印行数(常打印控件适用)："凭证打印行数"可对凭证每页的行数进行设置，"正式账每页打印行数"可对明细账、日记账、多栏账的每页打印行数进行设置。双击表格或按空格对行数直接修改即可。

4) 预算控制设置

(1) 预算管理系统：该选项由预算管理系统控制。可选择在凭证保存或在审核时进行预算控制。凭证保存进行预算控制时，可进一步选择是否在凭证作废时控制。

(2) 专家财务评估：该选项从专家财务评估取数，选择该项，若制单时，当某一科目下的实际发生数导致多个科目及辅助项的发生数及余额总数超过预算数与报警数的差额，则报警。

(3) 超出预算允许保存：选择"预算控制"中财务分析系统的预算控制选项后此项才起作用。从财务分析系统取预算数，如果制单输入分录时超过预算也可以保存超预算分录，否则不予保存。

5) 权限设置

(1) 操作员进行金额权限控制：选择此项，可以对不同级别的人员进行金额大小的控制。例如，财务主管可以对5万元以上的经济业务制单，一般财务人员只能对2万元以下的经济业务制单，这样可以减少由于不必要的责任事故带来的经济损失。

(2) 出纳凭证必须经由出纳签字：若要求现金、银行科目凭证必须由出纳人员核对签字后才能记账，则选择该项。

(3) 允许修改、作废他人填制的凭证：若选择此项，在制单时可修改或作废别人填制的凭证，否则不能修改。若选择"控制到操作员"，则要在系统管理的"数据权限"中设置用户权限，再选择此项，权限设置才有效。选择此项，在填制凭证时，操作员只能对相应人员的凭证进行修改或作废。

(4) 可查询他人凭证：若允许操作员查询他人填制的凭证，则选择"可查询他人凭证"。若选择"控制到操作员"，则要在系统管理的"数据权限"中设置用户权限，再选择此项，权限设置才有效。选择此项，在凭证查询时，操作员只能查询具有相应人员的凭证查询权限。

6) 其他设置

(1) 外币核算：如果企业有外币业务，则应选择相应的汇率方式，即固定汇率或浮动汇率。"固定汇率"即在制单时，一个月只按一个固定的汇率折算本位币金额；"浮动汇率"即在制单时，按当日汇率折算本位币金额。

(2) 本位币：可以在这里显示核算的本位币的币符和币名。例如，如果企业核算的本位币是人民币，那么币符为"RMB"，币名为"人民币"。

2. 录入期初余额

在初次使用总账管理系统时，应将经过整理的手工账目的期初余额录入计算机，以保证历史数据的完整性。这些账簿的基础数据主要分为会计科目年初数、启用时的会计科目期初余额、会计科目累计发生额三组。若企业是在年初建立账套，由于会计科目累计发生额为零，而会计科目期初余额就是会计科目年初数，所以期初余额只有年初数这一组数据。假如是年中启用总账管理系统，而又希望查询结果全面反映全年的业务情况，则应先将各账户此时的余额和年初到此时的借贷方累计发生额计算清楚，即需要输入上述全部三组余额数据。但是，实际操作时，用户只需输入上述三组数据中的两组数据，根据会计等式关系，系统可以自动计算得到第三组数据，以便于用户与手工账簿数据进行核对，确保期初余额输入的正确性。具体到哪两组数据，不同会计软件的要求可能有所不同。例如，某企业2025年7月开始启用总账系统，那么，应将该企业2025年6月末各科目的期末余额及1—6月的累计发生额计算出来，准备作为启用系统的期初数据录入总账管理系统中，系统将自动计算年初余额；若企业是在年初建账或不反映启用日期以前的发生额，则期初余额就是年初数。若科目有辅助核算，还应整理各辅助项目的期初余额，以便在期初余额中录入。

期初余额的录入分为两部分：总账期初余额录入、辅助核算科目期初余额录入。

(1) 总账期初余额录入。

期初余额录入是将手工会计资料录入计算机中的过程之一。余额和累计发生额的录入要从最末级科目开始，上级科目的余额和累计发生数据由系统自动计算。如果某科目为数量、外币核算，应录入期初数量、外币余额，而且必须先录入本币余额，再录入数量外币余额。若期初余额有外币、数量余额，则必须有本币余额。红字余额用负号输入。

(2) 辅助核算科目期初余额录入。

在录入期初余额时，对于设置为辅助核算的科目，系统会自动为其开设辅助账页。相应地，在输入期初余额时，这类科目总账的期初余额是由辅助账的期初明细汇总而来，即不能直接输入总账期初数。

期初余额录入完毕后，应该试算平衡。期初余额试算不平衡，将不能记账，但可以填制凭证；已经记过账，则不能再录入、修改期初余额，也不能执行"结转上年余额"的功能。

若使用了应收、应付系统，并且客户往来或供应商往来由应收、应付系统核算，那么，应该到应收、应付系统中录入含客户、供应商账类的科目的明细期初余额。在账务处理系统中，只能录入这些科目的总余额，若这些科目还有其他辅助核算，如部门核算或项目核算，则只能录入这些科目下各部门总余额或各项目的总余额。

3. 常用凭证及常用摘要定义

(1) 常用凭证定义。

在企业日常经济业务中，会出现大量的同类业务，反映这些业务的会计凭证的分录格式一致，不同的仅仅是发生额。为方便这类凭证的输入，可以预先定义这类凭证的分录格式，即常用凭证。将这些常用的凭证存储起来，在填制会计凭证时随时调用，必将大大提高业务处理的效率。确切地说，"常用凭证"提供的是常用会计凭证的模板，在调用常用凭证后，仍可做修改，使其符合当时的会计业务需要。

定义常用凭证时既要定义凭证主要信息，也要定义凭证分录内容。

(2) 常用摘要定义。

常用摘要是系统为方便以后凭证输入，帮助用户规范摘要而设定的功能。用户可以通过常用摘要定义功能，定义本企业常用摘要，在填制会计凭证时可随时调用。

常用摘要可自定义编号、摘要内容及相关科目。调用时可直接输入摘要编号或参照选择，且调用后可对摘要信息进行修改补充。

至此，账务系统的初始化工作结束，接下来将介绍账务系统的日常业务处理工作。

4.2.2　总账管理系统日常业务处理

初始化设置工作完成后，可以开始进行日常账务处理工作。日常账务处理工作主要包括编制凭证、审核凭证、记账、结账、账簿管理和报表管理等。凭证管理包括填制凭证、修改凭证、打印凭证、出纳签字、审核凭证、凭证汇总、记账等。

1. 凭证管理

1) 凭证类型

记账凭证是账务处理系统日常业务处理的起点，也是所有信息的主要来源之一。账务处理系统中的记账凭证主要有以下三类。

(1) 手工编制凭证。指根据所发生的经济业务及其原始凭证编制的记账凭证。

(2) 机制凭证。指已经实现计算机处理的其他业务系统对原始凭证进行处理后编制的记账凭证。

(3) 自定义转账凭证。指账务系统根据系统机内已有的数据产生的记账凭证。通常是用户定义的、从账簿取数的期末转账凭证。

2) 操作流程

凭证管理包含的内容和操作流程如图4-2所示。

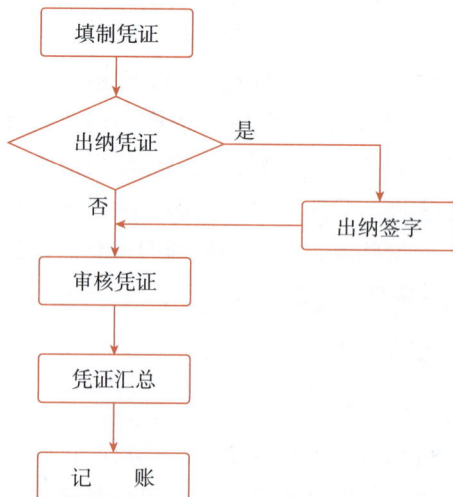

图 4-2　凭证管理包含的内容和操作流程

3) 填制凭证

记账凭证是登记账簿的依据，也是总账管理系统的唯一数据源。在实行计算机处理账务后，电子账簿的准确与完整完全依赖于记账凭证，因而确保记账凭证输入的准确完整十分重要。在实际工作中，用户可直接在计算机上根据审核无误准予报销的原始凭证填制记账凭证(即前台处理)，也可以先由人工制单而后集中输入(即后台处理)，用户采用哪种方式应根据本企业的实际情况确定。一般来说，业务量不多或基础较好或使用网络版的用户可采用前台处理方式，而在第一年使用或人机并行阶段，则比较适合采用后台处理方式。

通常，一张凭证中可填写的行数是没有限制的，可以是简单分录，也可以是复合分录，但每一张凭证应该只记录一笔经济业务，不可把记录不同经济业务的分录填入同一张凭证。

记账凭证的基本要素包括凭证类别、编制凭证的日期、经济业务的内容摘要、会计科目和明细科目的名称、金额、凭证编号、所有原始凭证和其他资料的张数、有关人员的签字。

(1) 凭证类别。

凭证类别是指输入的凭证类别字，该类别需在初始化时完成设置。若未设置凭证类别，此处将显示为空，此后系统会自动生成凭证编号。

(2) 凭证编号。

一般情况下，凭证编号由系统分类按月自动编制，即每类凭证每月都从001号开始。对于网络用户，如果是几个人同时制单，则系统会在凭证右上角显示一个参考凭证号，只有已填制并保存的凭证才给出真正的凭证编号；如果只有一个人制单或使用单用户版制单，则凭证右上角的凭证号即是正在填制的凭证的编号。同时系统也自动管理凭证页号，规定每页凭证有五笔分录，当凭证不只一页时，系统自动在凭证号后标出凭证页数。如果在启用账套或设置账簿时，设置凭证编号的方式为"手工编号"，则可以手工录入凭证编号。

(3) 制单日期。

系统自动选取进入账务前输入的业务日期为记账凭证填制的日期，如果日期错误，可进行修改或单击 按钮参照输入。

(4) 凭证自定义项。

凭证自定义项是指由用户根据业务需求自行定义的补充信息字段。用户可灵活设置并录入相关内容，系统将保存该信息但不进行校验。

(5) 凭证内容。

凭证内容指输入本张凭证的每一笔分录。每笔分录由摘要、科目、辅助信息和发生金额组成。

① 摘要：输入本笔分录的业务说明，摘要要求简洁明了。

② 科目：科目必须输入末级科目。科目可以输入科目编码、中文科目名称、英文科目名称或助记码。如果输入的科目名称有重名现象，系统会自动提示重名科目供选择。

③ 辅助信息：根据科目属性输入相应的辅助信息，如部门、个人、项目、客户、供应商、数量、自定义项等。所录入的辅助信息将在凭证下方的备注中显示。当需要对所录入的辅助项进行修改时，可双击所要修改的项，系统显示辅助信息录入窗口，可进行修改。

如果该科目要进行数量核算，则屏幕提示用户输入"数量"和"单价"。系统根据"数量×单价"自动计算出金额，并将金额放在借方，如果方向不符，可按空格键调整金额方向。

如果该科目要进行外币核算，则系统自动将凭证格式改为外币式；如果系统有其他辅助核算，则先输入其他辅助核算后，再输入外币信息。

若科目为银行科目，则还应输入"结算方式""票号"及"发生日期"。其中："结算方式"输入银行往来结算方式；"票号"输入结算号或支票号；"票据日期"输入该笔业务发生的日期，其主要用于银行对账。

对于需要启用"支票登记簿"功能并在制单时同步进行支票登记的用户，需在"凭证选项"中选择"支票控制"选项，并在输入结算方式时选择"票据管理"选项。录入凭证时，当输入支票号后，系统将自动勾销支票登记簿中未报销的支票，并将报销日期填充为制单日期，以便系统自动完成勾销。若支票登记簿中未登记该支票，系统将弹出支票录入窗口，供用户将支票信息登记至登记簿，同时填上报销日期。

④ 发生金额：即该笔分录的借方或贷方本币发生额，金额不能为零，但可以是红字，红字金额以负数形式输入。如果方向不符，可按空格键调整金额方向。

当凭证全部录入完毕后，应保存凭证。在保存凭证时，系统会自动校验本张凭证借贷方金额是否平衡，如果不平，将提示不保存此凭证。凭证一旦保存，其凭证类别、凭证编号将不能修改。

4）凭证修改

(1) 修改凭证。

可以对凭证的制单日期、附单据数、摘要、科目、外币、汇率、金额、辅助项信息等进行修改。

若在"账簿选项"中选择了"制单序时"选项，则在修改制单日期时，不能在上一编号凭证的制单日期之前，如1月份填制的凭证不能将制单日期改为2月份的日期。

若在"账簿选项"中选择了"不允许修改、作废他人填制的凭证"选项，则不能修改他人填制的凭证。

如果某笔涉及银行科目的分录已录入支票信息，并对该支票做过报销处理，修改该分录将不影响"支票登记簿"中的内容。

外部系统传过来的凭证不能在总账系统中进行修改，只能在生成该凭证的系统中进行修改。

(2) 作废和恢复作废凭证。

该功能可以作废凭证，作废之后的凭证左上角显示"作废"字样。

作废凭证仍保留凭证内容及凭证编号。作废凭证不能修改和审核。在记账时，不对作废凭证做数据处理，其相当于一张空凭证。在查询账簿时，也查不到作废凭证的数据。

已作废的凭证可以恢复，取消作废标志可重新转为有效凭证。

(3) 整理凭证。

凭证整理就是删除所有作废凭证，并对未记账凭证重新编号。若本月已有记账凭证，则本月最后一张已记账凭证之前的凭证将不能做凭证整理，只能对其后面的未记账凭证做凭证整理。若想做凭证整理，应先利用"恢复记账前状态"功能恢复本月月初的记账前状态，再做凭证整理。

(4) 制作红字冲销凭证。

记账之后的凭证是不能修改的，如果发现记账之后的凭证有错误需要修改，则要制作红字冲销凭证，冲销需要修改的已记账凭证，然后制作一张正确凭证。在制作红字冲销凭证时，需先输入制单月份，随后明确指出将冲销哪个月份的哪类凭证及具体凭证号，系统便会自动生成一张红字冲销凭证。通过红字冲销法增加的凭证，应视同正常凭证进行保存管理。

通常，对错误凭证的修改可分为"无痕迹"修改和"有痕迹"修改两种。

① "无痕迹"修改，即系统内不保存任何修改和审计的痕迹。下列两种情况下，系统能够对输入的凭证实现无痕迹修改。

❍　对已经输入但未审核的记账凭证可以直接修改。

❍　已通过审核但还未记账的凭证不能直接修改，可以先取消审核后再进行修改。

② "有痕迹"修改，即系统通过保存错误凭证和更正凭证的方式留下审计痕迹。若发现已记账凭证有错，则不能修改，对此类错误的修改要求留下审计线索。这时可以采用制作红字冲销凭证或补充登记进行更正。

(5) 审核凭证。

为确保登记到账簿的每一笔经济业务的准确性和可靠性，制单员填制的每一张凭证都必须经过审核员的审核。审核凭证是审核操作员按照财会制度，对制单操作员填制的记账凭证进行检查核对，主要审核记账凭证是否与原始凭证相符、会计分录是否正确等。审查认为错误或有异议的凭证，应交于填制人员修改后，再审核。

审核员和制单员不能是同一个人。审核操作员除了要有凭证审核权限，还要有对待审核凭证制单员所制凭证的审核权，该权限在"明细权限"中设置。

凭证一经审核，不能修改和删除，只有被取消审核签字后才可以进行修改或删除。取消审核签字只能由审核人自己进行。

采用手工制单的用户，在凭单上审核完后还需对录入计算机中的凭证进行审核。

作废凭证不能被审核，也不能被标错。已标错的凭证不能被审核，若要审核，需先取消标错后才能审核。

2. 记账

计算机账务处理系统中的记账与手工会计中的登记账簿意义相同。首先，它们都是一个数据归集、汇总的过程，可全面、系统地反映企业各项经济业务活动的变动情况。但采用计算机进行数据处理与手工记账的原理和过程又有所不同。首先，计算机账务处理中的记账过程是一个数据传递的过程，即将经过审核签章且要求记账的记账凭证，从录入凭证数据库文件传递到记账凭证数据库文件中。经过记账的凭证是不能修改的，也就是记账凭证数据库文件中的数据是不能修改的，由此形成了会计核算系统稳定的数据。其次，系统会将记账凭证数据库中的数据向各对应账户进行归集与汇总，以便查询和输出账簿时使用。

由于每个会计期间的凭证可以分批、分期记账，因此记账功能可以使用多次。每次记账时，所选择的记账凭证必须是经过审核签章的凭证。

记账过程一旦因断电或其他原因造成中断后，系统将自动调用"恢复记账前状态"恢复数据，然后用户再重新记账。在记账过程中，不得中断退出。在第一次记账时，若期初余额试算不平衡，系统将不允许记账。所选范围内的凭证如有未审核凭证，系统将会提示是否只记已审核凭证或重选记账范围。

3. 凭证汇总

凭证汇总是按条件对记账凭证进行汇总并生成一张科目汇总表。进行汇总的凭证可以是已记账凭证，也可以是未记账凭证，因此财务人员可在凭证未全部记账前，随时查看企业当前经营状况及其他财务信息。

4. 出纳管理

出纳管理是总账管理系统为出纳人员提供的一套管理工具，在用友U8 V10.1软件中，该模块也可单独启用。出纳管理的主要功能包括：出纳签字；查询和打印现金日记账、银行存款日记账和资金日报表；登记和管理支票登记簿；录入银行对账单，进行银行对账，输出余额调节表，并可对银行长期未达账提供审计报告。

(1) 出纳签字。

出纳凭证涉及企业现金的收入与支出，所以应加强对出纳凭证的管理。出纳人员可通过出纳签字功能对制单员填制的带有现金银行科目的凭证进行检查核对，主要核对出纳凭证的出纳科目的金额是否正确，审查认为错误或有异议的凭证，应交与填制人员修改后再核对。

企业可根据实际需要决定是否要对出纳凭证进行出纳签字管理，若不需要此功能，可在初始化设置中取消"出纳凭证必须经由出纳签字"的设置。

凭证一经签字，不能修改和删除，只有取消签字后才可以进行修改或删除。取消签字只能由出纳人员自己操作。

(2) 日记账及资金日报表。

日记账通常是指现金日记账和银行存款日记账，其只用于输出。在手工会计中，日记账是会计人员逐日、逐笔根据经济业务发生的先后顺序登记的。计算机账务处理中，日记账由计算机自动登记。

若要输出现金日记账和银行存款日记账，则在系统初始化时，现金会计科目和银行存款会计科目必须选择"日记账"标记，即表明该科目要登记日记账。因此，如果需要，任何一个会计科目都可以输出日记账。

资金日报表是反映现金和银行存款科目当日借贷方发生额及余额情况的报表。

(3) 支票登记。

手工记账时，银行出纳员通常使用支票领用登记簿来登记和管理领用的支票。计算机账务处理系统中，也为银行出纳员提供了支票登记簿，用以详细登记支票领用人、领用日期、支票用途、是否报销等信息。

(4) 银行对账。

银行对账是出纳管理的一项重要工作。银行对账的目的在于消除由于时间差导致的银行与企业账面不一致的情况。由于在实际业务中，银行对账工作通常在期末进行，故而银行对账环节的业务将放在总账管理系统期末处理中介绍。

5. 总账管理系统的输出

会计核算的基本目的是对内、对外提供企业的各类财务信息，以加强管理并提高企业的经济效益。为此，账务系统设计了多种会计信息的输出功能供用户使用。

1) 账务系统输出方式

在账务系统中，信息输出的方式有3种：屏幕显示输出、打印机打印输出及磁盘驱动器输出。

(1) 屏幕显示输出，通常称为查询。查询的内容包括凭证查询、账簿查询、汇总表查询，以及各种辅助项目的查询。

(2) 打印机打印输出，通常称为打印。在账务系统中，凡是可以查询到的内容都可以打印。

(3) 磁盘驱动器输出，通常称为备份。由于备份功能对系统数据的安全有重要意义，又与系统数据恢复功能有密切联系，因此，备份不仅是信息输出的一种方式，也是系统维护的重要功能。

2) 凭证、科目汇总表的输出

(1) 记账凭证的输出。

记账凭证是账务系统较主要和基本的数据来源之一，因此账务系统中记账凭证的数量往往很多。对记账凭证进行查询和打印时，为了提高查询的速度，一般需要给出查询条件。通常账务系统允许的条件有：按日期、类别、凭证编号进行查询；按科目代码、摘要、关键字、发生额进行查询。通常可以按单个条件进行查询，也可按几个条件组合进行综合查询。

由于系统中的记账凭证可能处于不同的处理状态，因此凭证的查询分两种情况：一种是包括未记账凭证在内的所有记账凭证查询；另一种是已记账的记账凭证的查询。

(2) 科目汇总表的输出。

为了提供某一科目某一时间范围的发生额和余额，系统提供了凭证汇总功能。凭证汇总同样需要输入汇总条件和汇总凭证的范围。运行凭证汇总功能，系统自动进行凭证汇总并将产生的科目汇总表显示在屏幕上。需要打印时，操作对应的功能键，系统即可将结果打印输出。科目汇总分已记账凭证、未记账凭证和所有凭证汇总3种情况，并允许选择凭证类型进行查询和打印。

3) 账簿输出

账簿输出分日报单输出、日记账输出、明细账输出、总账输出和辅助账输出，每种输出均有查询和打印两种输出方式。账簿输出的格式由科目设置中的账类所决定，可以输出三栏式、数量金额式、复币式、多栏式等用户需要的各种账簿。

4.2.3　总账管理系统期末业务处理

在总账管理系统中，期末业务处理的主要工作是：银行对账；期末摊、提、结转业务的处理；对账和结账等。期末业务是会计部门在每个会计期末都需要完成的特定业务。这些业务数量不是太大但处理较复杂。由于期末业务处理的主要数据来源于账簿记录，各会计期间的多数期末业务处理具有很强的规律性，比较适合计算机自动进行处理。因此，在账务系统中，期末业务的处理主要是由计算机根据用户的设置自动进行的。

1. 银行对账

由于企业与银行的账务处理和入账时间上具有差异，通常会发生双方账面不一致的情况，因此，为防止记账发生差错，正确掌握银行存款的实际余额，必须定期将企业银行存款日记账与银行发出的对账单进行核对并编制银行存款余额调节表。

总账管理系统中的银行对账就是将系统登记的银行存款日记账与银行对账单进行核对。银行对账单来自企业开户行。银行对账一般通过以下几个步骤完成。

1) 录入银行对账期初余额

录入银行对账期初需要做的工作有以下几个。

(1) 确定银行账户的启用日期。

(2) 录入企业银行日记账和银行对账单的调整前余额。

(3) 录入企业银行日记账和银行对账单期初未达项，系统将根据调整前余额及期初未达项自动计算出银行对账单与企业银行日记账的调整后余额。如果调整后的余额不平，则应调平，否则，在执行银行对账之后，会造成账面不平。

上述三项步骤完成以后，不得随意调整启用日期，尤其是向前调，否则，有可能造成启用日期后的期初数不能再参与对账。

2) 录入银行对账单

在会计期末需要进行银行对账时，需选择银行账户并录入银行对账单。

3) 银行对账

银行对账采用自动对账和手工对账相结合的方式进行。自动对账是计算机根据对账依据自动进行核对、勾销。由于自动对账是以银行存款日记账和银行对账单双方对账依据完全相同为条件，所以为了保证自动对账的正确和彻底，必须保证对账数据的规范合理。例如，银行存款日记账和银行存款对账单的票号要统一位长，否则，系统将无法识别。

手工对账是对自动对账的补充，使用自动对账后，可能还有一些特殊的已达账没有对出来，而被视为未达账项，此时可以使用手工对账进行调整。手工对账方式，即由人工根据对账依据将银行日记账未达账项与银行对账单进行核对、勾销。下面4种情况中，只有第一种情况能自动核销已对账的记录，后三种情况均需通过手工对账来强制核销。

(1) 对账单文件中一条记录和银行日记账未达账项文件中一条记录完全相同。

(2) 对账单文件中一条记录和银行日记账未达账项文件中多条记录完全相同。

(3) 对账单文件中多条记录和银行日记账未达账项文件中一条记录完全相同。

(4) 对账单文件中多条记录和银行日记账未达账项文件中多条记录完全相同。

对账依据由用户根据需要选择，其中方向、金额相同是必要条件，其他可选条件包括票号相同、结算方式相同、日期在限定天数内等。对于已经核对上的银行业务，系统将自动在银行存款日记账和银行对账单双方标上两清标志，并视为已达账项。对于在两清栏上未写上两清符号的记录，系统视为未达账项。

4) 编制余额调节表

银行存款余额调节表是系统自动编制的。对账结束后，即可编制、查询和打印银行存款余额调节表，以检查对账是否正确。

5) 核销已达账

核销已达账用于将核对正确并确认无误的已达账删除。对于一般用户来说，在银行对账正确后，可以将已达账从"银行未达账文件"和"银行对账单文件"中删除，并只保留未达账。

2. 期末的摊、提、结转业务处理

期末的摊、提、结转业务处理具有很强的规律性，一般通用账务系统都通过调用事先设置好的转账凭证模板(自动转账凭证)，由计算机自动生成转账凭证来完成。使用转账凭证生成功能需要注意以下几个问题。

(1) 转账凭证模板必须事先进行设置。

(2) 转账凭证中各科目的数据都是从账簿中提取并经处理后生成的，为保证数据的完整、正确，在调用转账凭证模板生成转账凭证前，必须将本月发生的各种具体业务登记入账。

(3) 期末的摊、提、结转业务具有严格的处理顺序，其基本的处理顺序如图4-3所示。结转顺序如果发生错误，即使所有的转账凭证模板设置都正确，转账凭证中的数据也可能是错误的。为了避免结转顺序发生错误，转账凭证模板提供了转账序号，进行期末的摊、提、结转业务处理时，通过指定转账顺序号就可以分期、分批完成转账和记账工作。

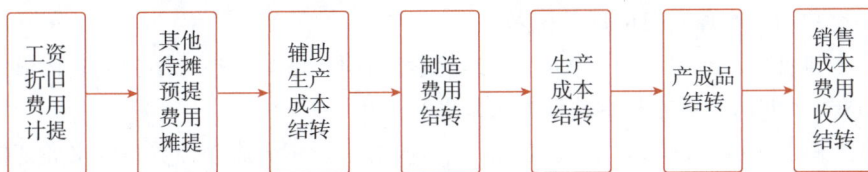

图 4-3　期末摊、提、结转业务处理顺序

(4) 结转生成的记账凭证会由系统存储至未记账凭证库，这些凭证需经过审核和记账操作后，才能登记到账簿中。对这些凭证的审核主要是检查结转是否正确。对于错误的结转凭证，系统一般不提供修改功能，若需修改这些凭证中的错误，只能通过修改相关设置来完成。

(5) 期末结转工作是一项比较复杂而重要的工作，应由指定的专人进行。

3. 自动转账凭证的设置

期末转账业务通常是企业在每个会计期间结账前都要进行的固定业务，会在每个会计期间重复发生。并且，这些业务的凭证摘要、涉及的会计科目基本固定，会计分录中资金的来源和计算方法也保持不变。账务处理系统允许把这类相对固定的特殊凭证定义为凭证模板，在使用时按规则调用即可，这种设置和调用凭证模板的过程称为自动转账。自动转账包括转账定义和转账生成两部分。

转账定义主要包括如下内容。

1) 自定义转账

自定义转账凭证模板可以完成的转账业务主要有如下几项。

(1) "费用分配"的结转，如工资分配等。

(2) "费用分摊"的结转，如制造费用等。

(3) "税金计算"的结转，如增值税等。

(4) "提取各项费用"的结转，如提取福利费等。

(5) "部门核算"的结转。

(6) "项目核算"的结转。

(7) "个人核算"的结转。

(8) "客户核算"的结转。

(9) "供应商核算"的结转。

在定义此类凭证时，需要借助函数来编制计算公式已确定的数据来源，可能涉及的主要函数公式包括如下两类。

(1) 需要用户指明具体科目的取数函数。

① 科目期初函数：QC(科目编码,会计期间,方向,账套号)。例如，若"固定资产"的科目编码为1601，则QC(1601,月)表示取固定资产账户本月的期初余额。

② 科目期末函数：QM(科目编码,会计期间,方向,账套号)。例如，若"财务费用"的科目编码为6603，则QM(6603,月)表示取财务费用账户本月的期末余额。

③ 科目发生额函数：FS(科目编码,会计期间,方向,账套号)。例如，若"财务费用"的科目编码为6603，则FS(6603,月,借)表示取财务费用账户的本月借方发生额。

④ 科目净额函数：JE(科目编码,会计期间,账套号)。例如，若"本年利润"的科目编码为4103，则JE(4103,月)表示计算本年利润账户本月净额。

(2) 不需用户指明具体科目的取数函数。

① 取对方科目计算结果函数：JG( )，该函数可指明具体科目也可不指明具体科目，当不指明具体科目时表示取所有对方科目的计算结果之和。

② 借贷平衡差额函数：CE( )，通过该函数可根据借贷相等原理计算自定义凭证借方和贷方的差额数。

③ 常数：在自定义凭证计算公式中，经常会涉及常数参与计算。例如，计算企业所得税时，需要在计算公式中用到的企业所得税税率为25%，需要注意的是，当常数为百分数时应转换为小数，故而若"本年利润"的科目编码为4103，则计算企业所得税的公式应为：JE(4103,月)*0.25。

2) 对应结转

对应结转不仅可进行两个科目一对一结转，还可提供科目的一对多结转功能。对应结转的科目可为上级科目，但其下级科目的科目结构必须一致(相同明细科目)，若有辅助核算，则两个科目的辅助账类也必须一一对应。

需要注意的是，对应结转只结转期末余额，若需结转发生额，则应通过自定义结转方式实现。

3) 销售成本结转

若企业未启用采购管理系统、销售管理系统及存货核算系统的供应链系统模块，则可通过销售成本结转功能实现对销售成本的计算与结转。销售成本计算的方法分为两种：全月平均法和售价(计划价)法。

(1) 全月平均法：是通过月末商品(或产成品)销售数量乘以库存商品(或产成品)的平均单价来计算各类商品销售成本并进行结转。

(2) 售价(计划价)法：是按售价(计划价)结转销售成本或调整月末成本。

4) 汇兑损益结转

该功能用于期末自动计算外币账户的汇总损益，并在转账生成中自动生成汇总损益转账凭证。汇兑损益只处理以下外币账户：外汇存款户；外币现金；外币结算的各项债权、债务，不包括所有者权益类账户、成本类账户和损益类账户。

为保证汇兑损益计算正确，在填制某月的汇兑损益凭证时，必须先将本月的所有未记账凭证先记账。汇兑损益入账科目不能是辅助账科目或有数量外币。若不选择"权限选项"中的"查询客户往来辅助账"或"查询供应商往来辅助账"选项，则计算汇兑损益的外币科目不能是带客户或供应商的科目，可到应收、应付系统中对这些科目进行汇兑损益的结转。

5) 期间损益结转

该功能用于在一个会计期间终了将损益类科目的余额结转到本年利润科目中，从而及时反映企业利润的盈亏情况。其主要是对于管理费用、销售费用、财务费用、销售收入、营业外收支等科目的结转。损益科目结转表中，每一行损益科目的期末余额将结转到该行对应的本年利润科目中。损益科目结转表中的本年利润科目必须为末级科目，且为本年利润入账科目的下级科目。

定义完转账凭证后，每月末只需调用自定义凭证，即可由计算机快速生成转账凭证，在此生成的转账凭证将自动追加到未记账凭证中，通过审核、记账后才能真正完成结转工作。

由于转账凭证中定义的公式基本上取自账簿，因此在进行月末转账前，必须将所有未记账凭证全部记账，否则生成的转账凭证中的数据可能不准确。特别是对于一组相关转账分录，必须按顺序依次完成转账生成、审核、记账操作。

如果使用了应收、应付系统，则在账务处理系统中不能按客户、供应商进行结转。

4. 试算平衡和对账

在会计期末，除了对收入、费用类账户余额进行结转，还要进行对账、结账，并在结账前进行试算平衡。

对账是对账簿数据进行核对，以检查记账是否正确，以及账簿是否平衡。它主要是通过核对总账与明细账、总账与辅助账数据来完成账账核对。

试算平衡就是将系统中设置的所有科目的期末余额按会计平衡公式"借方余额=贷方余额"进行平衡检验，并输出科目余额表及是否平衡信息。

一般来说，实行计算机记账后，只要记账凭证录入正确，计算机自动记账后各种账簿数据都应是正确且平衡的。但由于非法操作、计算机病毒或其他原因，有时可能会造成某些数据被破坏，进而引起账账不符。为了保证账证相符、账账相符，应经常进行对账，至少每月一次，一般可在月末结账前进行。

如果使用了应收、应付系统，则在总账系统中不能对往来客户账、供应商往来账进行对账。

当对账出现错误或记账有误时，系统允许"恢复记账前状态"进行检查、修改，直到对账正确。

5. 结账

会计业务的处理要求日清月结，因此通用账务系统都设有结账功能。根据有关会计制度的规定，结账主要是计算和结转各个会计科目的本期发生额和期末余额，同时结束本期的账务处理工作，计算机的结账工作也应按此办理。稍有不同的是，计算机每次记账均已结出各科目的发生额和余额，因此结账工作主要是计算机控制系统改变某些状态，以确定本月的数据已处理完毕，不再增加新的凭证。结账工作应由具有结账权限的人员负责。由于结账工作较为重要，因此应指定专人进行结账工作。

(1) 总账管理系统结账工作的一般处理步骤。

① 停止本月的记账工作。

② 进行数据保护。数据保护的过程与记账基本相同。

③ 进行试算平衡。

④ 将本月各账户的期末余额结转至下月，成为下月的期初余额。

(2) 期末结账时应注意的问题。

① 各科目的摊、提、结转工作必须在结账前完成。这些期末结转业务既可以手工编制记账凭证并输入计算机进行结转，也可以利用系统提供的自动转账凭证设置功能，通过设置自动转账凭证进行结转。

② 当月输入的记账凭证必须全部记账，否则系统不能结账。结账后，将不能再输入该月的凭证。

③ 上月未结账，本月无法结账。

④ 结账后生成的账簿和报表才是完整的，而结账前生成的账簿和报表不一定能反映该月的全部业务。

⑤ 每月只能结账一次，因此一般结账前应做数据备份，如果结账不正确可以恢复重做。

⑥ 有些通用账务系统在初始设置中需要设定每月的结账日期，使用这些软件时必须在规定日期进行结账，否则系统将不予结账。

⑦ 结账过程同样不允许无故中断系统运行或关机。为避免结账过程发生意外，结账时一般不要启动房间中与计算机同一线路的大型电器，且需在结账前对账套进行数据备份。

⑧ 如果与其他系统集成使用，则当其他系统未全部结账时，总账管理系统不能结账。

实务训练

⇥ 实训准备

引入"3-1基础设置"账套数据。

实训1 总账管理系统初始化设置

⇥ 实训要求

1. 设置总账选项(见表4-1)

表4-1 总账选项

选项卡	参数设置
凭证	制单序时控制 支票控制 赤字控制：资金及往来科目　　赤字控制方式：提示 可以使用应收、应付、存货受控科目 凭证编号方式采用系统编号
账簿	账簿打印位数按软件的标准设定 明细账打印按年排页
凭证打印	打印凭证的制单、出纳、审核、记账等人员姓名
预算控制	超出预算允许保存
权限	出纳凭证必须经由出纳签字 允许修改、作废他人填制的凭证 可查询他人凭证
会计日历	会计日历为1月1日—12月31日 数量小数位和单价小数位设置为2位
其他	外币核算采用固定汇率 部门、个人、项目按编码方式排序

2. 录入期初余额(见表4-2)

表4-2　期初余额

科目名称	方向	币别/计量	累计借方	累计贷方	期初余额
库存现金(1001)	借		34 415.48	15 000.00	20 000.00
银行存款(1002)	借		3 117 499.89	3 184 982.00	8 374 700.38
工行存款(100201)	借		3 117 499.89	3 184 982.00	8 374 700.38
其他货币资金(1012)	借		0	384 501.00	1 781 000.00
存出投资款(101201)	借		0	384 501.00	1 781 000.00
应收票据(1121)	借		0	0	138 000.00
银行承兑汇票(112101) *	借		0	0	138 000.00
库存商品(1405)	借		0	968 500.00	1 496 400.00
	借	件(套、个)	0	0	10 680.00
固定资产(1601)	借		0	0	6 414 550.00
累计折旧(1602)	贷		0	285 711.40	353 313.70
在建工程(1604)	借		1 688 709.00	0	1 688 709.00
递延所得税资产(1811)	借		0	0	8 394.32
应付账款(2202)	贷		0	0	328 068.00
一般应付账款(220202)*	贷		0	0	328 068.00
应付职工薪酬(2211)	贷		400 442.21	400 842.10	184 982.70
工资(221101)	贷		191 071.60	191 071.60	123 900.00
养老保险(221103)	贷		74 340.00	74 340.00	24 780.00
医疗保险(221104)	贷		37 170.00	37 170.00	12 390.00
失业保险(221105)	贷		3 717.00	3 717.00	1 239.00
工伤保险(221106)	贷		3 717.00	3 717.00	1 239.00
职工教育经费(221107)	贷		9 052.50	9 292.50	3 097.50
住房公积金(221108)	贷		44 604.00	44 604.00	14 868.00
工会经费(221109)	贷		7 562.00	7 434.00	2 478.00
生育保险(221110)	贷		29 208.11	29 736.00	991.20
应交税费(2221)	贷		228 106.26	227 665.00	436 265.00
未交增值税(222102)	贷		0	0	232 000.00
应交企业所得税(222103)	贷		163 325.00	164 725.00	164 725.00
应交个人所得税(222104)	贷		24 709.52	35 100.00	11 700.00
应交城市维护建设税(222105)	贷		23 305.24	16 240.00	16 240.00
应交教育费附加(222106)	贷		9 987.86	6 960.00	6 960.00
应交地方教育费附加(222107)	贷		6 778.64	4 640.00	4 640.00
其他应付款(2241)	贷		75 423.60	82 517.40	27 505.80
住房公积金(224101)	贷		35 568.00	44 604.00	14 868.00
养老保险(224102)	贷		23 712.00	29 736.00	9 912.00
医疗保险(224103)	贷		14 676.00	7 434.00	2 478.00
失业保险(224104)	贷		1 467.60	743.40	247.80
长期借款(2501)	贷		850 000.00	0	1 663 901.00
股本(4001)	贷		0	0	7 330 000.00
资本公积(4002)	贷				450 000.00
盈余公积(4101)	贷		0	20 909.46	253 542.50
法定盈余公积(410101)	贷		0	20 909.46	253 542.50

续表

科目名称	方向	币别/计量	累计借方	累计贷方	期初余额
本年利润(4103)	贷		0	8 500 000.00	850 000.00
利润分配(4104)	贷		0	0	394 175.00
未分配利润(410406)	贷		0	0	394 175.00
主营业务收入(6001)	贷		1 934 375.00	1 934 375.00	0
主营业务成本(6401)	借		1 132 953.00	1 132 953.00	0
税金及附加(6403)	借		35 627.00	35 627.00	0
销售费用(6601)	借		49 695.00	49 695.00	0
职工薪酬(660104)	借		31 695.00	31 695.00	0
折旧费(660106)	借		18 000.00	18 000.00	0
管理费用(6602)	借		56 200.00	56 200.00	0
职工薪酬(660201)	借		19 400.00	19 400.00	0
差旅费(660203)	借		6 800.00	6 800.00	0
折旧费(660205)	借		30 000.00	30 000.00	0
财务费用(6603)	借		1 000.00	1 000.00	0
所得税费用(6801)	借		164 725.00	164 725.00	0
当期所得税费用(680101)	借		164 725.00	164 725.00	0

注：*代表该科目设有辅助核算。

应收账款科目的期初余额为138 000.00元，以银行承兑汇票形式录入，明细如表4-3所示。

表4-3　银行承兑汇票录入明细

日期/票据日期	客户	凭证号	业务员	票号/票据类型	摘要	方向	金额
2025-01-04	北京仁智百货有限公司	转-15	段佳奕	08989/银行承兑汇票	销售商品	借	138 000.00

应付账款科目的期初余额，明细如表4-4所示。

表4-4　应付账款科目的期初余额明细

日期/票据日期	客户	凭证号	业务员	摘要	方向	金额
2025-05-30	西安爱家家居用品制造有限公司	转-55	林群	销售商品	贷	328 068.00

🔰 岗位说明

以"A01陈强"身份登录平台，设置总账选项。

以"W01赵晓琪"身份登录平台，录入期初余额。

🔰 实训指导

1. 设置总账选项

① 执行"开始"|"程序"|"用友U8 V10.1"|"企业应用平台"命令，打开"登录"对话框。

② 输入操作员"A01陈强"，在"账套"下拉列表框中选择"001天津新华家纺股份有限公司"，更改操作日期为"2025-07-01"，单击"登录"按钮。

③ 在"业务工作"选项卡中，单击"财务会计"|"总账"选项，展开"总账"下级菜单。

④ 在总账管理系统中，执行"设置"|"选项"命令，打开"选项"对话框。

⑤ 单击"编辑"按钮，进入选项编辑状态。

⑥ 分别打开"凭证""账簿""凭证打印""预算控制""权限""会计日历""其他"选项卡，按照实训资料的要求进行相应的设置。

⑦ 设置完成后，单击"确定"按钮。

2. 录入期初余额

① 在总账管理系统中，执行"设置"|"期初余额"命令，进入"期初余额录入"窗口。

② 直接输入末级科目(底色为白色)的累计发生额和期初余额，上级科目的累计发生额和期初余额自动填列。

③ 设置了辅助核算的科目底色显示为浅黄色，其累计发生额可直接输入，但期初余额的录入要到相应的辅助账中进行。

以录入"银行承兑汇票(112101)"期初余额为例，具体操作方法如下。

○ 双击"银行承兑汇票(112101)"科目的"期初余额"栏，进入"辅助期初余额"窗口。

○ 单击"往来明细"按钮，进入"期初往来明细"窗口，单击"增行"按钮，按明细输入应收账款科目期初余额业务明细的金额。

○ 单击"汇总"按钮，系统弹出"完成了往来明细到辅助期初表的汇总！"信息提示框。

○ 单击"确定"按钮，完成后单击"退出"按钮，在"辅助期初余额"窗口显示汇总结果。

○ 单击"退出"按钮，返回"期初余额录入"窗口，辅助账余额自动转到总账。

④ 输入完所有科目余额后，单击"试算"按钮，打开"期初余额试算平衡表"对话框。

⑤ 若期初余额不平衡，则修改期初余额；若期初余额试算平衡，则单击"退出"按钮退出。

❖ **注意：**
　　◇　期初余额试算不平衡，将不能记账，但可以填制凭证。
　　◇　已经记过账，则不能再输入、修改期初余额，也不能执行"结转上年余额"功能。

全部完成后，将账套输出至D盘根目录下"4-1总账初始化"文件夹。

实训2　凭证管理

⬇ 实训要求

天津新华家纺股份有限公司2025年7月份发生如下经济业务，具体内容见实训指导中的业务描述。请在U8中完成业务处理。

⬇ 岗位说明

以"W02张文华"身份录入记账凭证。

以"W03黄宁"身份进行出纳签字。

以"W01赵晓琪"身份审核记账凭证。

以"W02张文华"身份完成凭证记账。

实训指导

1. 业务1

7月1日，总经理办公室报销业务招待费(招待客户住宿费)。原始凭证如图4-4和图4-5所示。

中国工商银行转账支票存根

支票号码：768901
科　　目：
对方科目：
签发日期：2025年7月1日

| 收款人：天津百家和酒店 |
| 金　额：￥2 120.00 |
| 用　途：报销业务招待费 |
| 备　注： |

单位主管：(略)　　会计：(略)
复　核：(略)　　记账：(略)

图4-4　转账支票存根

天津市增值税普通发票

3200328745　　　　　开票日期：2025年7月1日　　　　No 10092348910

购货单位	名　称：天津新华家纺股份有限公司	密码区	10008978+*2><618//*46464 161145641/*-+4164><6*-46></--2338990/*-52678 12345/*980-->< -9807*90
	纳税人识别号：120101355203023526		
	地址、电话：天津市河西区珠江道86号 022-28285566		
	开户行及账号：中国工商银行天津河西支行12001657901052500555		

货物或应税劳务名称	规格型号	单位	数量	单价	金额	税率	税额
住宿费		晚	4	500.00	2 000.00	6%	120.00
合　计					￥2 000.00		￥120.00

| 价税合计 | 人民币(大写)　贰仟壹佰贰拾元整 | ￥2 120.00 |

销货单位	名　称：天津百家和酒店
	纳税人识别号：1203028966822121
	地址、电话：天津市河西区高新开发区新源路885号 022-87858755
	开户行及账号：中国建设银行天津新源支行6220553553322669 3976

图4-5　增值税普通发票

① 以会计人员"W02张文华"登录总账，修改"注册日期"为"2025年7月1日"。

② 执行"财务会计"|"总账"|"凭证"命令，双击"填制凭证"选项，在弹出的"记账凭证"界面，单击工具栏中的"增加"按钮，输入"附单据数"为"2"。

③ 在"记账凭证"界面录入摘要"招待客户住宿费"。在第一行"科目名称"栏单击"参照"按钮，选择"管理费用——招待费"科目，在"借方金额"栏录入价税合计为"2 120.00"，按Enter键自动带出第二行摘要；在第二行"科目名称"栏单击"参照"按钮，选择"银行存款——工行存款"科目，在弹出的"辅助项"对话框的"结算方式"栏中单击"参照"按钮，选择"转账支票"，输入"票号"为"768901"，"发生日期"为"2025-07-01"，单击"确定"按钮，返回"记账凭证"界面，单击或按Enter键，将录入光标移动至第二行"贷方金额"处，按键盘上的"="键，系统自动带出借贷相等的金额为"2 120.00"。

相应的会计分录如下。

借：管理费用——招待费 　　　　　　2 120.00

　　贷：银行存款——工行存款 　　　　2 120.00

◇ 选择支票控制，即该结算方式设为支票管理时，第二行辅助账信息不能为空，且该方式的票号应在支票登记簿中有记录。

2. 业务2

7月2日，人力资源部李霞借差旅费，原始凭证如图4-6所示。

借　款　单

2025年7月2日

姓　名　李霞	所属部门：　人力资源部	
借款理由：　开会		
人民币(大写)　伍仟元整	￥5,000.00	现 金 付 讫
审批意见：　同意。		
总经理：陈强　　　财务负责人：赵晓琪	经手人：李霞	

图 4-6　借款单

① 单击"增加"按钮，输入"日期"为"2025-07-02"、"附单据数"为"1"。

② 录入"摘要"为"人力资源部李霞借差旅费"。在第一行的"科目名称"栏单击"参照"按钮，选择"其他应收款——个人往来"科目。

③ 按Enter键后，弹出"辅助项"对话框，"部门"选择"人力资源部"，"个人"选择"李霞"，"发生日期"选择"2025-07-02"，单击"确定"按钮。

◇ 在输入个人信息时，若不输入部门名称而只输入个人名称，系统将根据所输入的个人名称自动带入其所属的部门。

④ 在"借方金额"栏录入价税合计为"5 000.00"，在第二行的"科目名称"栏选择"库存现金"科目，单击或按Enter键，将录入光标移动至第二行的"贷方金额"处，按键盘上的"="键，系统自动带出借贷相等的金额为"5 000.00"。

⑤ 单击"保存"按钮，保存并退出。

相应的会计分录如下。

借：其他应收款——个人往来 　　　　5 000.00

　　贷：库存现金 　　　　　　　　　　5 000.00

3. 业务3

7月11日，人力资源部报销差旅费，原始凭证如图4-7和图4-8所示。

差旅费报销单

部门：人力资源部　　　　2025年7月11日

姓名			李霞			出差事由				外出调研		出差日期		7月5日—7月10日		
起讫时间及地点								夜间乘车补助			出差补助费			住宿费	其他	
月	日	起	月	日	讫	类别	金额	时间	标准	金额	日数	标准	金额		摘要	金额
7	5	天津	7	5	海南	飞机	2 077.00				6	300	1 800.00	无	订票费	15
7	10	海南	7	10	天津	飞机	2 147.00								行李费	30
小计							¥4 224.00						¥1 800.00			¥45.00
总计(大写)陆仟零陆拾玖元整								预支¥5 000.00			核销¥6 069.00			补 ¥1 069.00		
总经理：陈强							财务负责人：赵晓琪						经手人：李霞			

图 4-7　差旅费报销单

报　销　单

2025年7月11日

姓　名　李霞　　　　所属部门：人力资源部

付款理由：开会报销

人民币(大写)　壹仟零陆拾玖元整　　¥1 069.00　　现　金　付　讫

审批意见：　同意。

总经理：陈强　　财务负责人：赵晓琪　　经手人：李霞

图 4-8　报销付款单据

① 单击“增加”按钮，输入“日期”为“2025-07-11”、“附单据数”为“2”。

② 录入“摘要”为“人力资源部李霞报销差旅费”。在第一行的“科目名称”栏单击“参照”按钮，选择“管理费用——差旅费”科目。在“借方金额”栏录入价税合计为“6 069.00”；在第二行的“科目名称”栏选择“库存现金”科目，单击或按Enter键，将录入光标移动至第二行的“贷方金额”处，录入“金额”为“1 069.00”，按Enter键；在第三行的“科目名称”栏选择“其他应收款——个人往来”科目。

③ 单击或按Enter键，弹出“辅助项”对话框，“部门”选择“人力资源部”，“个人”选择“李霞”，“发生日期”为“2025-07-11”，单击“确定”按钮，再按Enter键，在“贷方金额”处按键盘上的“=”键，系统自动带出借贷相等的金额为“5 000.00”。

④ 单击工具栏上的“保存”按钮，保存并退出。

相应的会计分录如下。

借：管理费用——差旅费　　　　6 069.00

　　贷：库存现金　　　　　　　　1 069.00

　　　　其他应收款——个人往来　　5 000.00

4. 业务4

缴纳公司一季度各项税费，原始凭证如图4-9和图4-10所示。

中国工商银行天津河西支行　　电子缴税付款凭证

转账日期：20250714　　　　　　　　凭证字号：19807867

纳税人全称及纳税人识别号：天津新华家纺股份有限公司 120101355203023526

付款人全称：天津新华家纺股份有限公司

付款人账号：12001657901052500555

付款人开户银行：工行河西支行　　　　　征收机关名称：天津市河西区国家税务局

小写(合计)金额：￥396 725.00　　　　　收款国库(银行)名称：国家金库天津市河西支库

大写(合计)金额：人民币叁拾玖万陆仟柒佰贰拾伍元整　　缴款书交易流水号：78956372

　　　　　　　　　　　　　　　　　　税票号码：10067895647

税种名称	所属时间	实缴金额
增值税	20250401—20250630	￥232 000.00
企业所得税	20250401—20250630	￥164 725.00

第二联　作付款回单(无银行收讫章无效)　　　　　复核　　　　　记账

图 4-9　电子缴税付款凭证 1

中国工商银行天津河西支行　　电子缴税付款凭证

转账日期：20250714　　　　　　　　凭证字号：19807868

纳税人全称及纳税人识别号：天津新华家纺股份有限公司 120101355203023526

付款人全称：天津新华家纺股份有限公司

付款人账号：12001657901052500555

付款人开户银行：工行河西支行　　　　　征收机关名称：天津市河西区地方税务局

小写(合计)金额：￥39 540.00　　　　　收款国库(银行)名称：国家金库天津市河西支库(代理)

大写(合计)金额：人民币叁万玖仟伍佰肆拾元整　　缴款书交易流水号：91011245

　　　　　　　　　　　　　　　　　　税票号码：12719901650

税种名称	所属时间	实缴金额
城市维护建设税	20250401—20250630	￥16 240.00
教育费附加	20250401—20250630	￥6 960.00
地方教育费附加	20250401—20250630	￥4 640.00
个人所得税	20250401—20250630	￥11 700.00

第二联　作付款回单(无银行收讫章无效)　　　　　复核　　　　　记账

图 4-10　电子缴税付款凭证 2

①单击"增加"按钮，输入"日期"为"2025-07-14"、"附单据数"为"1"。

②录入"摘要"为"缴增值税、企业所得税"。科目编码熟悉后可不再通过输入科目编码录入科目。存款科目(结算方式选择"其他"并录入"票号"为"19807867")的金额按缴税凭证录入即可。

相应的会计分录如下。

借：应交税费——应交增值税(未交增值税)　　　232 000.00

　　应交税费——应交企业所得税　　　　　　164 725.00

　　贷：银行存款——工行存款　　　　　　　　　396 725.00

③单击"保存"按钮。

④单击"增加"按钮，输入"附单据数"为"1"。

⑤录入"摘要"为"缴附加税"。存款科目(结算方式选择"其他"并录入"票号"为

"19807868"）的金额按缴税凭证录入即可。单击工具栏中的"保存"按钮。

相应的会计分录如下。

借：应交税费——应交城市维护建设税　　　　　　　16 240.00
　　应交税费——应交教育费附加　　　　　　　　　6 960.00
　　应交税费——应交地方教育费附加　　　　　　　4 640.00
　　应交税费——应交个人所得税　　　　　　　　　11 700.00
　　贷：银行存款——工行存款　　　　　　　　　　　39 540.00

5. 业务5

7月17日，支付广告费，原始凭证如图4-11和图4-12所示。

图 4-11　增值税专用发票

图 4-12　电汇凭证（回单）

① 单击"增加"按钮，输入"日期"为"2025-07-17"、"附单据数"为"2"。
② 录入"摘要"为"支付广告费"。

③ 在第一行的"科目名称"栏单击"参照"按钮，选择"销售费用——广告费"科目，在"借方金额"栏录入价税合计"50 000.00"；在第二行的"科目名称"栏选择"应交税费——应交增值税(进项税额)"科目，在"借方金额"栏录入"3 000.00"；在第三行的"科目名称"栏选择"银行存款——工行存款"科目，在弹出的"辅助项"对话框的"结算方式"栏中单击"参照"按钮，选择"电汇"，票号按电汇原始凭证的支票号录入相关信息，最后单击"确定"按钮，返回"记账凭证"界面，系统自动带出贷方金额为"53 000.00"。

④ 单击"保存"按钮，保存并退出。

相应的会计分录如下。

借：销售费用——广告费　　　　　　　　　　50 000.00
　　应交税费——应交增值税(进项税额)　　　3 000.00
　　贷：银行存款——工行存款　　　　　　　53 000.00

6. 业务6

7月21日，收到本月银行存款利息，原始凭证如图4-13所示(注：银行收账通知单略)。

图4-13　利息清单

① 单击工具栏中的"增加"按钮，输入"日期"为"2025-07-21"、"附单据数"为"1"。

② 录入"摘要"为"存款利息"。

③ 存款科目(结算方式不用选择)和金额按利息清单录入即可。

相应的会计分录如下。

借：银行存款——工行存款　　　　　　　18 231.89
借：财务费用　　　　　　　　　　　　　18 231.89(红字)

备注：计算机记账系统，费用类科目以借方列示，收入类科目以贷方列示。

④ 单击"保存"按钮。

7. 业务7

7月22日，支付上月工资(工资表单略)，原始凭证如图4-14所示。

中国工商银行转账支票存根

支票号码：1888976996
科　　目：
对方科目：
签发日期：2025年7月22日

收款人：	天津新华家纺股份有限公司
金　额：	￥123 900.00
用　途：	发放工资
备　注：	

单位主管：（略）　　　会计：（略）
复　核：（略）　　　记账：（略）

图 4-14　转账支票存根

① 单击"增加"按钮，输入"日期"为"2025-07-22"、"附单据数"为"1"。

② 录入"摘要"为"发放工资"。

③ 在第一行的"科目名称"栏选择"应付职工薪酬——工资"科目，在"借方金额"栏录入"123 900.00"，按Enter键；继续输入第二行的"科目名称"为"银行存款——工行存款"、"贷方金额"为"123 900.00"，在弹出的"辅助项"对话框中，选择"结算方式"为"转账支票"，输入"票号"为"1888976996"、"发生日期"为"2025-07-22"，单击"确定"按钮。

④ 单击"保存"按钮。

相应的会计分录如下。

借：应付职工薪酬——工资　　　　　　　　123 900.00
　　贷：银行存款——工行存款　　　　　　　　　　　123 900.00

8. 业务8

7月31日，计提本月应交房产税、车船税(合并制单)，原始凭证如图4-15所示。

应交房产税、车船税一览表

2025年 7 月 31 日　　　　　　　　　　　单位：元

税　　种	房产税	车船税	合　　计
应纳税额	1 085.00	120.00	￥1 205.00

主管：略　　　记账：略　　　审核：略　　　制表：略

图 4-15　应交房产税、车船税一览表

① 单击"增加"按钮，输入"日期"为"2025-07-31"、"附单据数"为"1"。

② 录入"摘要"为"计提房产税、车船税"。

③ 在第一行的"科目名称"栏选择"税金及附加"科目，在"借方金额"栏录入价税合计为"1 205.00"；在第二行的"科目名称"栏选择"应交税费——应交房产税"科目，录入"贷方金额"为"1 085.00"；在第三行的"科目名称"栏选择"应交税费——应交车船税"科目，录入"贷方金额"为"120.00"。

④ 单击"保存"按钮。

相应的会计分录如下。

借：税金及附加   1 205.00

    贷：应交税费——应交房产税   1 085.00

        应交税费——应交车船税   120.00

9. 业务9

7月31日，财务部对本月录入的记账凭证进行审核、出纳签字及记账。

1) 出纳签字

以出纳人员"W03黄宁"身份登录，注册时间为2025年7月31日。在"财务会计—总账—凭证"模块中，双击"出纳签字"选项，在"出纳签字"弹出框中单击"确认"按钮，在"出纳签字列表"窗口双击会计凭证信息条，进入会计凭证页面，在"记账凭证"界面，单击工具栏中的"批处理"下拉菜单，选择"成批出纳签字"选项。

2) 凭证审核

以财务经理"W01赵晓琪"身份登录，注册时间为2025年7月31日。执行"财务会计"|"总账"|"凭证"命令，双击"审核凭证"选项，在"凭证审核"弹出框中单击"确认"按钮，在"凭证审核列表"窗口双击会计凭证信息条，进入会计凭证页面，在"记账凭证"界面，单击工具栏中的"批处理"下拉菜单，选择"成批审核凭证"选项。

3) 凭证记账

以会计人员"W02张文华"身份登录，注册时间为2025年7月31日。执行"财务会计"|"总账"|"凭证"命令，双击"记账"选项，在"记账"弹出框中依次单击"全选""记账"按钮。

知识拓展

若录入凭证出现错误，可用以下几种方式更正。

1) 修改凭证

① 执行"凭证"|"填制凭证"命令，进入"填制凭证"窗口。

② 单击"查询凭证"按钮，输入查询条件，找到要修改的凭证。

③ 对于凭证的一般信息，将光标放在要修改的地方，直接修改；如果要修改凭证的辅助项信息，则先选中辅助核算科目行，然后将光标置于备注栏辅助项，待光标图形变为"笔形"时双击，弹出"辅助项"对话框，在对话框中修改相关信息。

④ 单击"保存"按钮，保存相关信息。

❖ **注意：**

◇ 未经审核的错误凭证可通过"填制凭证"功能直接修改；已审核的凭证应先取消审核后，再进行修改；若已采用制单序时控制，则在修改制单日期时，不能在上一张凭证的制单日期之前；若选择"不允许修改或作废他人填制的凭证"权限控制，则不能修改或作废他人填制的凭证；如果涉及银行科目的分录已录入支票信息，并对该支票做过报销处理，修改操作将不影响"支票登记簿"中的内容；外部系统传过来的凭证不能在总账管理系统中进行修改，只能在生成该凭证的系统中进行修改。

2) 冲销凭证

① 在"填制凭证"窗口，执行"制单"|"冲销凭证"命令，打开"冲销凭证"对话框。

② 输入条件：选择"月份"、输入"凭证号"等信息。

③ 单击"确定"按钮，系统自动生成一张红字冲销凭证。

❖ **注意：**

◇ 通过红字冲销法增加的凭证，应视同正常凭证进行保存和管理；红字冲销只能针对已记账凭证进行。

3) 删除凭证

(1) 作废凭证。

① 先查询到要作废的凭证。

② 在"填制凭证"窗口中，执行"制单"|"作废/恢复"命令，进行作废或恢复作废凭证的操作。

③ 完成后，凭证左上角显示"作废"字样，表示该凭证已作废。

❖ **注意：**

◇ 作废凭证仍保留凭证内容及编号，只显示"作废"字样；作废凭证不能修改和审核；在记账时，已作废的凭证应参与记账，否则月末无法结账，但不对作废凭证做数据处理，相当于一张空凭证，且查询账簿时，查不到作废凭证的数据；若当前凭证已作废，可执行"编辑"|"作废/恢复"命令，取消作废标志，并将当前凭证恢复为有效凭证。

(2) 整理凭证

① 在"填制凭证"窗口中，执行"制单"|"整理凭证"命令，打开"选择凭证期间"对话框。

② 选择要整理的"月份"。

③ 单击"确定"按钮，打开"作废凭证表"对话框。

④ 选择真正要删除的作废凭证。

⑤ 单击"确定"按钮，系统将这些凭证从数据库中删除并对剩下的凭证重新排号。

❖ **注意：**

◇ 如果不想保留作废凭证，可以通过"整理凭证"功能将其彻底删除，并对未记账凭证重新编号；只能对未记账凭证做凭证整理；若对已记账凭证做凭证整理，应先恢复本月月初的记账前状态，再做凭证整理。

实训3　期末结转

▶ 实训要求

1. 自定义结转及生成

7月31日，使用期末自定义公式，计算本月应交增值税并结转本月未交增值税；计提本月应交的城市维护建设税、教育费附加及地方教育费附加(各项税费计提表略)。

2. 期间损益结转及生成

岗位说明

以"W02张文华"身份登录平台，完成转账定义、生成及凭证记账。

以"W01赵晓琪"身份登录平台，审核记账凭证。

实训指导

1. 自定义结转及生成

(1) 转账定义。

① 在总账管理系统中，执行"期末"|"转账定义"|"自定义转账"命令，进入"自定义转账设置"窗口。

② 单击"增加"按钮，打开"转账目录"设置对话框。

③ 输入"转账序号"为"1"、"转账说明"为"结转未交增值税"。

④ 单击"确定"按钮，继续定义转账凭证分录信息。

⑤ 单击"增行"按钮，选择"科目编码"为"22210106"、"方向"为"借"；双击金额公式栏，单击"参照"按钮，打开"公式向导"对话框。

⑥ 选择"期末余额"函数，单击"下一步"按钮，继续公式定义。

⑦ 选择"科目"为"222101"，其他项为默认，单击"完成"按钮，金额公式带回自定义转账设置窗口。

⑧ 单击"增行"按钮，确定分录的贷方信息。选择"科目编码"为"222102"、"方向"为"贷"，单击"参照"按钮，打开"公式向导"对话框，选择"取对方科目计算结果"金额公式为"JG( )"，单击"下一步"按钮，再单击"完成"按钮，金额公式带回自定义转账设置窗口。

⑨ 单击"保存"按钮。

> **注意：**
> ①转账科目可以为非末级科目，部门可为空，表示所有部门。②如果使用应收款、应付款管理系统，则在总账管理系统中，不能按客户、供应商辅助项进行结转，只能按科目总数进行结转。③输入转账计算公式有两种方法：一种是直接输入计算公式；另一种是以引导方式录入公式。④JG( )含义为"取对方科目计算结果"，其中的"( )"必须为英文符号，否则系统弹出"金额公式不合法：未知函数名"信息提示框。

⑩ 单击"增加"按钮，输入"转账序号"为"2"、"转账说明"为"计提城市维护建设税"。

⑪ 单击"增行"按钮，确定分录的贷方信息。选择"科目编码"为"6403"、"方向"为"借"，单击"参照"按钮，打开"公式向导"对话框，选择"取对方科目计算结果"金额公式为"JG( )"，单击"下一步"按钮，再单击"完成"按钮，金额公式带回自定义转账设置窗口。

⑫ 单击"增行"按钮，选择"科目编码"为"222105"、"方向"为"贷"；双击金额公式栏，单击"参照"按钮，打开"公式向导"对话框。选择"期末余额"函数，单击"下一步"按钮，继续公式定义。选择"科目编码"为"222102"，其他项为默认，单击"完成"按

钮，金额公式带回自定义转账设置窗口。将光标移至末尾，输入"*0.007"，按Enter键确认。

⑬ 同理，完成"教育费附加"及"地方教育费附加"计提的自定义设置。

"教育费附加"的会计分录及计算公式如下。

借：税金及附加(6403)　　　　　　　　　　JG( )

　　贷：应交税费——应交教育费附加(222106)　　QM(222102,月)*0.03

"地方教育费附加"的会计分录及计算公式如下。

借：税金及附加(6403)　　　　　　　　　　JG( )

　　贷：应交税费——应交地方教育费附加(222107)　QM(222102,月)*0.02

(2) 转账生成。

① 执行"期末"|"转账生成"命令，进入"转账生成"窗口。

② 选择"自定义转账"单选按钮，双击编号0001所在行的"是否结转"栏，出现"Y"标记。

③ 单击"确定"按钮，生成转账凭证。

④ 单击"保存"按钮，凭证左上角显示"已生成"字样，系统自动将当前凭证追加到未记账凭证中。

> ❖ **注意：**
> ◇ ①转账生成之前，注意转账月份为当前会计月份。②进行转账生成之前，先将相关经济业务的记账凭证登记入账。③转账凭证每月只生成一次。若使用应收款、应付款管理系统，则总账管理系统中，不能按客户、供应商进行结转。

(3) 凭证审核记账。

转账生成凭证仍需以"W01赵晓琪"身份登录平台，审核凭证；以"W02张文华"身份登录平台，将凭证记账。操作过程不再赘述。

(4) 城市维护建设税、教育费附加及地方教育费附加计提凭证的生成。

① 执行"期末"|"转账生成"命令，进入"转账生成"窗口。

② 选择"自定义转账"单选按钮，双击编号0002至0004所在行的"是否结转"栏，出现"Y"标记。

③ 单击"确定"按钮，生成转账凭证。

④ 执行"编辑"|"成批保存凭证"命令，批量生成计提凭证，对生成的凭证进行审核、记账。

2. 期间损益结转(按收入和支出分别生成记账凭证)

(1) 转账定义。

① 执行"期末"|"转账定义"|"期间损益"命令，进入"期间损益结转设置"窗口。

② 选择"本年利润"科目为"4103"，单击"确定"按钮。

(2) 转账生成。

① 执行"期末"|"转账生成"命令，进入"转账生成"窗口。

② 选择"期间损益结转"单选按钮。

③ 类型选择为"收入"，单击右侧的"全选"按钮，单击最下方的"确定"按钮，生成收入结转本年利润的记账凭证，单击"保存"按钮。关闭"记账凭证"对话框，返回"转账生成"对话框。

④ 类型选择为"支出",单击右侧的"全选"按钮,单击最下方的"确定"按钮,系统弹出"有未记账凭证,是否继续结转?"信息提示框,单击"是"按钮,生成费用结转本年利润的记账凭证。

⑤ 单击"保存"按钮,系统自动将当前凭证追加到未记账凭证中。

⑥ 对新生成的凭证进行批审、批记。

❖ 注意:

◇ 在进行期末结转凭证生成时,应务必确保之前所有业务凭证审核、记账完毕,以保证结转数据的准确性。当弹出"有未记账凭证,是否继续结转?"信息提示框时,需仔细核实是否有凭证遗漏记账。本例中,未记账凭证为结转期间损益收入凭证,因不影响期间损益支出凭证数据,故直接忽略信息提示生成凭证。

知识拓展

反记账的操作步骤

记账后,如果要修改记账凭证,则需反记账、反审核、撤销出纳签字。"反审核、撤销出纳签字"在记账凭证中操作。反记账执行较复杂,在"财务会计—总账—期末"模块中,双击"对账"选项,在弹出的"对账"界面中,按Ctrl+H组合键,系统弹出"恢复记账前状态功能已被激活"信息提示框,单击"确定"按钮;此时,在"财务会计—总账—凭证—记账"模块下方会出现"恢复记账前状态"功能,双击该选项,可根据需求选择需要恢复的时段;单击"确定"按钮,打开输入口令的界面,输入相应信息后,单击"确定"按钮,系统弹出"恢复记账完毕"信息提示框,单击"确定"按钮。

实训4 账务管理系统对账与结账

▶ 实训要求

31日,财务部对总账系统进行月末处理。

▶ 岗位说明

以"W02张文华"身份登录平台,完成应收款管理与应付款管理系统结账。

以"W01赵晓琪"身份登录平台,进行总账管理系统对账和结账。

▶ 操作指导

1. 对账

① 以财务经理"W01赵晓琪"身份登录,注册时间为2025年7月31日。执行"期末"|"对账"命令,进入"对账"窗口。

② 将光标置于要进行对账的月份"2025-07"处,单击"选择"按钮。

③ 单击"对账"按钮,开始自动对账,并显示对账结果。

④ 单击"试算"按钮，可以对各科目类别余额进行试算平衡。

⑤ 单击"确认"按钮。

2. 结账

① 以会计人员"W02张文华"身份登录，注册时间为2025年7月31日。在应收款管理系统中，执行"期末"|"月末结账"命令，双击"四月"所在行的"结账标志"栏，出现"Y"标记，单击"下一步"按钮，再单击"完成"按钮，系统弹出"7月份结账成功"信息提示框。同理，完成应付款管理系统结账。

❖ **注意：**

◇ 若启用除总账外的系统，则在总账结账前需将其他系统全部结账，总账方能结账。

② 以财务经理"W01赵晓琪"身份登录，注册时间为2025年7月31日。在总账管理系统中，执行"期末"|"结账"命令，进入"结账"窗口。单击选择要结账的月份"2025-07"，单击"下一步"按钮。

③ 单击"对账"按钮，系统对要结账的月份进行账账核对。

④ 单击"下一步"按钮，系统显示"2025年07月工作报告"。

⑤ 查看工作报告后，单击"下一步"按钮，再单击"结账"按钮，若符合结账要求，系统将进行结账，否则不予结账。

⑥ 结账后，若发现问题需要修改，可进行反结账操作：在"结账"界面选择需要取消的月份，按Ctrl+Shift+F6组合键即可取消结账。

⑦ 将账套输出至D盘根目录下"4-2总账结账"文件夹。

素养园地

数字中国(四)——中国节能：新质生产力 数智节能 创新发展

2023年9月7日，习近平总书记首次提出"新质生产力"概念，之后围绕新质生产力发表了一系列重要论述。习近平总书记指出，新质生产力是以创新为主导，摆脱传统经济增长方式和生产力发展路径，具有高科技、高效能、高质量特征，符合新发展理念的先进生产力质态。习近平总书记关于新质生产力的重要论述，继承和发展了马克思主义生产力理论，是中国化马克思主义生产力理论的最新进展。这一论述进一步丰富了习近平经济思想的理论体系，对新时代新征程推进中国高质量发展具有重大的指导意义。

"新质生产力本身就是绿色生产力"的重要论述，对人类社会的现代化理论及发展与环境相容性问题进行了科学反思，蕴含着重大的理论价值。大力发展体现绿色发展理念的新质生产力——绿色生产力，要求树立大局观、长远观、整体观，牢固树立和践行绿水青山就是金山银山的理念，坚定不移走生态优先、绿色发展之路，高度重视自然资本增值，加快推进发展方式绿色转型，实现经济社会发展绿色化、低碳化。

生态兴则文明兴。生态文明建设是人类可持续发展的必然选择，是关系中华民族永续发展的根本大计。作为中央企业中唯一一家以节能环保为主业的产业集团，中国节能环保集团有限公司(以下简称"中国节能")拥有500多家子公司，业务分布在国内30多个省市及境外60多个国家和地区，员工近5万人，业务覆盖节能环保领域全产业链。

中国节能环保集团有限公司与用友合作搭建集团财务数智化平台，建设集团财务核算和报表系统、财务共享系统、资金管理系统三大管控系统，实现集团财务核算统一管控，提升业务反应速度和成效，构建企业发展全新优势。通过该平台，报销业务处理效率提升15%，资金运营收益提高30%，融合财务核算主体达1000个。

全面推进财务数智化平台建设

面对多层级架构，分、子公司跨省、跨国的特点，中国节能充分顺应数字化、智能化转型发展战略，围绕建设以"财务共享中心"为核心，"资金管理系统"为管、"预算管理系统"为控的创新管理模式，实现全集团财务核算统一管控，推动财务管理向价值创造转型。

财务共享助力统一管控与科学决策

中国节能建设的财务共享中心，突破传统的资金收付结算、资金计划管理和内部资源融通，将静态管控转变为动态运营，通过前、中、后台三个层面重构财资管理业务，前台满足业务灵活多变的资金交易和金融工具支持；中台通过数据端提高资金运营和分析质量，增强风险管控；后台打造高效的资金结算支付和集合对账服务，"端+云"模式全面覆盖应用场景。

具体体现如下。

(1) 实现中国节能财务核算统一管控。三大系统协同作业，助力中国节能旗下600多家法人单位，包括独立核算的分公司和项目部在内的1000多个核算主体账簿的搭建，统一了会计核算体系和核算标准。

(2) 实现业财一体化。通过流程优化、业务信息标准化及业务交易过程规范化，近70家公司纳入平台，报销业务处理效率提升15%，资金运营收益提高30%。

(3) 提高中国节能司库风险管控效能。合理整合资金头寸、调控融资规模，并实现总部及各二级单位对各类带息负债和非带息负债类业务的管控及智能统计分析。

(4) 推进财务数据扩展到集团的大数据建设。通过数字化方式连接企业内外部，企业内部管理效率更高、外部市场反应更迅捷、公司运营能力更强，全面提升企业智慧决策水平。

第 5 章　固定资产管理系统

5.1　固定资产管理系统概述

5.1.1　固定资产管理系统的功能

固定资产管理系统是企业管理信息系统的一个重要组成部分，用于固定资产的核算和管理工作。手工条件下，难以及时提供各种固定资产的管理信息。因此，运用现代化手段对固定资产进行核算并提供各种综合管理信息，对提高企业管理水平具有重要意义。

针对固定资产基础数据庞大、增减变动难以及时反映的情况，需从细化固定资产核算、加强固定资产管理入手，及时为固定资产管理提供详细、准确的资料，以促进企业提高固定资产使用效率并保障财产安全。用友ERP-U8管理软件中的固定资产管理系统，主要用于完成企业固定资产日常业务的核算和管理，具体包括：生成固定资产卡片；按月反映固定资产的增加、减少、原值变化及其他变动，并输出相应的增减变动明细账；按月自动计提折旧，生成折旧分配凭证；同时输出与设备管理相关的报表和账簿。

5.1.2　固定资产管理系统与其他系统之间的关系

固定资产管理系统主要与账务、成本核算和会计报表系统存在数据传递关系。其中与账务系统的数据关系是：在固定资产管理系统中，根据转账数据文件自动生成的转账凭证，需传送到账务系统进行账务处理。为了保证数据的一致性，在设置自动转账凭证模板或向账务系统传送数据时，需要检查凭证涉及的会计科目在账务系统中是否存在。

固定资产管理系统与成本核算系统的数据关系是：根据固定资产折旧文件分类统计、汇总折旧费用分配数据，并将该数据传送到成本核算系统供计算成本时使用。

会计报表管理系统也可以通过相应的取数函数，从固定资产管理系统中提取分析数据。

5.1.3　固定资产管理系统数据流程

固定资产管理系统数据流程如图5-1所示。

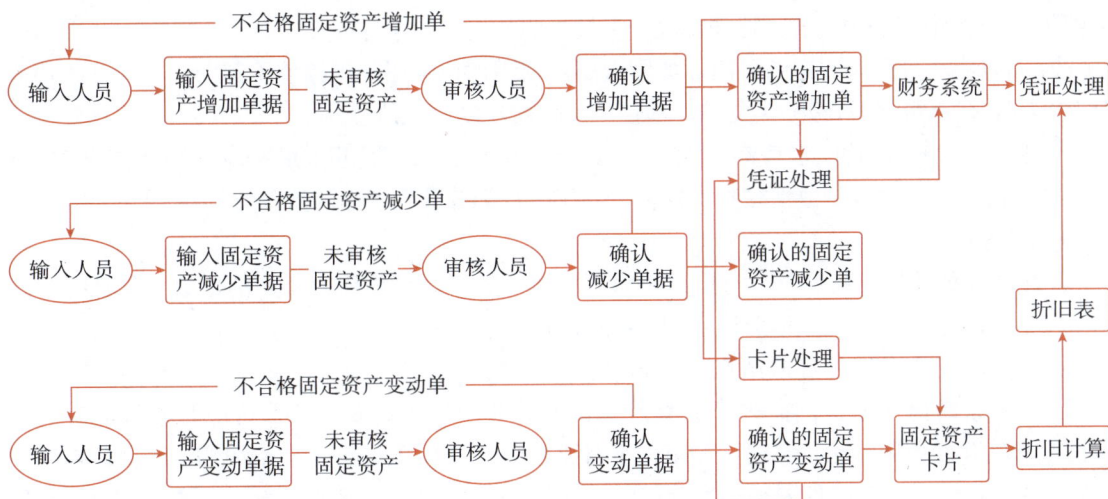

图 5-1　固定资产管理系统数据流程

5.2　固定资产管理系统业务处理

5.2.1　固定资产管理系统初始设置

固定资产管理系统的初始设置主要包括以下几个方面。

1. 固定资产账套的建立

固定资产管理系统的初始设置，是根据用户单位的具体情况建立一个合适的固定资产账套。建立固定资产管理系统账套的含义和作用与账务系统一致，其核心内容包括设定系统主要编码的编码方式，以及构建固定资产管理系统与账务系统的接口。不同软件的设置方法不尽相同，设计优良的软件通常会提供建账向导功能，引导用户完成设置。

1) 折旧信息

根据财务制度的规定，企业固定资产的折旧方法有平均年限法、工作量法、双倍余额递减法、年限总和法。企业可根据国家规定和自身条件选择采用其中的一种，有关的计算公式通常通过初始设置应用专门的函数来实现。

如果单位性质为行政事业单位，根据会计制度规定，所有固定资产不计提折旧，因此可选择本账套不提折旧。一旦确定本账套不提折旧，账套内与折旧有关的功能将无法操作，且该判断在保存初始化设置后不可修改。

2) 基本编码设置

固定资产管理系统的基本编码主要有使用部门、固定资产类别等。由于其他会计子系统也可能需要使用这些编码，因此它们有时也被称为公共码表。基本码表的设置方式有两种：一种是设立公共码表设置功能，多个子系统均需使用的编码在此功能中统一设置，供各子系统共用；另一种是在各子系统中分别设置有关编码，其他子系统需要使用这些编码时可以向相关子系统调用。在处理这些基本编码时需要注意以下几个问题。

(1) 凡具有国家标准的，如固定资产类别，国家标准(GT/T 14885—96)将固定资产类别编码规定为六位四级(即2112)，若无特殊情况应尽量参照使用该国家标准。

(2) 编码应尽量具有一定的层次，如固定资产使用部门编码，可按使用部门—车间—工段—班组设为四级编码以便按级分类汇总，提供尽量多层次的管理信息。

(3) 多数软件对编码的总长度都有规定，在设计代码时应注意不能超过系统编码总长度的要求。

(4) 对没有公共码表一致性控制的软件，各子系统的公共码表应尽量保持一致。

3) 账务接口

设置对账科目与总账对账。对账是指将固定资产管理系统内所有资产的原值、累计折旧及总账系统中的固定资产科目和累计折旧科目的余额核对，看数值是否相等。

固定资产管理系统在月末结账前会自动执行一次"对账"功能，并给出对账结果。若不平，表明两系统出现偏差，需进行调整。但偏差并非一定由错误导致，可能是操作的时间差异(在账套刚开始使用时比较普遍，如第一个月原始卡片没有录入完毕等)造成的。因此，需判断是否选择"对账不平允许月末结账"功能，若希望严格控制系统间的平衡，且能确保两个系统录入的数据无时间差异，则不选择该选项。

2. 设置基础数据

基础数据包括部门设置、部门对应折旧科目设置、资产类别设置、资产组设置、增减方式设置、使用情况及折旧方法设置。

(1) 部门设置。

部门档案用于设置固定资产所属部门的详细信息，该项设置一般在基础档案的部门档案中设置，由固定资产管理系统直接调用。

(2) 部门对应折旧科目设置。

资产计提折旧后必须把折旧数据归入成本或费用项目，根据不同使用者的具体情况，可按部门归集，也可按类别归集。部门折旧科目的设置就是为部门选择一个折旧科目，以便在录入卡片时自动显示折旧科目。在生成部门折旧分配表时，每一部门内按折旧科目汇总，从而制作记账凭证。

(3) 资产类别设置。

固定资产的种类繁多，规格不一，因此，若要强化固定资产管理，做好固定资产核算，必须科学地设置固定资产分类，为核算和统计管理提供依据。企业可根据自身的特点和管理要求，确定一个较为合理的资产分类方法。

(4) 资产组设置。

资产组是企业可以认定的最小资产组合，其划分依据是可以产生独立的现金流入，例如，可以将同一生产线中的资产划分为一个资产组。

资产组与固定资产类别不同，同一资产组中的资产可分属不同的固定资产类别。企业在计提减值准备时，有时需要以资产组为单位进行。企业可根据自身实际管理需求，确定合理的资产组分类方法。

(5) 增减方式设置。

增减方式包括增加方式和减少方式两类。增加方式主要有直接购入、投资者投入、捐赠、盘盈、在建工程转入、融资租入。减少方式主要有出售、盘亏、投资转出、捐赠转出、报废、毁损、融资租出、拆分减少等。注意，增减方式中的"盘盈""盘亏""毁损"不能修改和删除。

(6) 使用情况。

从固定资产核算和管理的角度来看，明确资产的使用状况十分必要，一方面可准确计算和计提折旧，另一方面便于统计固定资产的使用情况，以提高资产利用效率。系统预置的使用状况有使用中(包括在用、季节性停用、经营性出租、大修理停用)、未使用及不需用3种。注意，系统第一级使用状况中的"使用中""未使用""不需用"不能增加、修改和删除。

(7) 折旧方法设置。

折旧方法设置是系统自动计算折旧的基础。系统给出了常用的7种方法：不提折旧、平均年限法(一)、平均年限法(二)、工作量法、年数总和法、双倍余额递减法(一)、双倍余额递减法(二)，并列出了它们的折旧计算公式。这几种方法是系统设置的折旧方法，用户只能选用，不能删除和修改。如果这几种方法不能满足企业的需要，固定资产管理系统提供了定义功能，用户可自定义适合自身实际情况的折旧方法名称及计算公式。

3. 固定资产卡片管理

固定资产卡片管理包括固定资产卡片项目设置、固定资产卡片样式设置和期初固定资产卡片的录入。

(1) 固定资产卡片项目设置。

固定资产卡片的输入通常采用设置输入格式文件的方式。不同单位的固定资产卡片格式差异较大，即使是同一单位，若核算和管理要求不同，卡片项目也会有所不同。为增强固定资产管理系统的通用性，系统一般会为用户预留足够的卡片项目增减空间，通常在初始设置中，由用户设置自定义项目或修改系统提供的卡片模板项目。固定资产卡片项目定义功能正是为完成这一工作而设置。用户在此实际上是对固定资产卡片文件的库结构进行设置或修改，因此这些操作需遵循一定条件，一般需为增加的项目设置数据类型和数据宽度，用户使用时应注意这些限定条件。另外，虽然固定资产的附属设备及变动情况不参加核算，但仍是固定资产卡片中应记录的内容，应根据情况设置项目并输入计算机。

需要注意的是，固定资产卡片项目的设置涉及数据库结构的变动，一旦完成设置并录入数据，通常只允许增加项目，不允许修改或删除已有项目，以免造成数据丢失或混乱。有些软件在设置完成后会直接封闭此项设置，因此使用前必须做好充分准备。

(2) 固定资产卡片样式设置。

卡片样式指卡片的显示格式，包括格式(表格线、对齐形式、字体大小、字形等)、所包含的项目和项目的位置等。不同企业使用的卡片样式可能不同，即使是同一企业内部，对不同的资产也会由于管理的内容和侧重点不同，而使用不同样式的卡片。此外，固定资产管理系统还提供了卡片样式自定义功能。

(3) 期初固定资产卡片的录入。

固定资产卡片录入既是初始设置的内容，也是系统日常业务输入的内容。原始卡片是指卡片所记录资产的开始使用日期的月份早于其录入系统月份的卡片。在使用固定资产管理系统进行核算前，必须将原始卡片资料录入系统，保持历史资料的连续性。原始卡片的录入不限制必须在第一个期间结账前，任何时候都可以录入原始卡片。

5.2.2　固定资产管理系统日常业务处理

1. 固定资产增加

资产增加是指购进或通过其他方式增加企业资产。进行固定资产增加处理时，只需将增加文件全部记录追加到固定资产卡片文件中即可。

2. 固定资产减少

资产在使用过程中，总会由于各种原因，如毁损、出售、盘亏等，退出企业，此时要做资产减少处理。若当前账套设置了计提折旧，在将该记录从固定资产卡片文件中删除前，则必须在计提折旧后才可执行资产减少。

3. 固定资产变动

固定资产变动包括价值信息变更和非价值信息变更两部分。

(1) 价值信息变更。

该部分包括固定资产原值变动(包括原值增加和原值减少两部分)，以及使用年限调整、折旧方法调整、净残值(率)调整、工作总量调整、累计折旧调整在内的折旧要素变更。

(2) 非价值信息变更。

该部分包括部门转移、使用状况调整和资产类别调整等。

资产变动要求输入相应的"变动单"来记录资产调整结果。固定资产管理系统的"变动单管理"功能，可以对系统制作的变动单进行查询、修改、制单、删除等处理。

4. 资产评估

随着市场经济的发展，企业在经营活动中，根据业务需要或国家要求需对部分资产或全部资产进行评估和重估，其中固定资产评估是资产评估的重要组成部分。资产评估主要完成的功能包括：将评估机构的评估数据手工录入或以公式定义方式录入系统中；根据国家要求手工录入评估结果或根据定义的评估公式生成评估结果。

资产评估功能提供可评估的资产内容，包括原值、累计折旧、净值、使用年限、工作总量、净残值率。

5. 资产盘点

企业要定期对固定资产进行清查，至少每年一次，可通过盘点实现。固定资产管理系统的"资产盘点"功能是在对固定资产进行实地清查后，将录入清查的实物数据与账面上记录的盘点单进行核对，并由系统自动生成盘点结果清单的过程。

6. 生成凭证

固定资产管理系统的"生成凭证"功能用于实现与总账管理系统之间的数据自动传输，该传输通过固定资产管理系统向总账管理系统传递资产增加、减少、报废、毁损、累计折旧调整及折旧分配等业务的记账凭证来完成。

7. 固定资产管理系统的输出

固定资产管理系统的输出主要包括卡片和账表的输出。卡片及账表输出是固定资产管理系统处理成果的重要体现，凡是核算和管理所需的内容，均应有相应的输出功能模块与之对应。固定资产管理系统输出的内容主要包括账表输出和固定资产卡片输出两部分。

固定资产管理系统为用户常用的账表提供内置模板，并设置相应的菜单项目。账表包括账簿、折旧表、统计表、分析表和减值准备表5类，常见的有固定资产登记簿、固定资产折旧计算表、固定资产变动情况表、使用状况分析表、减值准备明细表等。

5.2.3　固定资产管理系统期末业务处理

1. 计提减值准备

企业应当在期末(至少在每年年度终了)对固定资产进行逐项检查。如果由于市价持续下跌或技术陈旧等原因导致其可回收金额低于账面价值,应将可回收金额低于账面价值的差额作为固定资产减值准备。固定资产减值准备按单项资产计提。

2. 计提累计折旧

自动计提折旧是固定资产管理系统的主要功能之一。系统每期计提折旧一次,可根据用户录入的资料自动计算每项资产的折旧额,生成折旧分配表,制作记账凭证,并将本期折旧费用自动登账。执行此功能后,系统会自动计提各资产当期的折旧额,并将其累加到累计折旧项目。若使用工作量法计提折旧,每月计提前必须录入资产当月的工作量。

1) 累计折旧计算的影响因素

影响折旧计算的因素包括原值变动、累计折旧调整、净残值(率)调整、折旧方法调整、使用年限调整、使用状况调整、工作总量调整、减值准备期初余额、计提减值准备调整、转回减值准备调整。影响折旧计算的因素发生变动后的调整应遵循以下原则。

(1) 发生与折旧计算有关的变动后,以前修改的月折旧额或单位折旧的继承值无效。例如,采用加速折旧法时,在变动生效的当期以净值作为计提原值,以剩余使用年限为计提年限计算折旧;而采用平均年限法时,仍以原公式计算折旧。

(2) 当发生原值调整时,默认本月计提的折旧额不变,下月按变化后的值计算折旧。若按变化后的值计算本月折旧,则需启用"本变动单当期生效"功能。

(3) 当发生累计折旧调整时,默认本月计提的折旧额不变,下月按变化后的值计算折旧。若按变化后的值计算折旧,则需启用"累计折旧调整当期生效"功能。

(4) 当发生净残值(率)调整时,默认本月计提的折旧额不变,下月按变化后的值计算折旧。若按变化后的值计算折旧,则需启用"净残值(率)调整当期生效"功能。

(5) 折旧方法调整、使用年限调整、工作总量调整或计提减值准备的,期初当月按调整后的值计算折旧。

(6) 使用状况调整、计提减值准备调整的,本月计提的折旧额保持不变,下月按变化后的值计算折旧。

(7) 固定资产管理系统在发生各种变动后,计算折旧采用未来适用法,不自动调整以前的累计折旧;采用追溯调整法的企业,只能手工调整累计折旧。

2) 计提累计折旧的原则

(1) 在一个期间内可多次计提折旧,每次计提后,仅将当次计提的折旧累加到月初的累计折旧中,不会产生重复累计。

(2) 如果上次计提折旧已制单,并将数据传递到总账系统,则必须删除该凭证才能重新计提折旧。

(3) 如果计提折旧后又对账套进行了影响折旧计算或分配的操作,则必须重新计提折旧,否则系统不允许结账。

(4) 如果使用自定义折旧方法时月折旧率或月折旧额出现负数,则系统将自动中止计提。

(5) 企业资产的使用部门和资产折旧汇总的部门可能不同。为了加强资产管理，使用部门必须是明细部门，而折旧分配部门可不分配到明细部门，不同单位的处理方式可能不同，可通过固定资产管理系统提供的"部门分配条件"功能选择实现。

3. 对账

会计信息系统应保证固定资产管理系统管理的固定资产价值与账务系统中固定资产科目的数值相等。两个系统的资产价值是否相等，可通过执行本系统提供的对账功能来验证，且对账操作不限制执行时间，可在任何时候进行。此外，固定资产管理系统在执行月末结账时会自动对账一次，并给出对账结果。

4. 月末结账

月末结账每月进行一次，结账后当期的数据不能修改。本期不结账，将不能处理下期的数据；结账前一定要进行数据备份，否则数据一旦丢失，将造成无法挽回的后果。12月底结账时，系统要求完成所有本年应生成的凭证业务。

实务训练

📥 实训准备

引入"4-1总账初始化"账套数据。

实训1　固定资产系统初始化设置

📥 实训要求

1. 启用固定资产系统

2. 建立固定资产账套(见表5-1)

表5-1　固定资产账套

控制参数	参数设置
约定及说明	我同意
启用月份	2025-07
折旧信息	本账套计提折旧 折旧方法：平均年限法(一) 折旧汇总分配周期：1个月 当(月初已计提月份=可使用月份−1)时，将剩余折旧全部提足
编码方式	资产类别编码方式：2-1-1-2 固定资产编码方式：按"类别编号+部门编号+序号"自动编码 卡片序号长度为3
账务接口	与账务系统进行对账 固定资产对账科目：固定资产(1601)；累计折旧对账科目：累计折旧(1602) 选中"在对账不平情况下允许固定资产月末结账"

3. 设置固定资产系统选项

与账务系统接口：固定资产缺省入账科目(1601)、累计折旧缺省入账科目(1602)、减值准备缺省入账科目(1603)、增值税进项税额缺省入账科目(22210101)、固定资产清理缺省入账科目(1606)。

选中"业务发生后立即制单"和"月末结账前一定要完成制单登账业务"复选框。

4. 设置固定资产部门对应折旧科目(见表5-2)

表5-2　固定资产部门对应折旧科目

部门	对应折旧科目
行政管理部门	660205 管理费用/折旧费
仓管部	660205 管理费用/折旧费
销售部	660101 销售费用/折旧费

5. 设置固定资产类别(见表5-3)

表5-3　固定资产类别

编码	类别名称	折旧年限	净残值率	单位	折旧方法	卡片样式
01	房屋及建筑物	30年	5%	栋	平均年限法(一)	含税卡片样式
02	办公设备	5年	1%		平均年限法(一)	含税卡片样式
03	运输工具	6年	5%	辆	平均年限法(一)	含税卡片样式

6. 设置固定资产增减方式对应入账科目(见表5-4)

表5-4　固定资产增减方式对应入账科目

增减方式目录	对应入账科目
增加方式	
直接购入	工行存款(100201)
在建工程转入	在建工程(1604)
减少方式	
出售	固定资产清理(1606)
报废	固定资产清理(1606)
盘亏	待处理财产损溢(1901)
毁损	固定资产清理(1606)

7. 录入原始卡片(见表5-5)

表5-5　原始卡片

固定资产名称	类别编号	所在部门	增加方式	可使用年限(月)	开始使用日期	原值(元)	累计折旧(元)	对应折旧科目名称
仓库	01	仓管部	在建工程转入	360	2024-04-01	300 000.00	11 083.33	管理费用/折旧费
传真机	02	总经理办公室	直接购入	60	2024-10-01	3 510.00	463.32	管理费用/折旧费
笔记本电脑	02	销售部	直接购入	60	2021-02-01	8 900.00	7 929.90	销售费用/折旧费
DELL台式机	02	财务部	直接购入	60	2024-11-01	6 490.00	749.60	管理费用/折旧费

续表

固定资产名称	类别编号	所在部门	增加方式	可使用年限(月)	开始使用日期	原值(元)	累计折旧(元)	对应折旧科目名称
ThinkPad一体机	02	采购部	直接购入	60	2024-11-01	6 490.00	749.60	管理费用/折旧费
HP扫描仪	02	采购部	直接购入	60	2020-12-01	3 000.00	2 376.00	管理费用/折旧费
轿车	03	总经理办公室	直接购入	72	2024-10-01	215 460.00	22 743.00	管理费用/折旧费
江铃瑞沃载货车	03	仓管部	直接购入	72	2022-05-01	250 000.00	82 465.28	管理费用/折旧费
合计						793 850.00	128 560.03	

注：使用状况均为"在用"。

岗位说明

以"A01陈强"身份登录平台，启用固定资产系统。

以"W02张文华"身份登录平台，完成固定资产系统初始化工作。

实训指导

1. 启用固定资产系统

① 以"A01陈强"身份，执行"开始"|"程序"|"用友ERP-U8"|"企业应用平台"命令，打开"登录"对话框。

② 输入操作员"A01陈强"，在"账套"下拉列表框中选择"001天津新华家纺股份有限公司"，更改"操作日期"为"2025-07-01"，单击"登录"按钮。

③ 执行"基础设置"|"基本信息"|"系统启用"命令，打开"系统启用"对话框。选中"FA 固定资产"复选框，弹出"日历"对话框，选择固定资产系统"启用日期"为"2025-07-01"，单击"确定"按钮，系统弹出"确实要启用当前系统吗？"信息提示框，单击"是"按钮返回。

2. 建立固定资产账套

① 以"W02张文华"身份登录平台，在"业务工作"选项卡中，执行"财务会计"|"固定资产"命令，系统弹出"这是第一次打开此账套，还未进行过初始化，是否进行初始化？"信息提示框，单击"是"按钮，打开固定资产"初始化账套向导"对话框。

② 在"固定资产初始化向导——约定及说明"对话框中，选择"我同意"。单击"下一步"按钮，打开"固定资产初始化向导——启用月份"对话框。

③ 选择"启用月份"为"2025-07"，单击"下一步"按钮，打开"固定资产初始化向导——折旧信息"对话框。

④ 选中"本账套计提折旧"复选框；选择"折旧方法"为"平均年限法(一)"，"折旧分配周期"为"1个月"；选中"当(月初已计提月份=可使用月份−1)时，将剩余折旧全部提足"复选框。单击"下一步"按钮，打开"固定资产初始化向导——编码方式"对话框。

⑤ 确定"资产类别编码长度"为"2112"，选中"自动编号"单选按钮，选择"固定资产编码方式"为"类别编号+部门编号+序号"，选择"序号长度"为"3"。单击"下一步"按

钮，打开"固定资产初始化向导——账务接口"对话框。

⑥ 选中"与账务系统进行对账"复选框；选择"固定资产的对账科目"为"固定资产(1601)"、"累计折旧的对账科目"为"累计折旧(1602)"；选中"在对账不平情况下允许固定资产月末结账"复选框。单击"下一步"按钮，打开"固定资产初始化向导——完成"对话框。

⑦ 单击"完成"按钮，完成本账套的初始化，系统弹出"是否确定所设置的信息完全正确并保存对新账套的所有设置"信息提示框。

⑧ 单击"是"按钮，系统弹出"已成功初始化本固定资产账套"信息提示框，单击"确定"按钮。

3. 设置固定资产系统选项

① 执行"设置"|"选项"命令，进入"选项"窗口。

② 单击"编辑"按钮，打开"与账务系统接口"选项卡。

③ 选中"业务发生后立即制单"和"月末结账前一定要完成制单登账业务"复选框，选择"缺省入账科目"为"固定资产(1601)""累计折旧(1602)""固定资产减值准备(1603)""增值税进项税额(22210101)"和"固定资产清理(1606)"，单击"确定"按钮。

4. 设置固定资产部门对应折旧科目

① 执行"设置"|"部门对应折旧科目"命令，进入"部门编码表"窗口。

② 选择"部门"为"行政管理部门"，单击"修改"按钮。

③ 选择"折旧科目"为"管理费用/折旧费(660205)"，单击"保存"按钮，系统弹出"是否将行政管理部门的所有下级部门的折旧科目替换为[折旧费]?"信息提示框，单击"是"按钮。替换之后，即可看到行政管理部门下的总经理办公室、财务部、人力资源部和总务部对应折旧科目均修改为"管理费用/折旧费"。

④ 同理，完成仓管部、销售部折旧科目的设置。

5. 设置固定资产类别

① 执行"设置"|"资产类别"命令，进入"类别编码表"窗口。

② 单击"增加"按钮，输入"类别名称"为"房屋及建筑物"、"使用年限"为"30年"、"净残值率"为"5%"、"计量单位"为"栋"；选择"计提属性"为"正常计提"、"折旧方法"为"平均年限法(一)"、"卡片样式"为"含税卡片样式"，单击"保存"按钮。

③ 同理，完成办公设备、运输工具的设置。

6. 设置固定资产增减方式对应入账科目

① 执行"设置"|"增减方式"命令，进入"增减方式"窗口。

② 在左侧列表框中，单击"直接购入"增加方式，单击"修改"按钮。

③ 输入对应入账科目为"工行存款(100201)"，单击"保存"按钮。

④ 同理，输入其他增减方式的对应入账科目。

7. 录入原始卡片

① 执行"卡片"|"录入原始卡片"命令，进入"资产类别参照"窗口。

② 选择"固定资产类别"为"房屋及建筑物(01)"，单击"确认"按钮，进入"固定资产

卡片录入”窗口。

③ 输入“固定资产名称”为“仓库”；双击“部门名称”选择“仓管部”，双击“增加方式”选择“在建工程转入”，双击“使用状况”选择“在用”；输入“开始使用日期”为“2024-04-01”；输入“原值”为“300 000.00”、“累计折旧”为“11 083.33”；输入“可使用年限”为“360月”；其他信息自动算出。

④ 单击“保存”按钮，系统弹出“数据成功保存！”信息提示框，单击“确定”按钮。

⑤ 同理，完成其他固定资产卡片的输入。

⑥ 执行“处理”|“对账”命令，系统将固定资产系统录入的明细资料数据汇总并与财务核对，显示与财务对账结果，单击“确定”按钮返回。

实训2　固定资产增加业务

实训要求

天津新华家纺股份有限公司2025年7月份发生如下经济业务，具体内容见实训指导中的业务描述。请在U8中完成业务处理。

岗位说明

以“W02张文华”身份登录平台，完成固定资产增加业务处理。

实训指导

1. 业务1：采购消费性固定资产

7月3日，因业务需要，销售部购入3台联想一体机。相关原始凭证如图5-2～图5-4所示。

上海市增值税电子专用发票

3100172140　　开票日期：2025年7月3日　　No 1092331662

购货单位	名　　称：天津新华家纺股份有限公司 纳税人识别号：120101355203023526 地 址、电 话：天津市河西区珠江道86号 022-28285566 开户行及账号：中国工商银行天津河西支行1200165790105250055 5	密码区：10008978+*2><618//*46464 161145641/*-+4164><6*- 46></--2338990/*-52678 12345/*980--><-9807*90

货物或应税劳务名称	规格型号	单位	数量	单价	金额	税率	税额
23.8英寸一体台式机	520-24IKU	台	3.00	5 100.00	15 300.00	13%	1 989.00
合　　计					¥15 300.00		¥1 989.00
价税合计	人民币(大写)壹万柒仟贰佰捌拾玖元整				（小写）¥17 289.00		

销货单位	名　　称：联想(上海)电子科技有限公司 纳税人识别号：913101157989714624 地 址、电 话：上海市自由贸易试验区美约路222号4幢304-305部位021-83312673 账　　号：招商银行外高桥保税区支行6225156789098256767	备注：联想（上海）电子科技有限公司 913101157989714624 发票专用章

收款人：略　　复核：略　　开票人：略　　销货单位：(章)

第三联：发票联　购买方记账凭证

图 5-2　增值税专用发票

中国工商银行转账支票存根

支票号码：1888976995

科　　　目：

对方科目：

签发日期：2025年7月3日

收款人：	联想(上海)电子科技有限公司
金　额：	￥17 289.00
用　途：	购买电脑
备　注：	

单位主管：(略)　　　会计：(略)

复　　核：(略)　　　记账：(略)

图 5-3　转账支票存根

固定资产卡片

使用单位：销售部　　　　　　　　　填表日期：2025年7月3日

类别	办公设备	出厂或交接验收日期	2025年6月10日	预计使用年限	5年
编号	02X002	购入或使用日期	2025年7月3日	预计残值	1%
名称	联想一体机	放置或使用地址	销售部	预计清理费用	
型号规格	520-24IKU	负责人	段佳奕	月折旧率	
建造单位	联想(上海)电子科技有限公司	总造价	5 100.00	月大修理费用提存率	
设备主要技术参数或建筑物占地面积、建筑面积及结构		设备主要配件名称数量或建筑物附件设备		大修理记录		固定资产改变记录
				时间	项目	

图 5-4　固定资产卡片

(1) 批增固定资产卡片。

① 执行"卡片"|"资产增加"命令，进入"资产类别参照"窗口。

② 选择"资产类别"为"办公设备(02)"，单击"确定"按钮，进入"固定资产卡片"窗口。

③ 输入"固定资产名称"为"联想一体机"；双击"部门名称"弹出"本资产部门使用方式"信息提示框；选择"单部门使用"选项，单击"确定"按钮，打开"部门参照"对话框，选择"销售部"选项，双击"增加方式"选择"直接购入"，双击"使用状况"选择"在用"；输入"原值"为"5 100.00"、"规格型号"为"520-24IKU"、"可使用年限"为"60月"、"开始使用日期"为"2025-07-03"。

④ 单击"保存"按钮，系统弹出"数据成功保存！"信息提示框。单击"确定"按钮，进入"填制凭证"窗口。单击"退出"按钮，弹出"凭证"窗口。

⑤ 单击"确定"按钮，系统弹出"还有没有保存的凭证，是否退出？"信息提示框，单击"是"按钮退出。

⑥ 在"固定资产卡片"窗口界面，单击"复制"按钮，打开"固定资产"对话框，在"起始资产编号"栏录入"02X003"、"终止资产编号"栏录入"02X004"，"卡片复制数量"选择"2"，单击"确定"按钮，弹出"卡片批量复制完成"信息提示框。单击"确定"按钮，关闭"固定资产卡片"窗口。

(2) 生成会计凭证。

① 执行"固定资产"|"处理"|"批量制单"命令，弹出"批量制单"窗口。"常用条件"全部默认，单击"确定"按钮，打开"批量制单"对话框。

② 双击"业务日期"为"2025-07-03"的3条待制单记录的"选择"栏，该栏标记"Y"标志后，单击工具栏上的"合并"按钮，此时3条记录"合并号"一栏显示"1"。

③ 单击"制单设置"选项卡，显示会计凭证列表，单击工具栏上的"凭证"按钮，系统自动生成会计凭证，同时在"银行存款"后面的金额位置，将金额"15 300.00元"修改为"17 289.00元"，按Enter键，根据图5-3所示的支票存根，修改制单日期、辅助项和附件数，再按Enter键，继续补充一行数据，选择科目为"应交税费——应交增值税——进项税额"，金额为"1 989.00"，单击"保存"按钮，凭证右上角显示"已生成"标志。

相应的会计分录如下。

借：固定资产 15 300.00
　　应交税费——应交增值税——进项税额 1 989.00
　　贷：银行存款——工行存款 17 289.00

2. 业务2：采购需要安装的固定资产

7月15日，仓管部购入安防监控系统一套，预计使用年限为5年。7月17日，安防监控系统交付使用，向安装企业支付安装费。相关原始凭证如图5-5～图5-8所示。

图 5-5　安防监控系统增值税专用发票

中国工商银行电汇凭证(回单)　　　　　1

日期: 2025 年 7 月 15 日　　　　　　NO. 201831111

汇款人	全　称	天津新华家纺股份有限公司	收款人	全　称	南京天地科技有限公司
	账号	12001657901052500555		账　号	32000660010141286643
	汇出地点	省天津市/县		汇入地点	江苏省南京市/县
	汇出行名称	中国工商银行天津河西支行		汇入行名称	交通银行股份有限公司南京中山北路支行

金额	人民币(大写) 陆万柒仟捌佰柒拾元整	千	百	十	万	千	百	十	元	角	分
				¥	6	7	8	0	0	0	0

中国工商银行河西支行
2025 07 15
转讫
汇出行盖章

支付密码

附加信息及用途:
复核:　　　记账:

此联汇出行给汇款人的回单

图 5-6　安防监控系统电汇凭证

北京增值税专用发票

开票日期: 2025 年 7 月 17 日　　　　No 1092369903

购货单位	名　称:	天津新华家纺股份有限公司	密码区	10008978+*2><618//*46464 161145641/*-+4164><6*-46></--2338990/*-52678 12345/*980-->< -9807*90
	纳税人识别号:	120101355203023526		
	地址、电话:	天津市河西区珠江道86号 022-28285566		
	开户行及账号:	中国工商银行天津河西支行12001657901052500555		

货物或应税劳务名称	规格型号	单位	数量	单价	金额	税率	税额
安装费		次	1.00	3 000.00	3 000.00	6%	180.00
合　计					¥3 000.00		¥180.00

价税合计	人民币(大写) 叁仟壹佰捌拾元整	¥3 180.00

销货单位	名　称:	北京思维安防电子安装有限公司	备注	北京思维安防电子安装有限公司 110108762991632 发票专用章
	纳税人识别号:	110108762991632		
	地址、电话:	北京市海淀区苏州街56号 010-64621598		
	账　号:	中国工商银行北京中关村支行689682534628882233		

收款人: 略　　　复核: 略　　　开票人: 略　　　销货单位: (章)

第三联: 发票联　购买方记账凭证

图 5-7　安装费增值税专用发票

中国工商银行电汇凭证(回单)　　　　　1

委托日期: 2025 年 7 月 17 日　　　　　NO. 201831112

汇款人	全　称	天津新华家纺股份有限公司	收款人	全　称	北京思维安防电子安装有限公司
	账号	12001657901052500555		账　号	689682534628882233
	汇出地点	省天津市/县		汇入地点	省北京市/县
	汇出行名称	中国工商银行天津河西支行		汇入行名称	中国工商银行北京中关村支行

金额	人民币(大写) 叁仟壹佰捌拾元整	千	百	十	万	千	百	十	元	角	分
					¥	3	1	8	0	0	0

中国工商银行河西支行
2025 07 17
转讫
汇出行盖章

支付密码

附加信息及用途:
复核:　　　记账:

此联汇出行给汇款人的回单

图 5-8　安装费电汇凭证

(1) 在账务处理系统中录入增加在建工程的会计凭证。

① 执行"财务会计"|"总账"|"凭证"|"填制凭证"命令，打开"凭证"窗口。

② 单击工具栏上的"增加"按钮，输入"凭证日期"为"2025-07-15"、"附件张数"为"2"、"摘要"为"购入安防监控系统"；输入第一行的"科目名称"为"在建工程"，"借方金额"为"60 000.00"，按Enter键；输入第二行的"科目名称"为"应交税费——应交增值税(进项税额)"、"借方金额"为"7 800.00"，按Enter键；输入第三行的"科目名称"为"银行存款——工行存款"、"贷方金额"为"67 800.00"，单击"保存"按钮，凭证保存成功。

(2) 在账务处理系统中录入支付固定资产安装费的会计凭证。

① 执行"财务会计"|"总账"|"凭证"|"填制凭证"命令，打开"凭证"窗口。

② 单击工具栏上的"增加"按钮，输入"凭证日期"为"2025-07-17"、"附件张数"为"2"、"摘要"为"支付安防监控系统安装费"；输入第一行的"科目名称"为"在建工程"、"借方金额"为"3 000.00"，按Enter键；输入第二行的"科目名称"为"应交税费——应交增值税(进项税额)"、"借方金额"为"180.00"，按Enter键；输入第三行的"科目名称"为"银行存款——工行存款"、"贷方金额"为"3 180.00"，单击"保存"按钮，凭证保存成功。

(3) 在固定资产处理系统中录入固定资产卡片并生成会计凭证。

① 执行"固定资产"|"卡片"|"资产增加"命令，进入"资产类别参照"窗口。

② 选择"资产类别"为"办公设备(02)"，单击"确定"按钮，进入"固定资产卡片"窗口。

③ 输入"固定资产名称"为"安防监控系统"，双击"部门名称"，弹出"本资产部门使用方式"信息提示框；选择"单部门使用"选项，单击"确定"按钮，打开"部门参照"对话框；选择"仓管部"选项，双击"增加方式"选择"在建工程转入"，双击"使用状况"选择"在用"，输入"原值"为"63 000.00"、"规格型号"为"6611-3U"、"开始使用日期"为"2025-07-17"，其他信息为默认。

④ 单击"保存"按钮，系统弹出"数据成功保存！"信息提示框。单击"确定"按钮，进入"填制凭证"窗口。

⑤ 修改制单日期和附件数后，单击"保存"按钮。

实训3 固定资产变动业务

实训要求

天津新华家纺股份有限公司2025年7月份发生如下经济业务，具体内容见实训指导中的业务描述。请在用友ERP-U8中完成业务处理。

岗位说明

以"W02张文华"身份登录平台，完成固定资产变动业务处理。

实训指导

1. 业务1

7月19日，财务部使用的DELL台式机因备份财务数据需要加装一个刻录机。相关原始凭证如图5-9和图5-10所示。

北京增值税普通发票

1100143160　　　　　　　开票日期：2025年7月19日　　　　　　　No 1092669905

购货单位	名　称：天津新华家纺股份有限公司 纳税人识别号：120101355203023526 地址、电话：天津市河西区珠江道86号 022-28285566 开户行及账号：中国工商银行天津河西支行12001657901052500555	密码区	10008978+*2><618//*4646 4161145641/*-+4164><6*- 46></--2338990/*-52678 12345/*980-->\<-9807*90

货物或应税劳务名称	规格型号	单位	数量	单价	金额	税率	税额
刻录机		个	1.00	360.00	360.00		***
合　计					￥360.00		***
价税合计	人民币(大写)叁佰陆拾元整				(小写)360.00		

销货单位	名　称：北京志强电子贸易有限公司 纳税人识别号：110108768391639 地址、电话：北京市海淀区苏州街76号010-64623599 账　号：中国工商银行北京中关村支行689682534628982233	备注	

收款人：略　　　　　复核：略　　　　　开票人：略　　　　　销货单位：(章)

图 5-9　增值税普通发票

付款申请单

申请日期：2025年7月19日

款项用途	购买刻录机		
付款金额	人民币(大写)：叁佰陆拾元整　　　￥360.00		现　金　付　讫
支付方式	□银行存款　☑现金　□支票　□汇款		
收款单位	北京志强电子贸易有限公司	开户行	
收款账号		开票情况	☑已开票　□未开票
总经理：陈强	财务负责人：赵晓琪	申请人：林 群	

图 5-10　付款申请书

① 执行"固定资产"|"卡片"|"变动单"|"原值增加"命令，进入"固定资产变动单"窗口。

② 输入"卡片编号"为"02A02001"，在"增加"栏中输入"增加金额"为"360.00"，输入"变动原因"为"增加配件"。

③ 单击"保存"按钮，进入"填制凭证"窗口。

④ 填写修改其他项目，单击"保存"按钮。

2. 业务2

7月29日，对总经理办公室使用的轿车进行测试，测试其可回收金额为162 717.00元。相关原始凭证如图5-11所示。

固定资产减值准备批准报告

固定资产名称	购入时间	折旧年限(月)	净残值率	累计折旧	净值	可回收金额	已提减值准备	减值准备
轿车	2024-11-1	72	5%	22 743.00	192 717.00	162 717.00	0	30 000.00

月末，对本企业固定资产进行测试，测试结果表明总经理办公室使用的轿车可收回金额低于账面价值。经公司董事会研究决定，对该轿车计提￥30 000.00(人民币叁万元整)的减值准备。

天津新华家纺股份有限公司

2025年7月29日

图 5-11　固定资产减值准备批准报告

① 执行"固定资产"|"卡片"|"变动单"|"计提减值准备"命令，进入"固定资产变动单"窗口。

② 输入"卡片编号"为"03A01001"、"减值准备金额"为"30 000.00"、"减值原因"为"技术进步"。

③ 单击"保存"按钮，进入"填制凭证"窗口。

④ 填写修改其他项目，单击"保存"按钮。

实训4　计提当月折旧

↪ 实训要求

7月30日，财务部对企业全部固定资产计提折旧。

↪ 岗位说明

以"W02张文华"身份登录平台，完成计提固定资产折旧并生成相应的会计凭证。

↪ 实训指导

① 执行"固定资产"|"处理"|"计提本月折旧"命令，系统弹出"是否要查看折旧清单？"信息提示框，单击"否"按钮。

② 系统继续弹出"本操作将计提本月折旧，并花费一定时间，是否要继续？"信息提示框，单击"是"按钮。

③ 系统计提折旧完成后，进入"折旧分配表"窗口；单击"凭证"按钮，进入"填制凭证"窗口。

④ 填写修改其他项目，单击"保存"按钮。

实训5　固定资产盘点业务

↪ 实训要求

7月31日，对企业办公设备进行盘点，发现采购部使用的HP扫描仪丢失。经查，该项资产损失由采购部林群负责赔偿，赔偿款尚未收到。相关原始凭证如图5-12所示。

↪ 岗位说明

以"W02张文华"身份登录平台，在固定资产管理系统中完成固定资产盘点业务；处理盘亏固定资产并生成相应的会计凭证；在账务处理系统中录入固定资产清理结转凭证。

固定资产盘盈盘亏报告表

2025年7月31日

固定资产编号	名称	单位	数量	盘盈			盘亏			
				重置价值	估计折旧额	估计净值	原价	已提折旧额	已提减值准备	净值
02G001	HP扫描仪	台	1.00				3 000.00	2 376.00		624.00
合计			1.00				3 000.00	2 376.00		624.00
差异原因				资产丢失						
资产管理部门建议处理意见				由采购部林群赔偿						
单位主管部门审批意见				同意						

单位负责人：陈强　　财务部门负责人：赵晓琪　　资产管理部门负责人：张文华　　制单：张文华

图 5-12　固定资产盘盈盘亏报告表

实训指导

1. 在固定资产处理系统中完成固定资产盘点

① 执行"固定资产"|"卡片"|"资产盘点"命令，进入"资产盘点"窗口。

② 单击"增加"按钮，打开"新增盘点单——数据录入"对话框，单击"范围"，打开"盘点范围设置"对话框，选中"按资产类别盘点"复选框，"资产类别"栏选择"办公设备[02]"，单击"确定"按钮。系统显示全部办公设备类固定资产列表。

③ 双击在列表中"固定资产编号"为"02G001"所在行的"选择"栏，该栏显示"Y"标记。

④ 单击"删行"按钮，完成该项资产删除。

⑤ 单击"退出"按钮，系统弹出"本盘点单数据已变更，是否保存！"信息提示框，单击"是"按钮，系统弹出"盘点单保存成功！"信息提示框。

⑥ 单击"确定"按钮，退出"资产盘点"窗口。

2. 在固定资产处理系统中完成固定资产盘亏处理

① 执行"固定资产"|"卡片"|"盘点盘亏确认"命令，进入"盘盈盘亏确认"窗口。

② 双击在列表中"固定资产编号"为"02G001"所在行的"选择"栏，该栏显示"Y"标记；在"处理意见"栏录入"采购部林群照价赔偿"。

③ 单击"保存"按钮，系统弹出"保存成功！"信息提示框，单击"确定"按钮，退出"盘盈盘亏确认"窗口。

④ 执行"固定资产"|"卡片"|"资产盘亏"命令，进入"资产盘亏"窗口。

⑤ 双击在列表中"固定资产编号"为"02G001"所在行的"选择"栏，该栏显示"Y"标记。

⑥ 单击工具栏上的"盘亏处理"按钮，打开"资产减少"窗口，在"清理原因"栏录入"资产盘亏"，系统弹出"所选卡片已经减少成功！"信息提示框，进入"填制凭证"窗口。

⑦ 填写修改其他项目，单击"保存"按钮。

3. 在账务处理系统中录入固定资产清理结转会计凭证

① 执行"财务会计"|"总账"|"凭证"|"填制凭证"命令，打开"凭证"窗口。

② 单击工具栏上的"增加"按钮，输入"凭证日期"为"2025-07-31"、"摘要"为"资产盘亏"；输入第一行的"科目名称"为"其他应收款"、"辅助项"为"林群"、"借方金额"为"730.08"，按Enter键；输入第二行的"科目名称"为"待处理财产损溢"、"贷方金额"为624.00，按Enter键；输入第三行的"科目名称"为"应交税费——应交增值税——进项税额转出"、"贷方金额"为"106.08"，单击"保存"按钮，保存结转固定资产清理凭证。

实训6　固定资产管理系统对账与结账

⬇ 实训要求

7月31日，财务部对固定资产管理系统进行对账和结账。

⬇ 岗位说明

分别以"W03 黄宁""W01赵晓琪"身份登录平台，完成本月在账务处理系统中填制的会计凭证，以及由固定资产管理系统生成的会计凭证的出纳签字、审核和记账。

以"W02张文华"身份登录平台，完成凭证记账、固定资产管理系统与账务处理系统对账，以及固定资产管理系统结账。

⬇ 实训指导

1. 在账务处理系统中完成本月会计凭证的相关处理

① 以"W03 黄宁"身份登录平台，执行"财务会计"|"总账"|"凭证"|"出纳签字"命令，对本月"收款凭证""付款凭证"进行出纳签字。

② 以"W01赵晓琪"身份登录平台，执行"财务会计"|"总账"|"凭证"|"审核凭证"命令，对本月"收款凭证""付款凭证"及"转账凭证"进行审核。

③ 以"W02张文华"身份登录平台，执行"总账"|"凭证"|"记账"命令，对本月"收款凭证""付款凭证"及"转账凭证"进行记账。

2. 完成固定资产管理系统对账

① 以"W02张文华"身份登录平台，执行"固定资产"|"处理"|"对账"命令，系统弹出"与财务对账结果"信息提示框。

② 系统提示"结果：平衡"，单击"确定"按钮。

3. 完成固定资产管理系统结账

① 执行"固定资产"|"处理"|"月末结账"命令，打开"月末结账"对话框。

② 单击"开始结账"按钮，打开"与账务对账结果"对话框。

③ 单击"确定"按钮，系统弹出"月末结账成功完成！"信息提示框，单击"确定"按钮，系统弹出"本账套最新可修改日期已经更改为2025-08-01"信息提示框。

④ 将账套输出至D盘根目录下"5-1固定资产"文件夹。

素养园地

数字中国(五)——东风实业：标准化、集成化、精益化的创新之路

东风实业有限公司以党的二十大精神为指引推动事业高质量发展，引领和促进企业在持续深化改革、增强主动主导能力、强化自主创新、夯实体系能力、挑战年度目标等方面不断突破。基于集团化管控、离散型制造业的特点，公司制定了DFI-MAST发展战略(M代表管理，A代表接近，S代表标准，T代表技术)，通过构建集团管控平台，驱动企业数智化管理变革，推动智能制造和资源聚合，加速实现制造精益化、业财一体化、管理透明化、服务共享化的四大战略目标。

商业创新助力实业重塑发展动力。2019年东风实业完成混合所有制改革，面对产品数量多、资产结构复杂、涉及人数庞大的企业特点，公司充分认识到企业数智化对体制改革后新企业发展的重要性，通过数智化转型升级实现企业管理透明化、适应新市场竞争环境，进一步夯实管理基础、构建管理体系、实现跨越式发展。

公司数智化转型战略落地依照"统一筹划、分步实施、自上而下、强制推行"的策略执行。数据标准化在全集团范围内统一，流程标准化在16家项目建设单位全部统一，将两年以来开展的共计27个子项目的实施标准集中统一，三大系统的运维也全部实现标准化。在公司总部实现了OA和NC的集成，在项目建设单位业务端实现了MDM+PLM+ERP的集成，在财务端实现了U8+MDM+PLM+NC的集成，在HR模块实现了HR系统和NC总账的集成。在纵向数据打通方面，通过BI系统的实施，实现了NC系统穿透至U8单据级的查询，人事BI系统穿透至单项业务的查询。

商业创新价值

东风实业有限公司通过数智化项目建设，在如下领域发生变革。

- 客户交付领域：订单及时交付率提升30%，一次交付合格率提升5%。
- 市场开拓领域：项目建设两年来，先后有27家客户主动联系我公司要求配套。
- 生产管理领域：通过实施限额领料，材料损耗下降2.7%；通过PLM和ERP的集成，真正让"工艺指导生产"在制造业落地。
- 采购领域：供应商供货准时率提升11%，一次交检合格率提升9%。
- 公司领域：通过两年约500场次、6000人次的培训，流程化、标准化意识达到明显加强。

此外，大数据为东风实业科学决策提供强力支撑。在生产领域，通过分析生产订单找到影响订单完成的瓶颈因素，加以改善后提高任务完成率；在仓储领域，通过投入产出分析，精准定位消耗定额、人工浪费、工艺流程等问题，解决BOM消耗定额不准确的问题。大数据的引入帮助公司节省上百万元生产成本。

第 6 章 薪资管理系统

6.1 薪资管理系统概述

6.1.1 薪资管理系统的功能

工资核算涉及企业每位员工，原始数据繁杂且工资项目众多。手工进行工资核算时，需占用财务人员大量精力和时间，并且容易出错。采用薪资管理系统进行工资核算，不仅能有效提高工资核算的准确性和及时性，为成本核算提供可靠的数据来源，还能保障职工的利益，有利于调动职工的积极性，降低生产成本，提高经济效益。

薪资管理系统的核算和管理任务主要包括以下内容。

(1) 根据企业各部门提供的职工劳动的数量和质量及考勤情况，及时、准确地输入与职工工资有关的原始数据并计算职工的工资，包括职工应发工资、个人所得税和各种代扣款，并编制工资单，以便发放工资并正确反映和监督企业与职工的工资结算情况。

(2) 根据职工的工作部门和工作性质，汇总分配工资费用和计提职工福利费、劳动保险费等，并生成相应的记账凭证，以便进行工资费用的账务处理和正确计算产品成本。

(3) 根据管理需要提供有关的工资统计分析数据。

(4) 及时处理职工调入、调出、内部调动及工资调整数据。

6.1.2 薪资管理系统与其他系统之间的关系

薪资管理系统与系统管理共享基础数据。薪资管理系统主要与账务和成本核算系统存在数据传递关系。其中与账务处理系统的数据关系是：在薪资管理系统中，根据转账数据文件自动生成的转账凭证，需传送到账务处理系统进行账务处理。为了保证数据的一致性，在设置自动转账凭证模板或向账务系统传送数据时，需要检查凭证涉及的会计科目在账务系统是否存在。

薪资管理系统与成本核算系统的数据关系是：将工资费用分配数据传送到成本核算系统供计算成本时使用。

6.1.3 薪资管理系统数据流程

薪资管理系统数据处理流程如图6-1所示。

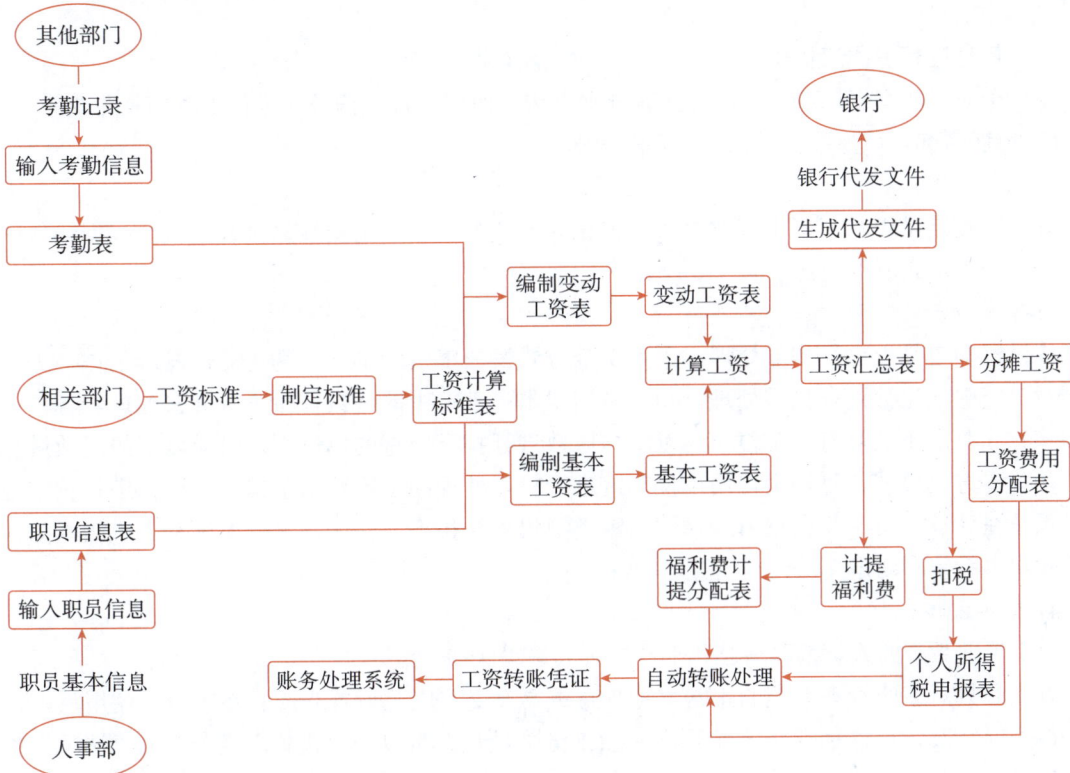

图 6-1 薪资管理系统数据处理流程

6.2 薪资管理系统业务处理

6.2.1 薪资管理系统的初始设置

1. 工资账套的建立

在薪资管理系统中，若要建立工资账套，则需先在系统管理中建立本单位的核算账套。工资账套仅针对薪资管理系统，其作用是进行工资管理。一个核算账套下只能建立一个工资账套。建立工资账套时可以根据建账向导分4步进行，即参数设置、扣税设置、扣零设置、人员编码。

1) 参数设置

(1) 工资类别。首先应选择本账套处理的工资类别个数：单个或多个。薪资管理系统是按工资类别来进行管理的。不同企业的管理模式不尽相同，工资的核算方式也存在不同的模式，因此薪资管理系统提供单类别工资核算和多类别工资核算两种方式。

① 单类别工资核算。所有人员统一工资核算的企业，使用单工资类别核算。

② 多类别工资核算。每个工资账套中，可建立999个工资类别(含发放次数，第998、999 号为系统使用)。符合下列情况之一的企业，可使用多工资类别核算。

- 分别对在职人员、退休人员、离休人员进行核算的企业。
- 分别对正式工、临时工进行核算的企业。
- 每月进行多次工资发放，月末统一核算的企业。
- 企业有多个工厂或在不同地区有分支机构，而由总管机构统一进行工资核算的企业。

(2) 币别名称。该参数设置工资账套的币别。

2) 扣税设置

该设置确定是否从工资中代扣个人所得税。若选择此项，工资核算时系统就会根据输入的税率自动计算个人所得税。

3) 扣零设置

该设置确定是否进行扣零处理。采用现金方式发放工资的单位，为了简化发放工作，大多数会对工资中的尾数进行扣零处理。扣零是指将本月工资中的尾数留待下月合并处理。各单位的扣零方式有所不同，有的单位对元以下的尾数进行扣零，有的单位则对拾元以下的尾数进行扣零。扣零方式设置，是指由使用单位确定进行扣零处理的工资数据单位。若选择进行扣零处理，系统在计算工资时将依据所选择的扣零类型将零头扣下，并在积累成整时补上。扣零的计算公式将由系统自动定义，无须设置。

4) 人员编码

薪资管理系统的人员编码与公共平台的人员编码保持一致。

以上参数对薪资管理系统的正常运行具有重要意义，因此设置完成且系统投入使用后，一般不得进行修改，设置时应给予特别的注意(部分参数设置可以在"设置"菜单下的"选项"中进行设置和修改)。

2. 基础信息设置

1) 工资类别

每个工资类别都包括职工档案、工资变动、工资数据、报税处理、银行代发等。对工资类别的维护包括建立工资类别、打开工资类别、删除工资类别、关闭工资类别和汇总工资类别。

2) 部门设置

员工薪资一般是按部门进行管理的。薪资管理系统直接调用基础档案中的部门档案，不再另行设置。

3) 人员类别设置

人员类别与工资费用的分配、分摊有关。从账务处理角度来看，不同性质的人员其工资费用应分别计入不同的账户。为了使计算机自动进行工资费用的分配，需要正确划分人员类别，以便按人员类别进行工资汇总计算，一般按照树形结构分类。薪资管理系统直接调用基础档案中的人员类别，不再另行设置。

4) 人员附加信息设置

此项设置可增加人员信息，丰富人员档案的内容，便于对人员进行更加有效的管理。例如，增加设置人员的性别、民族、婚否等。另外，还可对薪资中的人员附加信息与人事基础信息设置对应关系，这些附加信息可分别通过手动或自动方式与人事档案的对应人员信息保持一致。

5) 工资项目的定义

由于不同单位的工资项目不尽相同，因此需要用户根据本单位的实际情况定义工资表中的工资项目。工资项目定义的内容主要有：序号或栏目号；项目名称；数据类型和数据长度。定义工资项目时需注意以下几点。

(1) 工资项目定义的基本作用是确定存放工资数据的数据库文件库结构，因此工资项目定义的先后顺序将决定该项目在数据库中及在工资表、工资单中的位置。故定义时应考虑各工资项目的排列顺序。

(2) 工资项目中的有些项目是所有单位必需的，如部门编码、职工编码、姓名、签名等。薪资管理系统一般将这些项目均定义为字符型，且项目的数据类型与程序中设计的处理方式密切相关。为避免出现混乱，系统已事先定义好这些项目并提供给用户，使用时一般不应修改项目的名称和数据类型，仅在必要时修改数据长度即可。

(3) 工资项目定义并输入数据后，若要进行修改、增加或删除操作，则可能会使已输入的数据丢失或出错。因此，在定义工资项目时，应适当考虑一段时期的发展需要，以保证系统投入使用后能保持较长时间的稳定。

(4) 在定义各个工资项目的数据宽度时，应以能容纳该项目下可能出现的最大数据的宽度为依据，以免出现数据溢出的错误。

(5) 部分工资项目，如应发工资、实发工资、个人所得税等项目的数据是由其他项目数据经过计算得出的，因此凡是参与计算的工资项目的数据类型必须设置为数字型。

6) 公式设置

薪资管理系统的计算公式有两类：一类是月工资折算成日工资，以便能正确地计算职工病事假扣款；另一类是每一职工应发、实发、个人收入所得税。设置时应注意以下几点。

(1) 月工资折算成日工资有两种计算方法：一种是每月按22.5天计算，该方法下，周六、日不发工资，因此病事假中包含的周六、日也不应扣工资；另一种是按30天计算，该方法下，周六、日发工资，因此病事假中包含的周六、日也应扣工资。

(2) 计算有关职工应发、实发、个人收入所得税等工资项目的计算公式时，一般使用序号代表对应的工资项目。此外，有些软件允许在公式中使用工资项的名称。当在公式中使用工资项的名称时，工资项的名称必须与工资项目定义中规定的完全一致。

另外，在企业中还存在按计件单价支付劳动报酬的形式，即计件工资。由于对计时工资和计件工资的核算方法不同，因此企业两种工资形式并存时，需要对计件工资单独进行设置。计件工资设置包括计件工资标准设置及计件工资方案设置，主要用于定义统计计件数据的标准及统计口径。

7) 操作员管理和操作权限的分配

按照会计内部控制制度的要求，与其他会计子系统一样，薪资管理系统也提供了操作员管理和操作权限的分配功能。在使用这些功能时，应按照不相容职权必须分隔的原则设置每个工作人员的操作权限。由于工资数据的处理与现金的支出密切相关，因此在设置操作人员的工作权限时，应对工资数据的输入和处理及工资单的打印做适当的分隔。

8) 银行信息设置

当企业发放工资采用银行代发形式时，需要确定银行的名称及账号的长度、职工银行开户账号、银行代发文件格式等。银行名称可设置多个发放工资的银行，以适应不同的需要，例如，同一工资类别中的人员由于在不同的工作地点，需在不同的银行代发工资，或者不同的工资类别由不同的银行代发工资。该项一般在基础档案的银行档案中设置，由薪资管理系统直接调用。在基础档案中完成银行名称等信息的设置后，可在薪资管理系统中设置相应银行的银行代发文件格式。

6.2.2　薪资管理系统日常业务处理

1. 工资数据的编辑

在薪资管理系统中，输入工作量大且重要的操作是工资数据的编辑，而薪资管理系统数据处理的基础是每个职工的各项基本工资数据。职工工资数据按输入频率，通常可分为：每月相对固定不变的部分，如基本工资、职务工资、职称工资及各种固定补贴等；每月变动的部分，如病事假扣款、房水电、医药费、托儿费等代扣款。这两部分数据在系统中的输入处理方式不完全相同：每月固定不变的数据在系统投入使用时一次输入且长期使用，只在提职、提薪、晋级时才进行修改；每月变动部分需要在每月处理工资数据前进行修改编辑。因此，工资数据编辑的主要功能包括如下几项。

(1) 系统初次投入使用时，输入每个职工的各项工资数据。

(2) 每月处理工资数据前，对需要变动的工资数据进行修改编辑。

(3) 根据给定的各种条件，快速、正确地查询任意职工的各种工资数据。

2. 薪资管理系统数据输入的快速操作

薪资管理系统投入使用后，日常工作主要是对已有的工资数据进行修改和编辑。为方便操作人员修改工资数据，多数工资软件都提供了各类快速处理功能，用户在进行有关操作时应注意合理使用这些功能。薪资管理系统提供的快速处理功能主要有以下几项。

(1) 指定需要输入的某些工资项。该功能支持用户选择需要输入的工资项，使屏幕仅显示指定的工资项，以便用户输入数据。

(2) 成批替换某工资项目内容。该功能可通过设置公式，将每位职工原某一工资项数据加上固定值后，替代该工资项的原有数据。这一功能可以方便地处理如年末每位职工工龄工资增加固定数额等业务场景。

(3) 按指定条件快速查找。利用此功能，既可以根据职工所属部门、职工个人编码或姓名快速查找指定记录并进行修改；也可以根据指定的条件找出所有符合条件的记录，供用户批量修改。

3. 职工工作调动的处理

若职工调入或调出本单位，则其基本工资数据只能输入或删除。一般情况下，若职工调出不涉及人事管理相关事宜，其工资数据无须保留备查。若是特殊情况，如某单位需要保留，则应对软件做特殊要求。职工在单位内部各部门间调动有两种处理方法：一种是先从工资数据表的原部门删除该职工信息，再在新部门中增加；另一种是通过修改职工部门编码直接实现调动。采用第二种方法操作简便，且能确保员工基础资料数据不丢失，建议优先使用该方法。需要注意的是，使用此方法时，职工个人顺序码必须在全单位范围内按顺序对所有职工进行编码，否则会导致数据混乱。

4. 工资数据的扣零

工资数据的扣零是将本月工资尾数留待下月处理的一种数据处理方式。对使用现金发放工资的单位，该处理方式是减少分发现金困难的重要措施。扣零处理的要点是，将上月扣零数与本月工资尾数相加后，把整数部分并入本月实发工资，尾数部分作为本月扣零留存，以便下月处理。该处理过程每位职工每月都需进行一次。为了处理方便，需要在工资数据库中设置上月扣零字段和本月扣零字段，采用成批替换字段值的方法进行处理。一般来说，本月扣零值应在工资条中体现，以便职工核对工资数据；上月扣零为系统内部处理使用，在工资条中不必显示。这两个字段在扣零处理时是必需的，应在程序设计时进行设定。用户在进行工资项目设置时，不必考虑这两个字段的设置。扣零处理由系统自动进行，用户只需设置扣零条件即可，具体的处理步骤如下。

(1) 系统投入使用的第一个月，按设定的扣零条件截取扣零数据填入本月扣零字段。

(2) 下月初运行月份初始化功能时，系统会自动用工资数据文件中本月扣零字段的值替换上月扣零字段的值。替换后，本月扣零字段清零。

(3) 将上月扣零字段值加上本月工资应扣零数后，将整数部分并入本月实发工资数中，尾数部分作为本月扣零填入本月扣零字段。

以后各月重复进行步骤(2)和(3)的处理。

5. 票面分解处理

票面分解的目的是生成票面分解一览表，以便采用现金发放工资的企业能据此提取不同面值的货币张数，适配工资分发需求。为了达到该目的，需要进行以下两个基本步骤的处理。

(1) 对每位职工的实发工资数据进行分解，得出其各面值货币的所需张数。这一处理的具体方法有以下两种。

① 余额整除法，其计算公式是

$$实发工资 \div 人民币面值 = 需要量 \cdots 余额$$

按公式将实发工资数依次除以100、10、5、2、1，即可得到从100元到1元的各种票面张数，角和分面值的人民币张数可依此类推。

② 截取子串法。通过将实发工资字段转换为字符型数据，再利用截取子串函数逐位提取数值并进行判断，从而得出每种面值的货币张数。

(2) 得出每位职工每种票面的货币数量后，将每种票面分别汇总，即可得到整个企业各种票面的一览表。

6. 个人所得税的计算与申报

目前，我国规定职工个人所得税由企业代扣，采用分级累进制。由于纳税基数和税率的规定可能发生变化，不同职工(如外籍职工和本国员工)的纳税规定不同，因此个人所得税的计算必须要有足够的灵活性。一般采用两种方法处理：一种是完全由用户设定计算公式进行处理。采用这种方法，系统提供的公式设定功能必须具有设置逻辑判断式的功能，否则无法完成所得税的处理。另一种方法是在程序中设计相应的处理程序，仅由用户设定各级纳税基数和各段的税率，系统自动生成相应的计算公式。一般来说，后一种方法用户使用更方便。

由于单位代扣代缴工资部分的个人所得税是国家规定，因此薪资管理系统必须具备计算个人所得税的功能。

7. 银行代发

目前许多单位采用银行卡方式发放工资，银行代发企业职工个人工资。这种做法既减轻了财务部门发放工资的工作负担，有效避免了财务部门到银行提取大笔款项的风险，又提高了员工个人工资的保密程度。考虑到目前银行已广泛使用计算机处理业务，越来越多的单位选择通过银行发放工资，因此设置符合标准格式的工资数据磁盘文件，也是薪资管理系统的基本功能之一。

工资数据的磁盘文件不是简单地备份工资单的数据，因为银行对职工工资数据有规定的格式要求。因此，应根据银行的要求，进行银行文件格式设置与文件方式设置，以确定向银行提供的数据在磁盘中以何种文件形式存储。

8. 工资数据的输出

工资数据的输出主要包括：工资单及工资条、工资汇总表、票面分解一览表的查询与打印输出，生成工资数据的磁盘文件，以及为进行账务处理输出系统而自动生成的工资业务转账凭证。

查询与打印工资单和工资条实质是，将工资数据库中的内容按规定表格形式输出。需要注意的是，工资数据库中的有些项目是为了方便工资数据计算而设置的，因此应允许用户设定打印工资单的项目。对工资项目较多的情况，还应允许用户汇总某些项目数据合并打印，以解决工资条超过打印机打印宽度的问题。当然，用户在设置工资项目时，也应充分考虑打印宽度限制，以减少输出时的困难。

薪资管理系统中通常设有生成工资票面分解表的功能，该表用于反映以现金方式发放工资时所需的各种面额货币张数。如果本单位已采用银行代发工资，则无须打印此表。

生成工资数据的磁盘文件，是指根据银行的文件格式设置与文件方式设置要求，生成相应的工资数据磁盘文件并提交给银行。

自动转账凭证编制工作必须在当月工资业务处理完毕，并将工资数据进行汇总后才能进行，否则编制后的凭证将会出现错误。另外，工资转账凭证传送工作必须在账务系统每月结账前进行，并应注意每月只能传送一次工资凭证，否则凭证将出现重复。这些操作顺序一般应由系统程序进行控制。如果用户使用的软件未提供此类控制或控制不够完善，则用户需制定相应管理制度，以确保数据处理的准确性。

薪资管理系统提供的工资数据统计分析，分为工资表和工资分析表两类。工资表主要用于本月工资发放和统计，可以进行修改和重建。而工资分析表是以工资数据为基础，对部门、人员类别的工资数据进行分析和比较，产生各种分析表，供决策人员使用。

6.2.3 薪资管理系统期末业务处理

1. 月末结转

月末处理是将当月数据经过处理后结转至下月。每月工资数据处理完毕后均可进行月末结转。由于在工资项目中，有的项目是变动的，即每月的数据均不相同，因此在每月工资处理时，均需将其数据清零，而后输入当月的数据，此类项目即为清零项目。

因月末处理功能只有主管人员才能执行，所以应以主管的身份登录系统。

月末结转只在会计年度的1月至11月进行，且只在当月工资数据处理完毕后才可进行。若为处理多个工资类别，则应打开工资类别，分别进行月末结转。若本月工资数据未汇总，系统将不允许进行月末结转。进行期末处理后，当月数据将不允许变动。

2. 年末结转

年末结转需在当月工资数据处理完毕后进行，对于多工资类别的情况，需关闭所有工资类别。若当月工资数据未完成汇总，系统将不允许进行年末结转。完成年末结转后，本年各月数据将不允许变动。此外，年末处理功能只有主管人员具备操作权限。

实务训练

↘ 实训准备

引入"4-1总账初始化"账套数据。

实训1　薪资管理系统初始化设置

↘ 实训要求

1. 启用薪资管理系统

2. 设置薪资管理系统参数(见表6-1)

表6-1　薪资管理系统参数

控制参数	参数设置
参数设置	工资类别个数：单个 核算币种：人民币RMB
扣税设置	要求代扣个人所得税
扣零设置	不进行扣零处理
人员编码	与公共平台的人员编码一致

3. 设置银行档案(见表6-2)

表6-2　银行档案

项目名称	参数设置
银行编码	01002
银行名称	中国工商银行天津河西支行
账号长度	19
录入时自动带出的账号长度	15

4. 设置人员档案(见表6-3)

表6-3　人员档案

人员编号	人员姓名	性别	部门编码	部门名称	人员类别	账号
A01	陈　强	男	A01	总经理办公室	企管人员	62220803025462230
C01	陈　晨	男	C01	仓管部	仓储人员	62220803025462231
G01	林　群	男	G	采购部	采购人员	62220803025462232
R01	李　霞	女	A03	人力资源部	企管人员	62220803025462233
R02	林　力	男	A04	总务部	企管人员	62220803025462234
W01	赵晓琪	男	A02	财务部	企管人员	62220803025462235
W02	张文华	女	A02	财务部	企管人员	62220803025462236
W03	黄　宁	男	A02	财务部	企管人员	62220803025462237
X01	段佳奕	男	X	销售部	销售人员	62220803025462238
X02	刘　丽	女	X	销售部	销售人员	62220803025462239

5. 设置工资项目(见表6-4)

表6-4　工资项目

项目名称	类型	长度	小数位数	增减项
基本工资	数字	8	2	增项
岗位工资	数字	8	2	增项
奖金	数字	8	2	增项
交补	数字	8	2	增项
白班加班工资合计	数字	8	2	增项
夜班加班工资合计	数字	8	2	增项
工龄工资	数字	8	2	增项
应发合计	数字	10	2	增项
医疗保险	数字	8	2	减项
失业保险	数字	8	2	减项
养老保险	数字	8	2	减项
住房公积金	数字	8	2	减项
事假扣款	数字	8	2	减项
病假扣款	数字	8	2	减项
代扣税	数字	8	2	减项
扣款合计	数字	10	2	减项
实发合计	数字	10	2	增项
白班加班天数	数字	8	2	其他
夜班加班天数	数字	8	2	其他
事假天数	数字	8	2	其他
病假天数	数字	8	2	其他
工龄	数字	8	2	其他

项目名称	类型	长度	小数位数	增减项
日工资	数字	8	2	其他
个人所得税计提基数	数字	8	2	其他
五险一金计提基数	数字	8	2	其他
工资费用分配	数字	8	2	其他
非货币性福利	数字	8	2	其他

6. 设置工资项目计算公式(见表6-5)

表6-5　工资项目计算公式

工资项目	定义公式
日工资	(基本工资+岗位工资+工龄工资)/21.75
事假扣款	日工资*事假天数
病假扣款	如果工龄≥10年，病假扣款=日工资*病假天数*0.2 如果5年<工龄<10年，病假扣款=日工资*病假天数*0.3 如果工龄<5年，病假扣款=日工资*病假天数*0.4
交补	"企管人员"560.00元/月、"仓储人员"560.00元/月 "采购人员"800.00元/月、"销售人员"1 000.00元/月
工龄工资	工龄*50.00元
五险一金计提基数	基本工资+岗位工资
白班加班工资合计	白班加班天数*日工资
夜班加班工资合计	夜班加班天数*50.00元
养老保险(个人)	五险一金计提基数*8%
医疗保险(个人)	五险一金计提基数*2%
失业保险(个人)	五险一金计提基数*2%
住房公积金	五险一金计提基数*12%
应发合计	交补+基本工资+岗位工资+奖金+白班加班工资合计+夜班加班工资合计
扣款合计	代扣税+事假扣款+病假扣款+住房公积金+失业保险+医疗保险+养老保险
实发合计	应发合计-扣款合计
工资费用分配	基本工资+岗位工资+交补+白班加班工资合计+夜班加班工资合计+奖金-事假扣款-病假扣款
个人所得税计提基数	基本工资+岗位工资+交补+奖金+白班加班工资合计+夜班加班工资合计-事假扣款-病假扣款-养老保险-医疗保险-失业保险-住房公积金+非货币性福利

7. 设置薪资管理系统代扣个人所得税相关设置

依据"个人所得税计提基数"从工资中代扣个人所得税。自2019年起，中国的个人所得税基本减除费用标准统一为每月5 000.00元，外籍人士与境内人士享受相同的减除费用标准。目前实行的超额累进个人所得税税率表如表6-6所示。

表6-6　超额累进个人所得税税率表

级数	全月应纳税所得额	税率(%)	速算扣除数
1	不超过3 000.00元	3	0.00
2	超过3 000.00元至12 000.00元的部分	10	210.00
3	超过12 000.00元至25 000.00元的部分	20	1 410.00
4	超过25 000.00元至35 000.00元的部分	25	2 660.00
5	超过35 000.00元至55 000.00元的部分	30	4 410.00
6	超过55 000.00元至80 000.00元的部分	35	7 160.00
7	超过80 000.00元的部分	45	15 160.00

岗位说明

以"A01陈强"身份启用薪资管理系统。

以"W02张文华"身份进行薪资管理系统初始化设置。

实训指导

1. 启用薪资管理系统

① 执行"开始"|"程序"|"用友ERP-U8 V10.1"|"企业应用平台"命令，打开"登录"对话框。

② 输入"操作员"为"A01陈强"，在"账套"下拉列表框中选择"001天津新华家纺股份有限公司"，更改"操作日期"为"2025-07-01"，单击"登录"按钮。

③ 执行"基础设置"|"基本信息"|"系统启用"命令，打开"系统启用"对话框，选中"WA 薪资管理"复选框，弹出"日历"对话框，选择"薪资管理系统启用日期"为"2025年7月1日"，单击"确定"按钮，系统弹出"确实要启用当前系统吗？"信息提示框，单击"是"按钮返回。

2. 建立工资账套

① 以"W02张文华"身份进入企业应用平台，打开"业务工作"选项卡，选择"人力资源"中的"薪资管理"选项，打开"建立工资套——参数设置"对话框。

② 在建账第一步"参数设置"中，选择本账套所需处理的工资类别个数为"单个"，默认"货币名称"为"人民币"，取消选中"是否核算计件工资"复选框，单击"下一步"按钮。

③ 在建账第二步"扣税设置"中，选中"是否从工资中代扣个人所得税"复选框，单击"下一步"按钮。

④ 在建账第三步"扣零设置"中，不做选择，直接单击"下一步"按钮。

⑤ 在建账第四步"人员编码"中，系统要求与公共平台中的人员编码保持一致。单击"完成"按钮。

3. 设置银行档案

① 在企业应用平台"基础设置"中，执行"基础档案"|"收付结算"|"银行档案"命令，打开"银行档案"对话框。

② 单击"增加"按钮，增加"中国工商银行天津河西支行(01002)"，默认"个人账号"为"定长"、"账号长度"为"19"，自动带出"个人账号长度"为"15"。

③ 单击"保存"按钮。

4. 设置人员档案

在薪资管理系统各工资类别中，人员档案是来自企业应用平台基础档案设置中的人员档案。企业应用平台中设置的人员档案是企业全部职工的信息，薪资管理系统中的人员档案是需要进行工资发放和管理的人员，它们之间是包含关系。

① 在薪资管理系统中，执行"设置"|"人员档案"命令，进入"人员档案"窗口。

② 单击工具栏上的"批增"按钮，打开"人员批量增加"对话框。

③ 在左侧的"人员类别"列表框中，选择所有部门，单击右侧"查询"按钮，所选人员类别下的人员档案出现在右侧列表框中。单击"确定"按钮返回。

④ 选中"A01 陈强"所在行，单击"修改"按钮，进入"人员档案明细"窗口，修改人员档案信息，补充输入银行账号信息，选中"计税""中方人员"前的复选框，单击"确定"按钮，系统弹出"写入该人员档案信息吗？"信息提示框。

⑤ 单击"确定"按钮，继续修改其余人员档案信息后，单击工具栏上的"×"按钮，退出"人员档案明细"窗口。最后关闭"人员档案"窗口。

5. 设置工资项目

① 在薪资管理系统中，执行"设置"|"工资项目设置"命令，打开"工资项目设置"对话框。

② 单击"增加"按钮，工资项目列表中增加一空行。

③ 单击"名称参照"下拉列表框，从下拉列表中选择"基本工资"选项。

④ 单击"增加"按钮，增加其他工资项目("名称参照"未涉及项目，请手工录入)。

⑤ 单击"确认"按钮，系统弹出"工资项目已经改变，请确认各工资类别的公式是否正确？"信息提示框，单击"确定"按钮。

6. 设置工资项目计算公式

(1) 设置不含函数的计算公式。

① 在"工资项目设置"对话框中，单击"公式设置"选项卡。

② 单击"增加"按钮，在工资项目列表中增加一空行，单击该行，在下拉列表中选择"日工资"选项。

③ 单击"公式定义"文本框，单击运算符"("，在其后单击工资项目列表中的"基本工资"。

④ 单击运算符"+"，在其后单击工资项目列表中的"岗位工资"。

⑤ 单击运算符"+"，在其后单击工资项目列表中的"工龄工资"。

⑥ 单击运算符")"，在其后单击运算符"/"，再输入数字21.75，单击"公式确认"按钮，完成"日工资"项目计算公式设置。

⑦ 继续单击"增加"按钮，在工资项目列表中增加一空行，单击该行，在下拉列表框中选择"事假扣款"选项。

⑧ 单击"公式定义"文本框，再单击工资项目列表中的"日工资"。

⑨ 单击运算符"*"，在其后单击工资项目列表中的"事假天数"，单击"公式确认"按钮。

⑩ 参照以上流程完成除"病假扣款"与"交补"外其余项目的公式设置。

(2) 设置包含函数的计算公式。

① 单击"增加"按钮，在工资项目列表中增加一空行，单击该行，在下拉列表框中选择"病假扣款"选项。

② 单击"公式定义"文本框，再单击"函数公式向导输入"按钮，打开"函数向导——步骤之1"对话框。

③ 从"函数名"列表中选择iff，单击"下一步"按钮，打开"函数向导——步骤之2"对话框。

④ 单击"逻辑表达式"参照按钮，打开"参照"对话框，从"参照"列表中选择"工龄"，单击"确定"按钮。

⑤ 在逻辑表达式文本框中单击运算符">"，在其后单击运算符"="，再输入数字10；在"算术表达式1"后的文本框中输入"日工资*病假天数*0.2"。单击"完成"按钮。

⑥ 返回"公式设置"对话框。单击"公式定义"文本框中iff函数第三个参数位置，继续单击"函数公式向导输入"按钮，打开"函数向导——步骤之1"对话框。

⑦ 从"函数名"列表中选择iff，单击"下一步"按钮，打开"函数向导——步骤之2"对话框。

⑧ 单击"逻辑表达式"参照按钮，打开"参照"对话框，从"参照"列表中选择"工龄"，单击"确定"按钮。

⑨ 在逻辑表达式文本框中单击运算符">"，在其后单击运算符"="，再输入数字"5"和"and"。重复步骤⑧，单击运算符"<"，在其后输入数字10；在"算术表达式1"后的文本框中输入"日工资*病假天数*0.3"，在"算术表达式2"后的文本框中输入"日工资*病假天数*0.4"，单击"完成"按钮，返回"公式设置"窗口，单击"公式确认"按钮。

❖ **注意：**

◇ 逻辑表达式中"and"前后均应有空格。

⑩ 单击"增加"按钮，在工资项目列表中增加一空行，单击该行，在下拉列表框中选择"交补"选项。

⑪ 单击"公式定义"文本框，再单击"函数公式向导输入"按钮，打开"函数向导——步骤之1"对话框。

⑫ 从"函数名"列表中选择iff，单击"下一步"按钮，打开"函数向导——步骤之2"对话框。

⑬ 单击"逻辑表达式"参照按钮，打开"参照"对话框，从"参照"下拉列表中选择"人员类别"选项，从下面的列表中选择"企管人员"，单击"确定"按钮。

⑭ 在逻辑表达式文本框中的公式后面单击鼠标，输入"or"后，再次单击"逻辑表达式"参照按钮，出现"参照"对话框，从"参照"下拉列表中选择"人员类别"|"仓储人员"选项，单击"确定"按钮，返回"函数向导——步骤之2"对话框。

◇ 逻辑表达式中"or"前后均应有空格。

⑮ 在"算术表达式1"后的文本框中输入"560"，单击"公式定义"文本框中iff函数第三个参数位置，参照以上步骤输入"iff(人员类别="采购人员",800,1000")"，单击"完成"按钮，返回"公式设置"窗口，单击"公式确认"按钮。

⑯ 单击"确定"按钮，退出公式设置。

7. 设置薪资管理系统代扣个人所得税相关设置

① 执行"设置"|"选项"命令，打开"选项"对话框，单击"编辑"按钮。

② 单击"扣税设置"选项卡，将个人所得税申报表中"收入额合计"项对应单选框中默认的"实发工资"调整为"个人所得税计提基数"。

③ 单击"税率设置"按钮，打开"个人所得税申报表——税率表"对话框。

④ 修改系统预置的所得税纳税基数为"5 000.00"，附加费用为0。税率表需与国家现行规定一致。

⑤ 单击"确定"按钮返回。

实训2 工资数据变动及计算

⬇ 实训要求

1. 7月初企业人员工资情况(见表6-7)

表6-7 7月初企业人员工资

姓名	工龄(年)	基本工资	岗位工资
陈 强	10	4 400.00	1 800.00
陈 晨	1	3 500.00	1 400.00
林 群	3	3 800.00	1 400.00
李 霞	6	3 200.00	1 200.00
林 力	1	3 000.00	1 400.00
赵晓琪	8	4 200.00	1 600.00
张文华	7	3 800.00	1 200.00
黄 宁	4	3 000.00	1 000.00
段佳奕	5	3 500.00	1 600.00
刘 丽	6	3 500.00	1 600.00

2. 根据职工出勤表(见图6-2)，录入2025年7月工作人员的考勤数据

职工出勤表

部门	职务	姓名	白班加班天数	夜班加班天数	事假天数	病假天数
总经理办公室	总经理	陈 强	5	2	2	
财务部	财务经理	赵晓琪	6			
	会计	张文华	8	4		1
	出纳	黄 宁	8	6	1	
人力资源部	经理	李 霞	3	3		
总务部	干事	王 力				
仓管部	仓管员	陈 晨	2		1	1
采购部	采购员	林 群	4			
销售部	销售经理	刘 丽	6			
	销售员	段佳奕	7	2		

部门经理：略　　　　　　　　　　　　　　　　　　制表人：略

图 6-2　职工出勤表

3. 根据公司发布的奖励通知(见图6-3)，调整工资数据并完成本月工资计算

天津新华家纺股份有限公司关于发放2025年度第二季度特别奖励的通知

各单位、各部门：

因2025年第二季度销售部推广产品业绩较好，为了激励先进，充分调动全体员工的工作积极性，经公司研究决定对销售部员工给予每人800.00元奖励并于本月一次性发放。

天津新华家纺股份有限公司
2025年7月10日

图 6-3　奖励通知

⬇ 岗位说明

以"W02张文华"身份完成工资数据的录入及计算。

⬇ 实训指导

1. 录入基本工资数据

① 执行"业务处理"|"工资变动"命令，进入"工资变动"窗口。

② 单击"过滤器"下拉列表框，从中选择"过滤设置"选项，打开"项目过滤"对话框。

③ 选择"工资项目"列表框中的"基本工资""岗位工资"和"工龄"选项，单击">"按钮，将这三项选入"已选项目"列表框中。

④ 单击"确认"按钮，返回"工资变动"窗口，此时每个人的工资项目只显示三项。

⑤ 依照表6-7内容输入工作人员基本工资数据。

❖ **注意：**

◇ 本例中"工龄"项目采用手工一次性录入方式，下一年度初可通过"替换"功能将该字段统一"+1"处理；在实际业务处理中亦可增设并录入"参加工作年"项目，在"工龄"项目中通过设置由函数iff( )、year( )及val( )相互嵌套的计算公式，实现"工龄"项目的自动计算。

2. 录入2025年7月工作人员的考勤数据

① 在"工资变动"窗口，单击"过滤器"下拉列表框，从中选择"过滤设置"选项，打开"项目过滤"对话框。

② 选择"工资项目"列表框中的"白班加班天数""夜班加班天数""事假天数"和"病假天数"选项，单击">"按钮，将这四项选入"已选项目"列表框中。

③ 单击"确认"按钮，返回"工资变动"窗口，此时每个人的工资项目只显示四项。

④ 图6-2内容输入工作人员的考勤数据。

3. 根据公司发布的奖励通知，调整工资数据并完成本月工资计算

(1) 批量录入工资数据。

① 在"工资变动"窗口，单击工具栏上的"全选"按钮，在所有人员记录的"选择"栏出现"Y"标记。

② 单击工具栏上的"替换"按钮，再单击"工资项目"下拉列表框，从中选择"奖金"选项，在"替换成"文本框中输入"奖金+800.00"。

③ 在"替换条件"文本框中分别选择"部门""=""销售部"，单击"确定"按钮，系统弹出"数据替换后将不可恢复。是否继续？"信息提示框，单击"是"按钮，系统弹出"2条记录被替换，是否重新计算？"信息提示框，单击"是"按钮，系统自动完成工资计算。

(2) 计算并汇总本月工资。

① 在"工资变动"窗口中，单击工具栏上的"计算"按钮，计算工资数据。

② 单击工具栏上的"汇总"按钮，汇总工资数据。

③ 单击工具栏上的"退出"按钮，退出"工资变动"窗口。

实训3　工资分摊设置

实训要求

进行工资费用分摊设置，相关内容如表6-8所示。

表6-8　工资费用分摊

部门		工资分摊					
		应付工资(100%)		工会经费(2%)		职工教育经费(2.5%)	
		借方科目	贷方科目	借方科目	贷方科目	借方科目	贷方科目
行政管理部门	企管人员	660201	221101	660201	221109	660201	221107
仓管部	仓管人员	660201		660201		660201	
采购部	采购人员	660201		660201		660201	
销售部	销售人员	660104		660104		660104	

续表

部门		工资分摊					
		个人养老保险(8%)		个人失业保险(2‰)		个人医疗保险(2%)	
		借方科目	贷方科目	借方科目	贷方科目	借方科目	贷方科目
行政管理门	企管人员	221101	224102	221101	224104	221101	224103
仓管部	仓管人员						
采购部	采购人员						
销售部	销售人员						

部门		工资分摊					
		公司养老保险(20%)		公司失业保险(1%)		公司医疗保险(10%)	
		借方科目	贷方科目	借方科目	贷方科目	借方科目	贷方科目
行政管理部门	企管人员	660201	221103	660201	221105	660201	221104
仓管部	仓管人员	660201		660201		660201	
采购部	采购人员	660201		660201		660201	
销售部	销售人员	660104		660104		660104	

部门		工资分摊					
		公司生育保险(8‰)		公司工伤保险(1%)		公司住房公积金(12%)	
		借方科目	贷方科目	借方科目	贷方科目	借方科目	贷方科目
行政管理部门	企管人员	660201	221110	660201	221106	660201	221108
仓管部	仓管人员	660201		660201		660201	
采购部	采购人员	660201		660201		660201	
销售部	销售人员	660104		660104		660104	

部门		工资分摊			
		个人住房公积金(12%)		代扣个人所得税(100%)	
		借方科目	贷方科目	借方科目	贷方科目
行政管理部门	企管人员	221101	224101	660201	222104
仓管部	仓管人员			660201	
采购部	采购人员			660201	
销售部	销售人员			660104	

🔽 岗位说明

以"W02张文华"身份登录平台，设置工资分摊。

🔽 实训指导

① 执行"业务处理"|"工资分摊"命令，打开"工资分摊"对话框。

② 单击"工资分摊设置"按钮，打开"分摊类型设置"对话框。

③ 单击"增加"按钮，打开"分摊计提比例设置"对话框。

④ 输入"计提类型名称"为"应付工资"，单击"下一步"按钮，打开"分摊构成设置"对话框。

⑤ 按实验资料内容进行设置，工资项目选择"工资费用分摊"。返回"分摊类型设置"对话框。继续设置工会经费、职工教育经费等分摊计提项目。

实训4　工资分摊相关账务处理

🔰 实训要求

7月20日，按规定计提本月应付职工工资、代扣个人所得税及三险一金，以及本月应交的五险一金、工会经费及职工教育经费(选中"合并科目相同、辅助项相同的分录"复选框，计提表略)。

🔰 岗位说明

以"W02张文华"身份登录平台，计提相关费用。

🔰 实训指导

① 执行"业务处理"|"工资分摊"命令，打开"工资分摊"对话框。

② "计提费用类型"选择"应付工资"，确定"分摊计提的月份"为"2025-07"。

③ 选择"核算部门"为"所有部门"。

④ 选中"明细到工资项目"复选框。

⑤ 单击"确定"按钮，打开"应付工资一览表"对话框。

⑥ 选中"合并科目相同、辅助项相同的分录"复选框，单击工具栏上的"制单"按钮，即生成记账凭证。

⑦ 单击凭证左上角的"字"位置，选择"转账凭证"，单击"保存"按钮，凭证左上角出现"已生成"字样，代表该凭证已传递到总账。

⑧ 同理，完成其他费用类型计提，单击工具栏上的"退出"按钮，返回。

> ❖ **注意：**
>
> ◇ 可利用"批制"功能成批完成所有税费计提。

实训5　缴纳社保业务

🔰 实训要求

2025年7月31日，缴纳本月五险一金。相关原始凭证如图6-4~图6-7所示。

天津市社会保险费用专用收据

2025年7月31日

流水号: 16950654639　　　　　　　　　　　　　　　　　　　　NO: 120001805639

缴款单位: 天津新华家纺股份有限公司　　　　　　　　　　　　　　　　单位: 元

收费项目	起始年月	终止年月	人数	单位缴纳额	个人缴纳额	滞纳金	利息	合计金额
养老保险	202507	202507	10	10,020.00	4,008.00	-		14,028.00
医疗保险	202507	202507	10	5,010.00	1,002.00			6,012.00
失业保险	202507	202507	10	501.00	100.20			601.20
工伤保险	202507	202507	10	501.00	-			501.00
小计				16,032.00	5,110.20			21,142.20
人民币合计(大写)贰万壹仟壹佰肆拾贰元贰角整					￥21,142.20			

图6-4　社会保险费专用收据

中国工商银行转账支票存根

支票号码：1889076995

科　　目：

对方科目：

签发日期：2025年7月31日

收款人：	天津市社会保险基金管理中心
金　额：	￥21 142.20
用　途：	缴纳保险费
备　注：	

单位主管：(略)　　　　会计：(略)

复　核：(略)　　　　记账：(略)

图 6-5　社会保险费转账支票存根

天津住房公积金缴存收据

日期：2025年7月31日　　　　　　　　　　　　　NO 2660698891

缴款单位	天津新华家纺股份有限公司	公积金账号	1602215869	单位性质						民营企业			
单位人数	15	汇缴时间	2025.07.01～2025.07.31							转账支票			
人民币(大写)	壹万贰仟零贰拾肆元整			千	百	十	万	千	百	十	元	角	分
						￥	1	2	0	2	4	0	0
备注													

收款人：(略)　　　　　复核：(略)　　　　　开票人：(略)

图 6-6　住房公积金缴存收据

中国工商银行转账支票存根

支票号码：1889076996

科　　目：

对方科目：

签发日期：2025年7月31日

收款人：	天津市住房公积金管理中心
金　额：	￥12 024.00
用　途：	缴纳住房公积金
备　注：	

单位主管：(略)　　　　会计：(略)

复　　核：(略)　　　　记账：(略)

图 6-7　住房公积金转账支票存根

⤵ 岗位说明

以"W02张文华"身份登录平台，填制相关记账凭证。

实训指导

1. 填制缴纳社会保险记账凭证

① 执行"财务会计"|"总账"|"凭证"|"填制凭证"命令，打开"凭证"窗口。

② 单击工具栏上的"增加"按钮，输入"凭证日期"为"2025-07-31"、"摘要"为"缴纳社会保险"，依据原始凭证录入缴纳社会保险记账凭证。

③ 单击"保存"按钮，凭证保存成功。

2. 填制缴纳住房公积金记账凭证

① 单击工具栏上的"增加"按钮，输入"凭证日期"为"2025-07-31"、"摘要"为"缴纳住房公积金"，依据原始凭证录入缴纳住房公积金记账凭证。

② 单击"保存"按钮，凭证保存成功。

实训6　薪资管理系统结账

实训要求

7月30日，财务部对薪资管理系统结账，将"缺勤天数""缺勤扣款""事假天数""事假扣款""奖金"及"代扣税"项目清零。

岗位说明

分别以"W03 黄宁""W01赵晓琪"身份登录平台，完成本月在账务处理系统中填制的会计凭证，以及由薪资管理系统生成的会计凭证的出纳签字、审核和记账。

以"W02张文华"身份登录平台，完成凭证记账及薪资管理系统结账。

实训指导

1. 在账务处理系统中完成本月会计凭证的相关处理

① 以"W03 黄宁"身份登录平台，执行"财务会计"|"总账"|"凭证"|"出纳签字"命令，进行出纳签字。

② 以"W01赵晓琪"身份登录平台，执行"财务会计"|"总账"|"凭证"|"审核凭证"命令，对本月记账凭证进行审核。

③ 以"W02张文华"身份登录平台，执行"总账"|"凭证"|"记账"命令，对本月记账凭证进行记账。

2. 完成薪资管理系统结账

① 执行"业务处理"|"月末处理"命令，打开"月末处理"对话框。单击"确定"按钮，系统弹出"月末处理之后，本月工资将不许变动，继续月末处理吗？"信息提示框，单击"是"按钮，系统弹出"是否选择清零项？"信息提示框，单击"是"按钮，打开"选择清零项目"对话框。

② 在"请选择清零项目"列表框中，单击选择"缺勤天数""缺勤扣款""事假天

数""事假扣款""奖金"及"代扣税"项目，单击">"按钮，将所选项目移到右侧的列表框中。

③ 单击"确定"按钮，系统弹出"月末处理完毕！"信息提示框，单击"确定"按钮返回。

④ 将账套输出至D盘根目录下"6-1薪资管理"文件夹。

素养园地

数字中国(六)——中国国航：数字人力赋能品牌价值

中国国际航空股份有限公司(简称"中国国航")连续12年入选世界品牌500强，成为中国民航唯一一家进入"世界品牌500强"的企业。中国国航是中国唯一载国旗飞行的民用航空公司及世界最大的航空联盟——星空联盟成员，具有国内航空公司排名第一的品牌价值，在航空客运、货运及相关服务方面，均处于国内领先地位。

全球航空业竞争加剧，业务转变和全业务经营已成为行业发展趋势，国内航空业也涌现出多家新兴航空公司，在新的形势下对中国国航人力资源管理提出了新的要求。如何提升人力资源管理的效力，实现人力资源管理工作的重心从行政事务性工作向以战略为导向的人力资源管理转移，从而让人力资源真正成为业务部门的战略合作伙伴，使其产生更大的生产力，中国国航一直在思考。

持续变革，服务转型

中国国航贯彻落实党中央战略部署，深入践行党的二十大精神，坚持不懈用习近平新时代中国特色社会主义思想凝心铸魂，更加深刻领悟"两个确立"的决定性意义。中国国航大力弘扬劳模精神、劳动精神、工匠精神，汇聚起推进民航高质量发展、加快中国式现代化建设的强大力量。公司在保持按照职能划分的人力资源组织结构不变的基础上，已初步建立HRSSC员工服务中心并开始运营，采用自助服务机、服务柜台等方式处理少量的HR事务性工作，后续计划通过实施人力资源组织机构调整、完善各项职能、优化再造服务流程、完善服务标准、培养提升HR专业能力等多项举措，逐步向3-Circle模型划分的人力资源组织结构转变，实现从初级阶段向成熟阶段迈进，完成人力资源管理成功转型，以提高人力资源运营效率，从而更好地服务业务单元。

平台建设，数据支撑

面对庞大的人员结构、复杂的人员分工、多样的考核体系，如何才能直观、便捷地进行数据展现，同时为决策提供准确的依据，已经成为组织管理的关键课题。基于此，构建科学的大数据分析体系成为必然选择。中国国航从人力资源概况、人力资源配置效率、人力成本、人力资源运营效率等维度出发，建立对应的分析模型及分析方法，以信息化为支撑促进决策的有效实施，多维分析实时、直观呈现出的信息及建议，为决策提供了强有力的支撑。

人才甄选，梯队建设

中国国航在集团层面建立能力素质用工体系，梳理各个岗位的工作职责与要求，建立劳动生产率指标体系，收集岗位关键劳产率指标值，形成岗位人员配置的量化标准，为人员配置提供可量化的参考指标，以保证人才质量。中国国航招聘采用全流程电子化管理，提升招聘效率；同时通过建立多个培训基地，建设培训体系、绩效考核与辅导体系，将人员进行更有针对性的划分，按照不同的发展通道辅以对应的培训、绩效辅导支持、轮岗培养，促进人才培养规模化、规范化，从而为业务发展源源不断地提供可用之才。

中国国际航空股份有限公司通过搭建数字化人力资源管理平台，实现了人力资源基础数据的共享、整合和有效控制，提高了人力资源事务性工作的效率和标准化水平，提升了人力资源队伍的专业能力，真正推动了国航由事务型人力资源管理向战略型人力资源管理的转变，打造中国国航核心竞争力。

第 7 章　采购与应付款管理系统

7.1　采购与应付款管理系统概述

7.1.1　采购与应付款管理系统的功能

采购与应付款管理系统追求的目标是：密切供应商关系，保障供给，降低采购成本，预测采购资金需求；正确管理与核算供应商的往来款项，包括应付款项和预付款项。其主要功能包括：根据生产订单、库存情况和管理的需要产生采购订单；通过采购订单与实际入库单的对比，动态掌握采购订单执行情况；处理采购入库单、采购发票，并根据采购发票确认采购入库成本，以便财务部门及时掌握存货采购成本；与"库存管理"一起使用可以随时掌握存货的现存量信息，从而减少盲目采购，避免库存积压；处理各种采购活动产生的付款单，以随时掌握采购业务的付款情况；形成各种与供应商的往来账；对应付账款进行账龄分析；形成各种会计凭证，传递给总账系统。

7.1.2　采购与应付款管理系统和其他系统之间的关系

采购与应付款管理系统中录入的采购订单、采购到货单传递到库存管理系统中生成采购入库单，并将入库情况反馈给采购与应付款管理系统。采购管理与应付款管理可以根据库存管理系统的采购入库单生成采购发票，并根据库存管理系统的采购入库单进行采购结算。

经过采购与应付款管理系统结算的入库单传递到存货核算系统中登记存货明细账；对没有结算的入库单存货系统进行暂估处理。

采购与应付款管理系统中采购发票记账、应付款核销等业务生成的记账凭证传递到账务处理系统，在账务处理系统中可进行查询、审核和记账操作。

采购与应付款管理系统处理直运业务时，销售管理与应收款管理中的销售订单会传递到采购与应付款管理系统中生成采购订单；直运采购发票、采购结算单传递到存货核算系统中登记存货明细表，存货核算系统为采购与应付款管理系统提供采购成本。采购与应付款管理系统中的应付款和销售与应收款管理中的应收款之间可以进行转账处理。

7.1.3　采购与应付款管理系统数据流程

采购管理系统数据处理流程如图7-1所示。

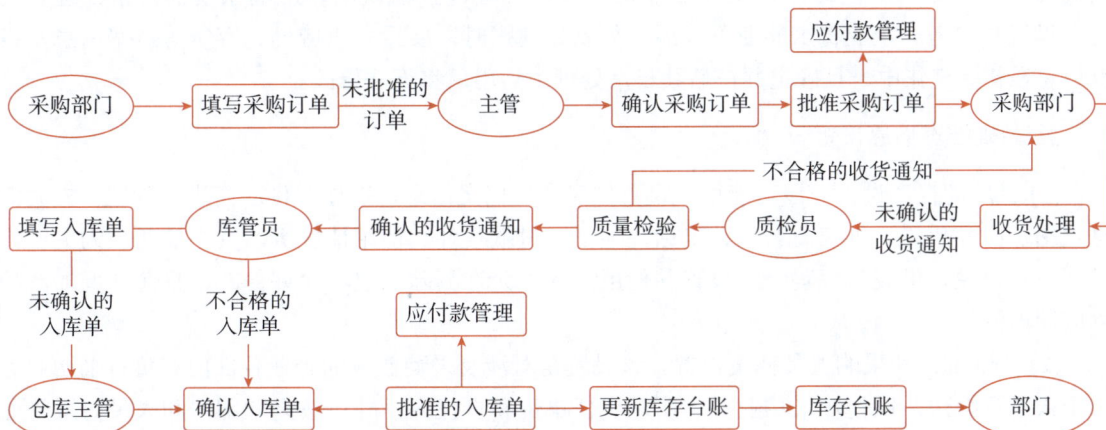

图 7-1　采购管理系统数据处理流程

应付款管理系统数据处理流程如图7-2所示。

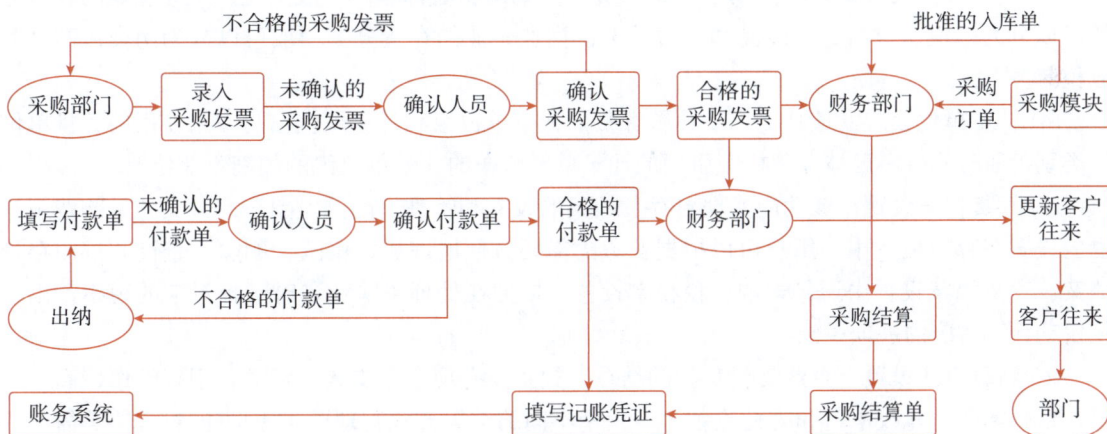

图 7-2　应付款管理系统数据处理流程

7.2　采购与应付款管理系统业务处理

7.2.1　采购与应付款管理系统初始设置

采购与应付款管理系统的初始设置是为用户在计算机上处理本企业的采购与应付业务准备一个适宜的运行环境，使通用的采购与应付业务管理系统能够适应本企业采购与应付业务的管理需要，同时，可在企业的经济业务处理发生变化时对已有的设置进行修改，以便适应企业的这种变化。系统的初始设置主要有以下几项。

1. 账套建立

此处初始建账的作用与其他系统相同，即为满足系统今后日常数据处理的需要，构建各类数据库文件的结构。因此，初始建账非常重要，一旦设置错误，将影响系统的日常处理。而且，设置时要考虑企业将来的业务发展，如初始建账时，要设置供应商、存货等档案信息，设置信息在初始建账中一旦确定并在后续日常处理中启用后将无法修改。

2. 基础档案信息设置

(1) 供应商档案设置。该功能用于设置供应商的档案信息，以便对供应商进行管理。档案信息包括供应商代码、供应商名称、电话、地址、付款条件、信用情况等，其中前两项为关键信息。一般来说，供应商代码一经设置并使用，既不允许删除，也不允许修改，只允许增加新的供应商单位。

(2) 采购部门和采购人员档案设置。该设置是对涉及采购业务的企业各部门和负责采购业务的个人进行编码，以便在采购业务中明确责任单位和责任人，并可按采购部门和人员对采购业务进行统计分析。为保证数据的一致性，采购部门和采购人员的编码一旦设定并被使用，既不允许删除，也不允许修改(除编码外的其他内容允许修改)。

(3) 存货分类设置。该功能用于设置存货分类编码和名称等。一般来说，工业企业的存货分类可以分为三类：材料、产成品和应税劳务；商业企业的存货分类一般可以分为两类：商品和应税劳务。

(4) 计量单位设置。该功能用于设置存货的计量单位组和计量单位信息。未使用的计量单位的类别可随时修改；已被存货档案引用的计量单位所在的计量单位组的类别不能修改。

(5) 存货档案设置。该功能实现对存货档案的设立和管理，随同发票一起开具的采购费用等也应设置在存货档案中。用户可以根据业务的需要方便地增加、修改、删除、查询和打印存货档案。存货档案设置中还包含增值税税率设置，以便在处理采购业务时选择对应的税率，由系统自动计算对应的进项税额。

(6) 结算方式设置。企业支付货款的结算方式主要有现金、支票、汇兑、银行汇票、商业汇票、银行本票、托收承付和委托收款等。由于不同的结算方式管理要求不同(如对支票等需要登记支票号以便加强对支票的管理和进行银行对账)，对应的会计科目也可能不同，因此一般依据结算方式设置对应的会计科目，以便系统能够生成相应的记账凭证。

(7) 付款条件设置。当供应商采用赊销方式销售商品时，为了促使客户及时支付货款，若客户能在一定期限内付款，供应商可以给予客户一定的折扣。付款条件通常表示为"5/10,2/20,n/30"，即：客户在10天内偿还货款，可得到5%的折扣，只需付原价的95%的货款；在20天内偿还货款，可得到2%的折扣，只需付原价的98%的货款；在30天内偿还货款，需按照全额支付货款；在30天以后偿还货款，不仅要按全额支付货款，还可能要支付延期付款利息或违约金。为了处理这种业务，需要进行付款条件的设置，包括折扣有效期限、对应折扣率和应付账款的到期天数。

(8) 仓库档案设置。存货通常由仓库保管，因此，在启用采购与应付款管理系统时，需先对仓库档案进行管理。由于仓库记录在使用后，其所属部门不可修改，因此用户应先输入部门档案，再输入仓库档案，以便所属部门的录入。

(9) 收发类别设置。收发类别设置是为了便于用户对材料的出入库情况进行分类汇总统计，其用于表示材料的出入库类型，用户可根据单位实际需求进行设置。

(10) 产品结构档案设置。该功能用于设置某产品所包含下一级产品的信息，如产品编码、下一级产品编码、数量、存放仓库等。

(11) 采购类型设置。采购类型是由用户根据企业需要自行设定的项目，用户在填制采购入库单等单据时，会涉及采购类型选择。采购类型不分级次，企业可以根据实际需要进行设立，如：从国外购进、从国内纯购进、从省外购进、从本地购进、从生产厂家购进、从批发企业购进，为生产采购、为委托加工采购、为在建工程采购，等等。

3. 采购管理系统的初始设置

1) 期初记账

期初记账是将采购期初数据记入有关采购账。期初记账后，期初数据不能增加、修改，否则必须取消期初记账。账簿都应有期初数据，以保证其数据的连贯性。用户在初次使用采购管理系统时，应输入期初数据。如果系统中已有上年的数据，则不允许取消期初记账。期初数据包括期初暂估入库、期初代管挂账确认单、期初在途存货、期初受托代销商品。

2) 系统选项设置

(1) 超订单到货及入库控制。若企业允许超订单到货入库，则可以选择"超订单到货及入库控制"选项，此时到货入库数量可超订单数量，但不能超过订单数量入库上限，即订单数量×(1+入库超额上限)，入库上限在存货档案中设置。

(2) 最高进价控制。若企业需进行最高进价控制，则可设置"最高进价控制"口令，以控制采购价格的上限，并限制业务员的权限。当填制的采购单据超过最高进价时，系统将提示并要求输入控制口令，若口令不正确，则不能保存采购单据。最高进价指本币含税单价或本币无税单价：当单据中的"价格标识＝含税"时，最高进价指本币含税单价，进行最高进价控制时，用本币含税单价与最高进价进行比较；当单据中的"价格标识＝无税"时，最高进价指本币无税单价，进行最高进价控制时，用本币无税单价与最高进价进行比较。

4. 应付款管理系统的初始设置

1) 会计科目设置

(1) 基本科目设置。即对会计核算使用的基本科目进行设置。若用户未在单据中指定科目，且控制科目设置与产品科目设置中均未设置明细科目，则系统制单时将依据制单规则，从基本科目设置中选取对应科目。基本科目是指应付款管理系统凭证制单所需要的会计科目，主要包括应付科目、预付科目、采购科目、税金科目等，如将核算应付款的科目设置为"应付账款"(注意，"应付账款"科目必须是按"供应商"辅助核算的科目)，核算进项税的科目设置为"应交税费——应交增值税——进项税额"。

(2) 控制科目设置。即对应付科目、预付科目进行设置。控制科目是指在应付款管理系统中带有供应商往来辅助核算的科目，如将核算预付款的科目设置为"预付账款"。控制科目可按供应商分类、地区分类、采购类型、存货分类进行设置。

(3) 产品科目设置。即对采购科目、应交增值税科目进行设置，如将核算存货采购的科目设置为"在途物资"。若未输入产品科目，系统将从基本科目设置中获取采购科目和税金科目。若按存货分类进行科目设置，则可按"存货分类+税率"进行科目的设置。

(4) 结算方式科目设置。即对结算方式、币种、科目进行设置，需设置不同结算方式对应的科目。例如，"现金"结算方式对应"库存现金"科目，"支票"结算方式对应"银行存款"

科目。对于现结的发票及收付款单，系统将依据单据上的结算方式查找对应的结算科目，并在制单时自动带出。若未找到对应科目，则需在录入单据时手工输入凭证科目。

2) 账龄区间设置

为了对应付账款进行账龄分析，应先设置账龄区间，主要设定各账龄区间的天数范围。账龄区间设置指用户定义账期内应付账款或付款时间间隔的功能，其作用是便于用户根据自己定义的账款时间间隔，对账期内应付账款或付款进行账龄查询与分析，从而清晰掌握一定期间内的应付款及付款情况。

3) 逾期账龄区间设置

逾期账龄区间设置是指用户定义应付账款或付款时间间隔的功能。设置逾期账龄区间的目的是便于用户根据自己定义的账款时间间隔，对逾期应付账款或付款进行账龄查询与分析，并清晰掌握一定期间内的应付款及付款情况。

4) 系统选项设置

(1) 受控科目制单方式。应付款管理系统提供两种制单方式：明细到供应商、明细到单据。

① 明细到供应商。当把一个供应商的多笔业务合并生成一张凭证时，如果核算这多笔业务的控制科目相同，系统会自动将其合并成一条分录。这种方式能够让用户在总账系统中根据供应商来查询其详细信息。此种方式下，应付账款核销、红票对冲等业务采用合并制单方式，不单独生成凭证。

② 明细到单据。当用户将一个供应商的多笔业务合并生成一张凭证时，系统会为每一笔业务单独生成一条分录。这种方式便于用户在总账系统中查询每个供应商每笔业务的详细情况。

(2) 应付款核销方式。核销是指付款冲销应付款。在应付款管理系统中，提供了两种应付款的冲销方式：按单据、按存货(产品)。

① 按单据核销。系统将满足条件的未结算单据全部列出，由用户选择要结算的单据，并进行核销。

② 按存货核销。系统将满足条件的未结算单据按存货列出，由用户选择要结算的存货，并进行核销。

5) 期初余额录入

在正式启用账套前，用户需将所有应付业务数据录入系统中，作为期初建账数据，以便系统进行管理，这样既保证了数据的连续性，又保证了数据的完整性。

初次使用应付款管理系统时，需将上期未处理完毕的单据录入系统，以便后续处理。当进入第二年度处理时，系统自动将上年度未处理完的单据转为下一年度的期初余额。在下一年度的第一个会计期间，可对期初余额进行调整。期初数据通过各类期初单据录入系统，需录入的单据包括期初采购发票、期初应付单、期初预付单和期初票据。

期初采购发票是指还未核销的应付账款，在应付款管理系统中以发票形式列示，已核销的金额不予显示。期初应付单是指还未结算的其他应付单，在应付款管理系统中以应付单的形式列示，已核销的金额不予显示。期初预付单是指提前支付的供应商款项，在系统中以付款单的形式列示。期初票据是指还未结算的票据。

7.2.2　采购与应付款管理系统日常业务处理

采购管理系统日常业务处理内容主要包括请购、采购订货、采购到货、采购入库、采购开票及采购结算。

应付款管理系统日常业务处理内容主要包括应付单据处理、付款单据处理、核销处理、转账处理以及制单处理。

1. 采购管理系统的日常业务处理

1) 采购管理系统的输入

采购管理系统的日常数据输入主要是采购请购单、采购订单、到货单、采购入库单、采购发票和退货单的输入。

(1) 采购请购单的输入。采购请购单的输入是采购业务处理的起点，用于描述和生成采购的需求，如采购什么货物、采购多少、何时使用、谁用等；同时，请购单也可为采购订单提供建议内容，如建议供应商、订货日期等。用户可根据业务实际需要选择是否输入采购请购单。

(2) 采购订单的输入。对于工业企业，采购订单是系统根据生产计划和库存余额自动生成的。而对于一般的商业企业，采购业务是从采购订单开始的。采购订单中需要输入的基本数据有供应商代码、采购部门代码、税率、付款条件、存货代码、存货数量、存货单价、采购人员等。由于许多数据需通过代码输入，若记不清时，可借助系统的提示功能。通过对采购订单的管理，可以帮助企业对采购业务进行事前预测、事中控制与监督。采购订单审核后可用于参照生成采购发票和采购入库单。

(3) 到货单的输入。到货单可以手工新增，也可以根据采购订单生成。到货单的输入不是必要的，用户可根据业务需要选择是否输入采购到货单。

(4) 采购入库单的输入。采购入库单是根据采购到货签收的实收数量填制的单据。采购入库单中需要输入的基本数据有供应商代码、订单号、仓库编码、业务员代码、存货代码、数量、单价等。另外，采购入库单既可根据采购订单产生，也可根据已输入计算机的采购发票和以前相同的入库单产生。此处输入的单价只作为暂估价，存货的最终价格由采购发票决定。库存管理系统未启用前，可在采购管理系统中录入入库单据；库存管理系统启用后，必须在库存管理系统中录入入库单据，采购管理系统可查询入库单据并根据入库单生成发票。

采购入库单按进出仓库方向可分为蓝字采购入库单和红字采购入库单；按业务类型可分为普通采购入库单、受托代销入库单、代管采购入库单和固定资产采购入库单。

蓝字入库单是采购入库单的正向单据，其中的存货金额必须大于等于零。红字入库单是采购入库单的逆向单据，其中的存货金额必须小于等于零。在采购业务活动中，如果发现已入库的货物因质量等原因要求退货，则对普通采购业务进行退货单处理并填制红字入库单。如果发现已审核的入库单数据有错误(如多填数量等)，可以原数冲回，即将原错误的入库单以相等的负数量填制红字入库单，冲抵原入库单数据。采购管理系统启用时，用户可以输入期初红字入库单。

(5) 采购发票的输入。采购发票是以供应商的原始发票为依据输入的。采购发票需要输入的基本数据有原始发票号、供应商代码、税率、采购部门、付款条件、存货代码、数量、单价等。采购发票是会计核算的依据，不仅决定采购存货的价格与金额，也是与供应商结算金额的依据。采购发票可由采购订单或采购入库单生成。

企业在收到供货单位的发票后，如果没有收到供货单位的货物，可以对发票进行压单处理，待货物到达后，再输入系统做报账结算处理；也可以先将发票输入系统，以便实时统计在途货物。

采购发票按业务性质可分为蓝字发票和红字发票；按发票类型可分为增值税专用发票、普通发票和运费发票。

(6) 退货单的输入。采购退货单用于对已入库的存货办理退货业务。退货单需要输入的数据与入库单中输入的数据相同，在此不再赘述。

2) 采购管理系统的处理

此处讲述的采购管理系统的数据处理，主要是从用户使用的角度考虑的，主要包括采购业务数据的输入处理、采购结算、采购入库处理、采购退货处理、现付业务处理和普通采购业务处理。

(1) 采购业务数据的输入处理。从日常业务数据的输入可以看出，采购管理系统日常业务数据输入项目较多，工作量较大，因此出现错误的可能性也大。为确保数据输入的正确性和可靠性，并尽可能减少输入工作量，系统在输入设计中采取了针对性优化措施。了解设计中的以下处理特点，对于正确、灵活地使用采购管理系统处理企业的采购业务具有重要意义。

① 用户可根据自身需要对输入单据的格式进行设计。手工输入与计算机输入的数据项目是相同的，有些用户希望单据输入格式尽量与手工单据格式一致，以减少因使用习惯差异带来的错误。需要注意的是，这种格式的一致性是有限的，在格式一致的表象下，用户界面仍包含计算机系统的特有操作逻辑。因此，单据输入时需遵循以下规范：每张单据输入完后需做存盘操作；输入下一张单据前需先进行增加操作；增加一条记录时需进行插入操作；等等。为方便用户使用，系统在多数用户界面都提供了增加、插入、删除等常用操作的快捷键，熟悉这些快捷键的标志和使用方法是熟练使用系统的基础。

② 相互关联的单据可以由系统自动互相生成。在采购与应付管理系统中，采购订单、采购发票和采购入库单是相互联系的。采购入库单可由采购订单或采购发票生成，采购发票也可由采购入库单生成。这种相互生成，一方面是为了便于数据输入，提高录入效率；另一方面在某些情况下，体现一种控制，例如，若采购业务只有通过订货环节才能完成，则采购入库单只能由采购订单生成。

③ 凡是在初始设置中进行过设置的项目，如存货代码或名称、供应商代码或名称、付款条件、结算方式等，可在输入的用户界面对应项目中设置操作键，用以调出设置内容供用户选择输入。这种输入方法对用户有一个提示的作用，但当选择的项目太多时，反而会降低输入的效率。

④ 在输入单据的各个项目时，有些项目的数据必须输入，而有些项目的数据可以根据已输入项目的数据生成。例如，在采购发票的输入中，当输入存货数量和单价后，系统会自动计算金额。由于输入的单价一般是含税的，系统可根据税率自动算出存货的不含税金额。

⑤ 正式记录存入系统的单据需经过确认。由于采购数据直接关联企业的资金与物资，为确保业务真实性和数据准确性，只有经过确认的单据才有效。因此，系统通常设有单据审核功能，用于对输入的数据进行确认。

(2) 采购结算。采购结算也叫采购报账，在手工业务中，由采购业务员拿着经主管领导审批过的采购发票和仓库确认的入库单到财务部门报账，由财务人员确认采购成本并进行相应的账务处理。采购结算从操作处理上分为自动结算和手工结算两种方式。自动结算是由计算机系统自动将供货单位相同、存货相同且数量相等的采购入库单和采购发票进行结算。手工结算具备以下功能：可以结算入库单中的部分货物，未结算的货物可以在今后取得发票后再结算；可以同时对多张入库单和多张发票进行报账结算；支持到下级单位采购，付款给其上级主管单位的结算；支持三角债结算，即支持甲单位的发票可以结算乙单位的货物。

(3) 采购入库处理。按照货物和发票到达的时间先后，可以将采购入库业务划分为单货同行、货到票未到、票到货未到3种类型，不同的业务类型相应的处理方式有所差异。

① 单货同行。单货同行即发票随货物到达。当货物及其采购发票同时到达企业时，首先检验发票与货物是否一致。如果单货一致，则填制采购入库单和采购发票，并及时进行采购结算。如果单货不一致，可以区分损耗原因，报有关领导批准后做有损耗的采购结算。当同时启用采购管理、库存管理、存货核算、应付款管理、总账系统时，单货同行的采购业务处理流程如图7-3所示。

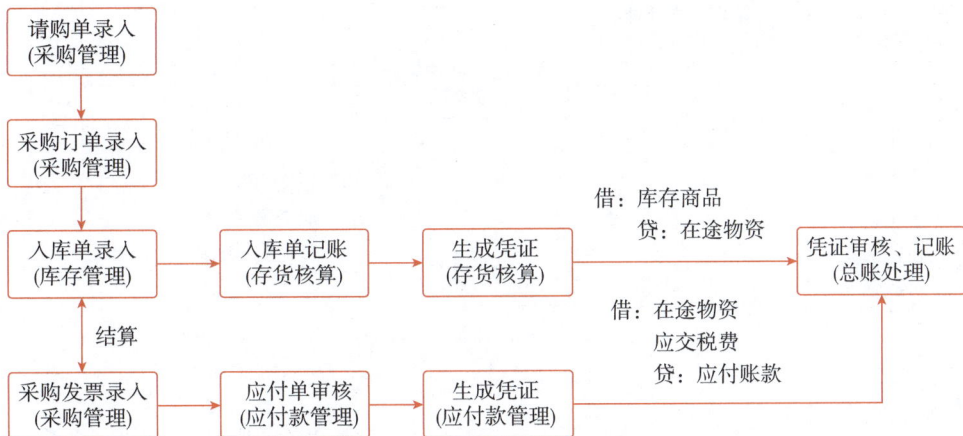

图 7-3　单货同行的采购业务处理流程

② 货到票未到。当货物先到，而采购发票未到达企业时，企业可根据实际入库数量填制采购入库单，做暂估入库；待取得发票后，再输入发票进行报账结算。对于暂估业务，需在月末暂估入库单记账前，为所有未结算的入库单填入暂估单价后，才能记账。暂估入库的后续业务处理可以分为单到回冲、月初回冲和单到补差3类。

  ○ 单到回冲。采用单到回冲方式时下月初无须进行处理。待收到采购发票后，在采购管理系统中录入采购发票并完成采购结算(手工结算)；再到存货核算中进行"暂估处理"，系统将自动生成红字回冲单和蓝字回冲单，并据此登记存货明细账。红字回冲单的入库金额为上月暂估金额，蓝字回冲单(报销)的入库金额为发票上的报销金额。存货核算系统中生成的凭证，会传递到总账。单到回冲业务处理流程如图7-4所示。

  ○ 月初回冲。月初回冲是在转月月初，由存货核算系统生成与暂估入库单完全相同的"红字回冲单"，并据此登记相应的存货明细账。收到采购发票并录入完成后，需对采购入库单和采购发票进行采购结算；结算完毕后，进入存货核算系统执行"暂估处理"功能。暂估处理完成后，系统根据发票自动生成一张"蓝字回冲单"，其上的金额为发票上的报销金额，同时登记存货明细账以增加库存，并对"蓝字回冲单"制单，生成采购入库凭证。月初回冲业务处理流程如图7-5所示。

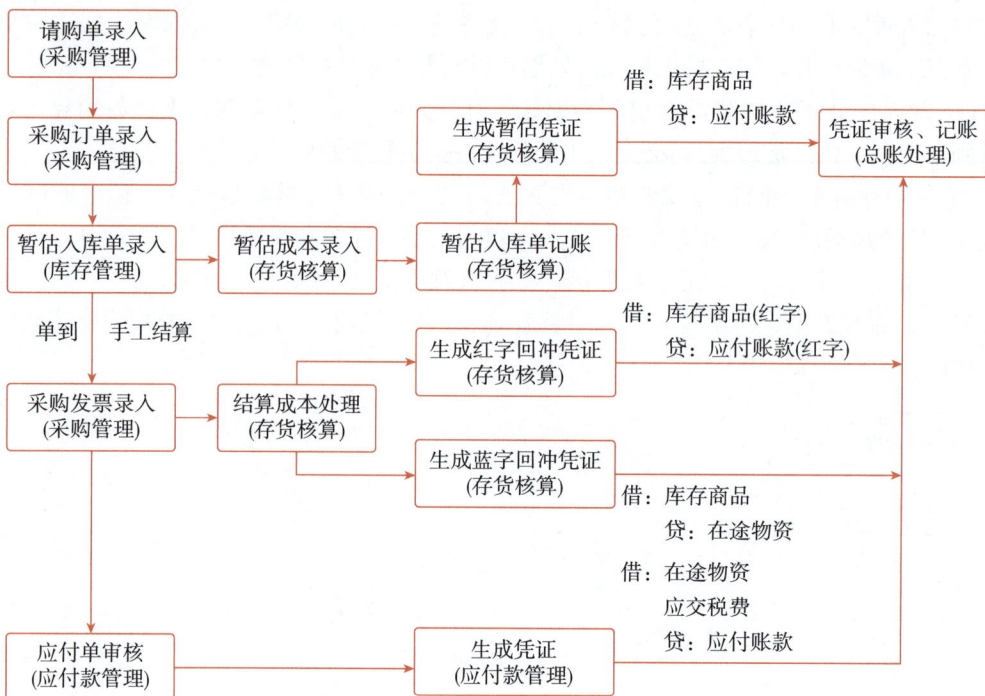

图 7-4　单到回冲业务处理流程

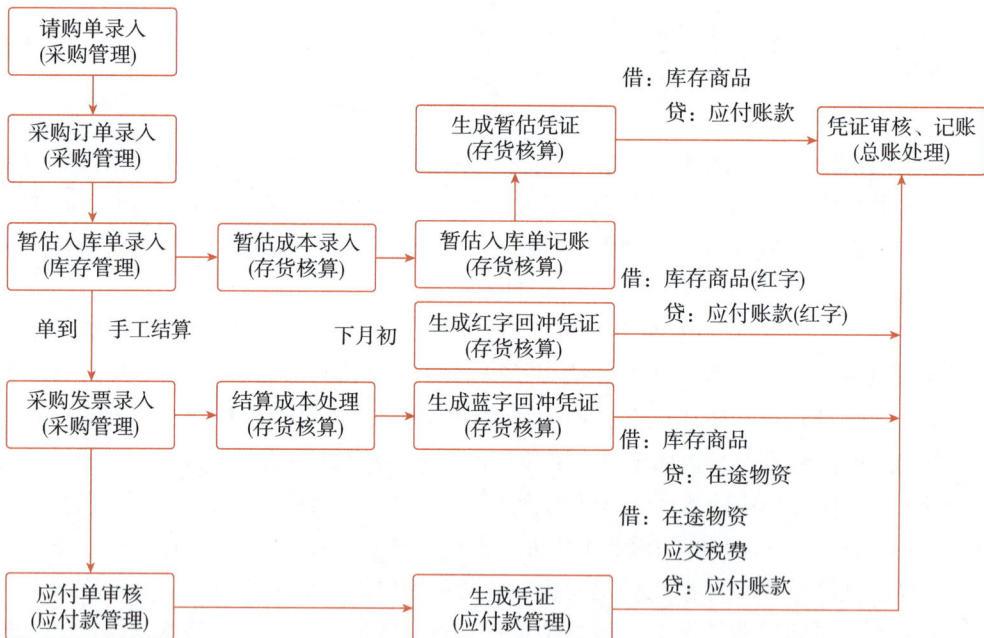

图 7-5　月初回冲业务处理流程

○　单到补差。采取单到补差方式时，下月初无须进行处理。待收到采购发票后，在采购管理系统中录入采购发票并完成采购结算，再到存货核算中进行"暂估处理"。如果报销金额与暂估金额的差额不为零，则产生调整单，一张采购入库单可生成一张调整单，用户确认后，自动记入存货明细账；如果报销金额与暂估金额的差额为零，则不生成调整单。完成后，对"调整单"制单，生成凭证并传递到总账。单到补差业务处理流程如图7-6所示。

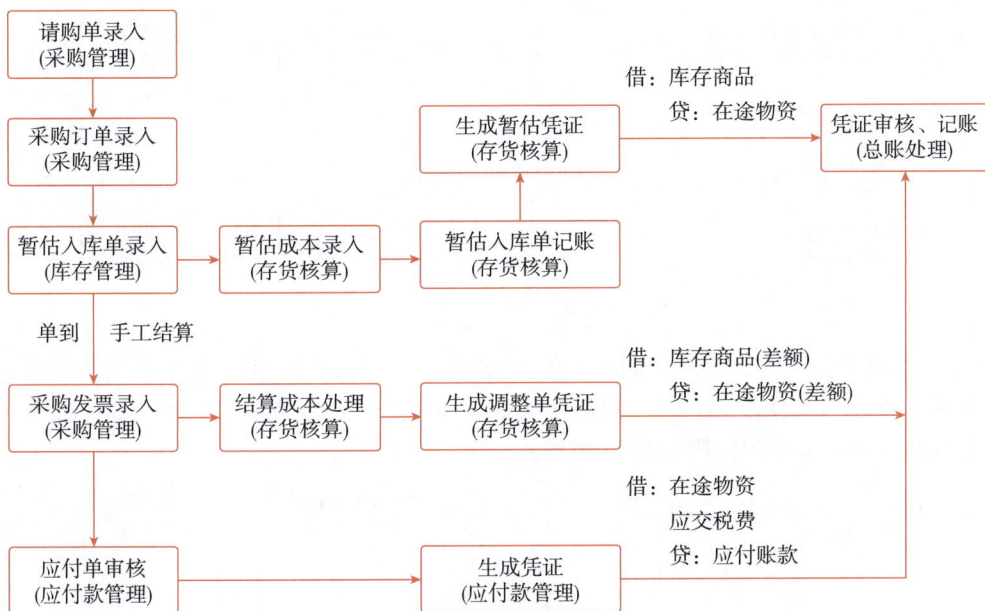

图 7-6　单到补差业务处理流程

③ 票到货未到。当收到了供货单位的发票，而没有收到供货单位的货物时(即出现在途存货)，可以对发票进行压单处理，待货物到达后，再一并输入计算机做结算处理。但如果需要实时统计在途货物的情况，则必须将发票输入计算机，待货物到达后，再填制入库单并做采购结算。

(4) 采购退货处理。在实务中，由于材料质量不合格、企业转产等原因，企业可能发生退货业务。当企业尚未录入采购入库单而发生退货业务时，只需将货退还给供应商即可，在采购管理系统中无须进行任何处理。因此，我们仅介绍入库后的退货业务。采购退货的结算可以分为3种情况：结算前全额退货、结算前部分退货和结算后退货。

① 结算前全额退货。对于已录入采购入库单但未进行采购结算且需全额退货的情况，需要填制一张全额数量的红字采购入库单，并将该红字采购入库单与原入库单进行结算，以冲抵原入库单数据。结算前全额退货业务处理流程如图7-7所示。

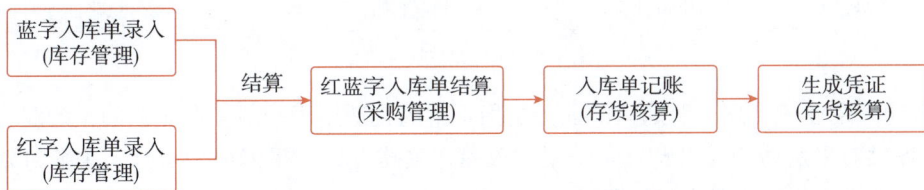

图 7-7　结算前全额退货业务处理流程

② 结算前部分退货。对于已录入采购入库单但未进行采购结算且需部分退货的情况，需要填制一张部分数量的红字采购入库单及对应的采购发票，其中：发票上的数量＝原入库单数量－红字入库单数量。将该张红字入库单与原入库单和采购发票进行结算，以冲抵原入库单数据。结算前部分退货业务处理流程如图7-8所示。

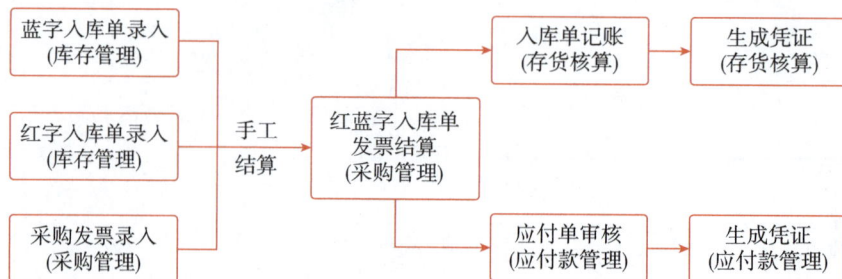

图 7-8 结算前部分退货业务处理流程

③ 结算后退货。对于已录入采购入库单和采购发票并已进行采购结算的情况，需要填制一张红字采购入库单及红字发票，并将该红字采购入库单与红字发票进行结算，以冲抵原入库单数据。结算后退货业务处理流程如图7-9所示。

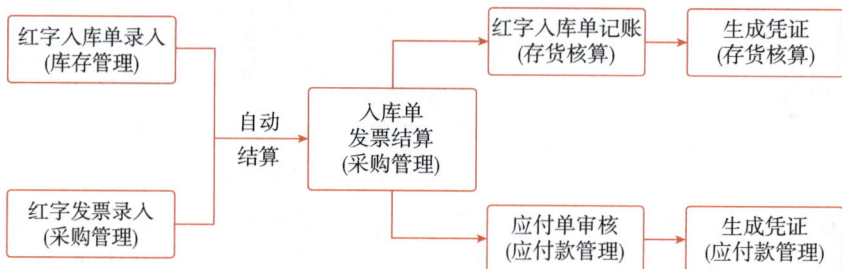

图 7-9 结算后退货业务处理流程

(5) 现付业务处理。现付业务是指在采购业务发生时，立即付款并开发票的业务模式。在实际业务中，当采购人员在采购取得货物的同时需先行垫付货款时，需将款项直接支付给本单位的采购人员。在保存采购发票后即可进行现付款处理，但已审核的发票不能再做现付处理。现付业务处理流程如图7-10所示。

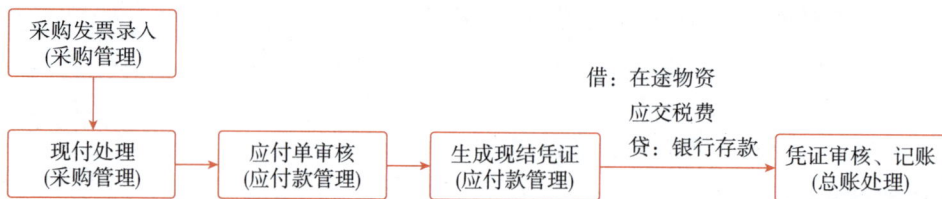

图 7-10 现付业务处理流程

(6) 普通采购业务处理。普通采购业务是指正常的且适用于一般工商企业的采购业务。普通采购业务提供对采购请购、采购订货、采购入库、采购发票、采购成本核算、采购付款全过程的管理。普通采购业务处理流程如图7-11所示(到货单录入环节可省略，以虚线表示)。

3) 采购管理系统的输出

采购管理系统的输出主要以各种统计分析报表为主，这些报表可分为统计报表和分析报表两类。其中一类报表是基于输入的数据，直接按各种条件进行筛选后生成。例如，采购明细与统计表可依据采购订单生成；采购明细与统计表、增值税抵扣表、费用明细表等依据采购发票生成；入库明细与统计表则依据采购入库单生成。这些报表分别可以按供应商、存货种类等条件，形成相应的明细与统计报表。另一类报表则是将两种输入的数据进行比较后，再按各种条件进行筛选输出。例如，订单执行统计表是采购订单与入库单对比后生成的；结算明细与统计表、货到票未到明细与统计表、票到货未到明细与统计表、在途存货余额表、暂估入库余额表是采购入库单与采购发票对比后生成的；供应商的往来账、应付账款的账龄分析表则是采购发票与付款单对比后生成的。这两类输入数据经过比较后，再分别按供应商、存货种类等条件，形成相应的报表。统计报表和分析报表可通过以下3种形式输出：在屏幕上显示；通过打印机打印；以其他格式输出到文件中。

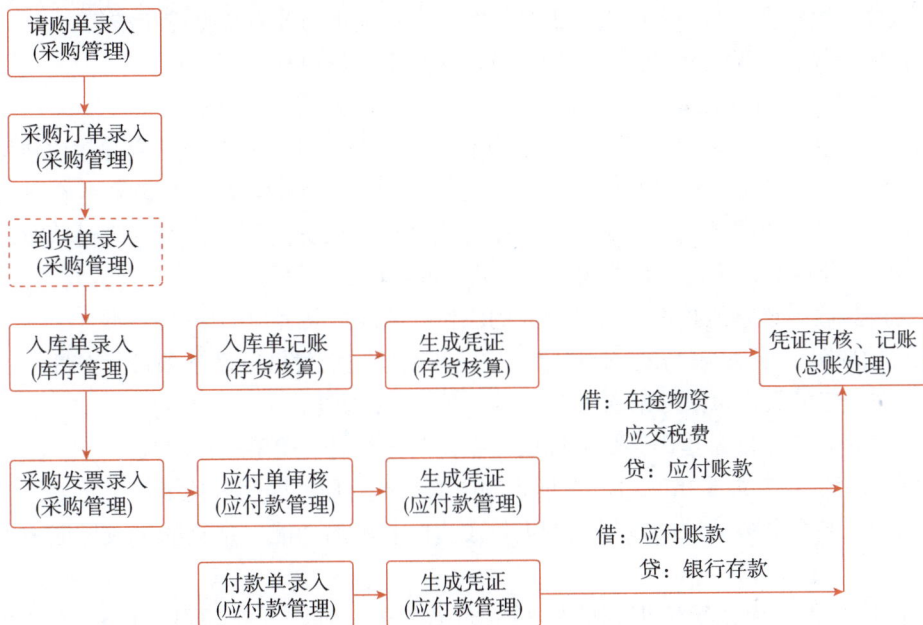

图 7-11　普通采购业务处理流程

2. 应付款管理系统的日常业务处理

1) 应付款管理系统的输入

应付款管理系统的数据输入主要包括应付单据与付款单的输入。

(1) 应付单据的输入。在系统中填制的采购发票和应付单统称为应付单据。采购发票前面已述及，不再赘述。这里我们仅对应付单进行介绍。

应付单主要用于记录采购业务以外的应付款款项，其方向分为正向和负向。若已启用采购管理系统，则采购发票需在采购管理系统中录入，而非在应付款管理系统中录入，录入后会传递至应付款管理系统，仅在应付款管理系统中进行审核操作。若未启用采购管理系统，则应在应付款管理系统录入采购业务中的各类发票，以及采购业务以外的应付单据。

(2) 付款单的输入。付款单中需要输入的基本数据有供应商代码、结算方式(如现金、支票、汇票等)、经手人代码、金额、结算科目、银行账号和币种等。

2) 应付款管理系统的处理

应付款管理系统的数据处理主要包括单据处理、核销处理、转账处理和制单处理四部分。

(1) 单据处理。应付账款单据处理包括应付单据和付款单据处理。

① 应付单据处理。应付单据处理即对应付单据进行记账，并在单据上填写审核日期和审核人的过程。注意，已审核的应付单据不允许修改和删除。在采购系统中增加的发票，也在应付系统中进行审核入账。

② 付款单据处理。付款单据处理即付款申请的审核，即在单据上填写审核日期和审核人的

过程。注意，已审核的付款单据不允许修改和删除。付款单据处理包含3层含义：确认付款；审核单据输入的正确性，将信息记入应付明细账。

(2) 核销处理。应付账款的核销是指确定付款单与原始的采购发票和应付单之间对应关系的操作，即需要指明每一次付款是付的哪几笔采购业务的款项。明确核销关系后，可以进行精确的账龄分析，以便用户更好地管理应付账款。系统可完成以下情形下的核销操作。

① 付款单的数额大于等于采购发票的核销数额，付款单与原有单据完全核销。

② 付款单的数额小于采购发票的核销数额，在核销时使用预付款。

(3) 转账处理。在日常处理中，经常会发生以下几种转账处理的情况。

① 应付冲应付。该功能是指将供应商、部门、业务员、项目和合同的应付款项转移到另一个供应商、部门、业务员、项目和合同中。通过应付冲应付功能，将应付款业务在供应商、部门、业务员、项目和合同之间进行转入、转出，实现应付业务的调整，解决应付款业务在不同供应商、部门、业务员、项目和合同间入错户或合并户问题。

② 应付冲应收。该功能是指用某供应商的应付账款冲抵某客户的应收款项。

③ 预付冲应付。该功能是指企业将应付供应商款项与已付供应商款项进行对冲，填制转账凭证，同时减少应付账款和预付账款账面余额，抵减企业债务。

④ 红票对冲。该功能是指用某供应商的红字发票与其蓝字发票进行冲抵。

(4) 制单处理。该功能是指应付款管理系统中的制单处理，即生成凭证，并将凭证传递至总账记账。系统在各个业务处理的过程中都提供了实时制单的功能。常见的生成凭证种类有以下几种。

① 应付单制单。当系统依据采购发票生成记账凭证时，系统便可生成包含如下信息的凭证。

借：在途物资

　　应交税费——应交增值税(进项税额)

　　贷：应付账款——某供应商

② 付款单制单。当某一采购发票与某一付款单核销完成后，假设全额核销且付款方式为"支票"，系统便可生成包含如下信息的凭证。

借：应付账款

　　贷：银行存款

③ 应付冲应付制单。当供应商发生合并，或者已审核的采购发票或其他应付单据中存在供应商信息错误；或者某部门撤销，需将该部门名下的应付款全部转移至另一部门名下，系统便可生成包含如下信息的凭证。

借：应付账款——天津公司——转出户

　　贷：应付账款——深圳公司——转入户

④ 应付冲应收制单。如果存在某主体既是供应商又是客户，或者存在三方债务关系，如企业欠供应商天津公司款项，天津公司欠客户深圳公司款项，深圳公司又欠本企业款项，则财务人员需要进行转账处理，以调整应付账款，相应的凭证信息如下。

借：应付账款

　　预付账款

　　贷：应收账款

或者

借：应付账款

贷：应收账款

预收账款

⑤ 预付冲应付制单。如果在应付款核销中使用了预付账款支付，系统便可生成包含如下会计信息的凭证。

借：应付账款

贷：银行存款

预付账款

⑥ 红票对冲制单。若同一供应商同时存在蓝字发票与红字发票，则财务人员需对红蓝发票进行冲销处理，以调整应付账款。系统便可生成同一方向一正一负的凭证，相关信息如下所示。

贷：应付账款(红字)

贷：应付账款(蓝字)

3) 应付款管理系统的输出

应付款管理系统的输出主要包括单据、业务账表、统计分析和科目账表输出。

① 单据输出主要指向总账系统输出的记账凭证。输出记账凭证是为了采购与应付款管理系统能够与总账系统联合运行，由计算机系统自动完成采购和应付业务的会计核算。应付款管理系统主要依据输入的采购发票和付款单生成记账凭证，并传递至总账系统。另外，应付款管理系统还提供发票、应付单、收付款单和凭证的查询功能。

② 业务账表输出不仅可以进行总账、明细账、余额表和对账单的查询，还可以实现总账、明细账、单据之间的联查。

③ 业务分析包括应付账龄分析、付款账龄分析、欠款分析和欠款预测。

④ 科目账表输出包括科目余额表和科目明细表。

7.2.3　采购与应付款管理系统期末业务处理

采购管理系统的期末业务处理主要指采购管理系统的月末结账和数据卸出。应付款管理系统的期末业务处理包括汇兑损益和月末结账。

1. 采购管理系统的期末业务处理

(1) 月末结账。采购管理系统的月末结账是逐月将每月的单据数据进行封存，并将当月的采购数据记入有关报表中。结账前用户应检查本会计月工作是否已全部完成，只有在当前会计月所有工作全部完成的前提下，才能进行月末结账，否则会遗漏某些业务。月末结账前一定要进行数据备份，否则数据一旦发生错误，将造成无法挽回的后果。

没有期初记账，将不允许月末结账。不允许跳月结账，只能从未结账的第一个月逐月结账；不允许跳月取消月末结账，只能从最后一个月逐月取消。上月未结账，本月单据可以正常操作，不影响日常业务的处理，但本月不能结账。月末结账后，已结账月份的采购管理系统中的入库单、采购发票等不可修改和删除。

采购管理、销售管理系统月末结账后，才能进行库存管理、存货核算、应付款管理系统的月末结账。

(2) 数据卸出。数据卸出是将当前数据库中不经常使用或业务已经执行完毕的数据，按照指定会计年度卸出到历史账套库，以减少当前数据库的数据量，提高查询和操作效率。卸出的历史数据库可以进行数据查询。

在年末完成所有需月结产品的结账操作后，进行卸出操作，卸载日期以当年最后一个会计月的截止日期为准。卸出时只支持所有系统数据一起卸出，不支持分系统卸出。

2. 应付款管理系统的期末业务处理

(1) 汇兑损益。如果企业本期发生外币业务，则需要外对币业务进行汇兑损益核算。一般来说，企业财会人员对外币业务的处理时点通常为应付业务结算完后，或者在月末通过汇兑损益科目调整汇差及应付账款。

汇兑损益可以在月末计算，也可选择在单据结清时计算。

(2) 月末结账。如果确认本月的各项处理已经结束，可以选择执行应付款管理系统月末结账功能。当执行了月末结账功能后，该月将不能再进行任何处理。

如果上一月没有结账，则本月不能结账，一次只能选择一个月份进行结账。

实务训练

实训准备

引入"4-1总账初始化"账套数据。

实训1　业务信息设置

实训要求

1. 启用采购管理系统、销售管理系统、库存管理系统、存货核算系统

2. 设置仓库档案(见表7-1)

表7-1　仓库档案

仓库编码	仓库名称	部门名称
01	床上用品仓库	仓管部
02	卫浴用品仓库	仓管部
03	不良品仓库	仓管部
04	受托代销商品库	仓管部
05	退货质检仓库	质检部

注：各仓库计价方式均为"先进先出法"，选择"计入成本"选项。

3. 设置收发类别(见表7-2)

表7-2 收发类别

收发类别编码	收发类别名称	收发标志	收发类别编码	收发类别名称	收发标志
1	入库	收	2	出库	发
11	采购入库	收	21	销售出库	发
12	盘盈入库	收	22	盘亏出库	发
13	受托代销入库	收	23	受托代销出库	发
14	以旧换新入库	收	24	资产置换出库	发
15	资产置换入库	收	25	以旧换新出库	发
16	退货入库	收	26	分期收款出库	发
17	返修入库	收	27	废品损失	发
			28	返修出库	发
			29	发放福利	发

4. 设置采购类型(见表7-3)

表7-3 采购类型

采购类型编码	采购类型名称	入库类别	是否默认值	是否列入MPS/MRP计划
1	直接采购	采购入库	是	否
2	受托代销	受托代销入库	否	否
3	资产置换	资产置换入库	否	是
4	以旧换新	以旧换新入库	否	是

5. 设置销售类型(见表7-4)

表7-4 销售类型

销售类型编码	销售类型名称	出库类别	是否默认值	是否列入MPS/MRP计划
1	直接销售	销售出库	是	否
2	委托代销	受托代销出库	否	否
3	资产置换	资产置换出库	否	否
4	以旧换新	以旧换新出库	否	是
5	分期收款销售	分期收款出库	否	否

6. 设置费用项目分类(见表7-5)

表7-5 费用项目分类

分类编码	分类名称
1	运杂费
2	销售费用

7. 设置费用项目(见表7-6)

表7-6　费用项目

费用项目编码	费用项目名称	费用项目分类名称
101	代垫运杂费	运杂费
201	运费	销售费用
202	包装费用	销售费用
203	代销手续费	销售费用

8. 设置非合理损耗类型(见表7-7)

表7-7　非合理损耗类型

非合理损耗类型编码	非合理损耗类型名称
01	货物短缺

岗位说明

以"A01 陈强"身份登录平台，启用采购管理系统、销售管理系统、库存管理系统、存货核算系统；设置业务信息。

实训指导

1. 系统启用

① 登录企业应用平台。执行"开始"|"程序"|"用友ERP-U8 V10.1"|"企业应用平台"命令，打开"登录"对话框。输入操作员"A01"或"陈强"；无密码；在"账套"下拉列表框中选择"001天津新华家纺股份有限公司"；更改"操作日期"为"2025-07-01"；单击"确定"按钮，进入UFIDA U8窗口。

② 系统启用。在企业应用平台中，执行"基础设置"|"基本信息"|"系统启用"命令，打开"系统启用"对话框。启用采购管理、销售管理、库存管理、存货核算系统，"启用日期"均为"2025-07-01"。

2. 设置仓库档案

① 在企业应用平台中，执行"基础设置"|"基础档案"|"业务"|"仓库档案"命令，进入"仓库档案"设置界面。

②按所给实训资料依次输入数据。

3. 设置收发类别

① 在企业应用平台中，执行"基础设置"|"基础档案"|"业务"|"收发类别"命令，进入"收发类别"设置界面。

②按所给实训资料依次输入数据。

4. 设置采购类型

① 在企业应用平台中，单击"基础设置"|"基础档案"|"业务"|"采购类型"选项，进入"采购类型"设置界面。

②按所给实训资料依次输入数据。

> **❖ 注意：**
> ◇　如需修改记录，请选中所在行，单击工具栏上的"修改"按钮。

5. 设置销售类型

① 在企业应用平台中，执行"基础设置"|"基础档案"|"业务"|"销售类型"命令，进入"销售类型"设置界面。

② 按所给实训资料依次输入数据。

6. 设置费用项目分类

① 在企业应用平台中，执行"基础设置"|"基础档案"|"业务"|"费用项目分类"命令，进入"费用项目分类"设置界面。

② 按所给实训资料依次输入数据。

7. 设置费用项目

① 在企业应用平台中，执行"基础设置"|"基础档案"|"业务"|"费用项目"命令，进入"费用项目"设置界面。

② 按所给实训资料依次输入数据。

8. 设置非合理损耗类型

① 在企业应用平台中，执行"基础设置"|"基础档案"|"业务"|"非合理损耗类型"命令，进入"非合理损耗类型"设置界面。

② 按所给实训资料依次输入数据。

全部完成后，将账套备份至"7-1业务信息设置"。

实训2　采购业务管理相关系统初始化

⬇ 实训要求

进行与采购业务相关的系统初始化。

1. 采购管理系统初始化

(1) 设置单据编号。

修改采购订单编号规则为"完全手工编号"。

(2) 设置采购管理系统参数(见表7-8)。

表7-8　采购管理系统参数

选项卡	参数设置
业务及权限控制	允许超订单到货及入库

(3) 采购管理系统期初记账。

2. 应付款管理系统初始化

(1) 设置应付款管理系统参数(见表7-9)。

表7-9　应付款管理系统参数

选项卡	参数设置
常规	单据审核日期依据单据日期 自动计算现金折扣
凭证	核销生成凭证

(2) 设置基本科目(见表7-10)。

表7-10　基本科目

基础科目种类	科目	币种
应付科目	220202	人民币
预付科目	1123	人民币
采购科目	1402	人民币
商业承兑科目	220102	人民币
银行承兑科目	220101	人民币
票据利息科目	6603	人民币
税金科目	22210101	人民币
汇兑损益科目	6061	人民币
现金折扣科目	6603	人民币

(3) 设置结算方式科目(见表7-11)。

表7-11　结算方式科目

结算方式	币种	本单位账号	科目
1 现金	人民币	12001657901052500555	1001
201 现金支票	人民币	12001657901052500555	100201
202 转账支票	人民币	12001657901052500555	100201
5 电汇	人民币	12001657901052500555	100201
7 委托收款	人民币	12001657901052500555	100201
8 托收承付	人民币	12001657901052500555	100201

(4) 录入期初数据。

应付账款——一般应付款科目的期初余额为325 264.00元，以采购专用发票形式录入，如表7-12所示。

表7-12　录入期初数据

日期	供应商	方向	存货/数量/单价	合计金额
2025-5-30	西安爱家家居用品制造有限公司	贷	(0113)印花床上四件套(曼陀林)/2000/140.20	325 264.00

3. 库存管理系统初始化

(1) 设置库存管理系统参数(见表7-13)。

表7-13 库存管理系统参数

选项卡	参数设置
通用设置	修改现存量时点: 采购入库审核时改现存量 销售出库审核时改现存量 其他出入库审核时改现存量

(2) 录入期初数据。

7月31日,对各个仓库进行盘点,结果如表7-14所示。

表7-14 录入期初数据

单位: 元

仓库名称	存货名称	规格	数量	结存单价	金额
床上用品仓库	被套(夏天)	1.8M	780	70.00	54 600.00
床上用品仓库	床笠(秋天)	1.8M	600	80.00	48 000.00
床上用品仓库	床垫(秋天)	1.8M	500	180.00	90 000.00
床上用品仓库	枕头(秋天)	1.8M	500	60.00	30 000.00
床上用品仓库	空调被(美梦)	1.8M	350	180.00	63 000.00
床上用品仓库	空调被(夏天)	1.8M	500	90.00	45 000.00
床上用品仓库	空调被芯(曼陀林)	1.8M	350	120.00	42 000.00
床上用品仓库	蚕丝被(美梦)	1.8M	300	240.00	72 000.00
床上用品仓库	被芯(泰国产)	1.8M	620	120.00	74 400.00
床上用品仓库	床上四件套(罗莱)	1.5M	800	240.00	192 000.00
床上用品仓库	床上四件套(罗莱)	1.8M	700	280.00	196 000.00
床上用品仓库	床上四件套(美梦)	1.5M	460	220.00	101 200.00
床上用品仓库	印花床上四件套(曼陀林)	1.8M	600	300.00	180 000.00
床上用品仓库	儿童床上四件套(卡通)	1.5M	600	160.00	96 000.00
床上用品仓库	儿童床上四件套(春天)	1.5M	520	200.00	104 000.00
卫浴用品仓库	纯棉浴巾(晚安)	70cm*40cm	800	90.00	72 000.00
卫浴用品仓库	纯棉浴巾(洁丽雅)	70cm*40cm	800	25.00	20 000.00
卫浴用品仓库	沐浴防滑女拖鞋(三利)	37~40码	900	18.00	16 200.00

4. 存货核算系统初始化

(1) 设置存货核算系统参数(见表7-15)。

表7-15 存货核算系统参数

选项卡	参数设置
核算方式	核算方式: 按仓库核算 暂估方式: 月初回冲 销售成本核算方式: 销售出库单

(2) 设置存货科目和对方科目。

① 按仓库设置存货科目(见表7-16)。

表7-16 按仓库设置存货科目

仓库	存货科目
01床上用品仓库	库存商品(1405)

续表

仓库	存货科目
02卫浴用品仓库	库存商品(1405)
03不良品仓库	库存商品(1405)
04受托代销商品库	受托代销商品(1431)
05退货质检仓库	库存商品(1405)

② 按收发类别设置对方科目(见表7-17)。

表7-17　按收发类别设置对方科目

收发类别	对方科目
101采购入库	在途物资(1402)
102盘盈入库	待处理流动资产损溢(190101)
103受托代销入库	受托代销商品款(2314)
201销售出库	主营业务成本(6401)
202盘亏	待处理流动资产损溢(190101)
203受托代销出库	主营业务成本(6401)
206分期收款出库	主营业务成本(6401)

(3) 录入期初数据及期初记账。

⬇ 岗位说明

以"A01陈强"身份登录平台，进行采购管理系统初始设置。

⬇ 实训指导

1. 采购管理系统初始化

(1) 单据编号设置。

① 执行"基础档案"|"单据设置"|"单据编号设置"命令，打开"单据编号设置"窗口，选择"编号设置"选项卡。

② 在左侧树形结构中，依次单击"采购管理"|"采购订单"选项，单击"✎"按钮。

③ 选中"完全手工编号"前的复选框。

④ 单击"保存"按钮。

(2) 系统参数设置。

① 在"业务工作"选项卡中，单击"供应链"|"采购管理"选项，展开"采购管理"下级菜单。

② 在采购管理系统中，执行"设置"|"采购选项"命令，打开"采购系统选项设置"对话框。

③ 打开"业务及权限控制"选项卡，按照实训资料的要求进行相应的设置。

④ 设置完成后，单击"确定"按钮。

(3) 采购管理系统期初记账。

① 执行"设置"|"采购期初记账"命令，系统弹出"期初记账"信息提示框。

② 单击"记账"按钮，稍候片刻，系统弹出"期初记账完毕！"信息提示框。

③ 单击"确定"按钮，返回采购管理系统。

❖ **注意：**

◇ 如果采购管理系统未执行期初记账，则无法开始日常业务处理，因此，即使没有期初数据，也要执行期初记账。

◇ 如果采购管理系统执行期初记账，则库存管理系统和存货核算系统不能记账。

◇ 采购管理若要取消期初记账，可执行"设置"|"采购期初记账"命令，单击"取消记账"按钮即可。

知识拓展1

采购管理系统期初数据录入

采购管理系统有可能存在两类期初数据：一类是货到票未到即暂估入库业务，对于这类业务应调用期初采购入库单录入；另一类是票到货未到即在途业务，对于这类业务应调用期初采购发票功能录入。本例为票到货未到业务。

○ 票到货未到业务的处理

① 从企业应用平台进入应付款管理系统。

② 执行"设置"|"期初余额"命令，打开"期初余额—查询"对话框，单击"确认"按钮，进入"期初余额明细表"窗口。

③ 单击工具栏上的"增加"按钮，打开"单据类别"对话框，选择"采购发票"|"采购专用发票"选项，单击"确定"按钮。

④ 在"采购专用发票"窗口，单击"增加"按钮，按原始凭证增加采购专用发票。

⑤ 与应收款管理系统相同，录入应付款管理系统期初数据并与总账对账。

○ 货到票未到业务的处理

① 启用采购管理系统，执行"采购入库"|"入库单"命令，进入"期初采购入库单"窗口。

② 单击"增加"按钮，输入入库日期，选择仓库、供货单位和部门，选择"入库类别"为"采购入库"、"采购类型"为"普通采购"。

③ 选择存货编码，输入数量，暂估单价，单击"保存"按钮。

④ 录入完成后，单击"退出"按钮。

2. 应付款管理系统初始化

(1) 系统参数设置。

① 在"业务工作"选项卡中，单击"财务会计"|"应付款管理"选项，展开"应付款管理"下级菜单。

② 在应付款管理系统中，执行"设置"|"选项"命令，打开"账套参数设置"对话框。

③ 单击"编辑"按钮，分别打开"常规""凭证"选项卡，按照实训资料的要求进行相应的设置。

④ 设置完成后，单击"确定"按钮。

(2) 基本科目设置。

① 从企业应用平台中进入应付款管理系统。

② 执行"初始设置"|"设置科目"|"基础科目设置"命令，单击左上角的"增加"按钮，按实训资料中的"科目"栏设置应付款管理系统基础科目。

(3) 结算方式科目设置。

① 从企业应用平台中进入应付款管理系统。

② 执行"初始设置"|"设置科目"|"结算方式科目设置"命令，单击左上角的"增加"按钮，按实训资料设置应付款管理系统结算方式科目。

(4) 期初数据录入。

① 执行"设置"|"期初余额"命令，打开"期初余额—查询"对话框，单击"确认"按钮，进入"期初余额明细表"窗口。

② 单击工具栏上的"增加"按钮，打开"单据类别"对话框，选择"单据名称"为"采购发票"、"单据类型"为"采购专用发票"，单击"确认"按钮，进入"采购专用发票"窗口。

③ 按实训资料要求输入应收期初数据。输入完毕，退出"采购专用发票"窗口。

④ 单击"对账"按钮，与总账管理系统进行对账。

3. 库存管理系统初始化

(1) 系统参数设置。

① 在"业务工作"选项卡中，单击"供应链"|"库存管理"选项，展开"库存管理"下级菜单。

② 在库存管理系统中，执行"初始设置"|"选项"命令，打开"库存选项设置"对话框。

③ 打开"通用设置"选项卡，按照实训资料的要求进行相应的设置。

④ 设置完成后，单击"确定"按钮。

(2) 期初数据录入。

① 在库存管理系统中，执行"初始设置"|"期初结存"命令，进入"期初结存"窗口。

② 在右上角的单选框中选择"床上用品仓库"，单击"修改"按钮，按照实训资料输入期初数据。输入完成后，单击"保存"按钮。

③ 单击"批审"按钮，系统弹出"批量审核成功！"信息提示框，单击"确定"按钮。

④ 同理，按照实训资料，输入"卫浴用品仓库"存货期初数据并审核。

⑤ 单击"确定"按钮返回。

❖ **注意：**

◇ 各个仓库存货的期初余额既可以在库存管理系统中录入，也可以在存货核算系统中录入。若由存货核算系统录入，则库存管理系统通过"取数"功能，直接获取数据，无须重复录入。

4. 存货核算系统初始化

1) 系统参数设置

① 在"业务工作"选项卡中，单击"供应链"|"存货核算"选项，展开"存货核算"下级菜单。

② 在存货核算系统中，执行"初始设置"|"选项"|"选项录入"命令，打开"选项录入"对话框。

③ 打开"核算方式"选项卡，按照实训资料的要求进行相应的设置。

④ 设置完成后，单击"确定"按钮。

2) 设置存货科目和对方科目

① 从企业应用平台中进入存货核算系统。

② 执行"初始设置"|"科目设置"|"存货科目"命令，进入"存货科目"窗口，按实训资料中的"存货科目设置"设置存货科目。

③ 执行"初始设置"|"科目设置"|"对方科目"命令，进入"对方科目设置"窗口，按实训资料中的"对方科目设置"设置对方科目。

❖ **注意：**

◇ 按照仓库核算"存货科目"时，必须在"基础设置"|"基础档案"|"业务"|"仓库档案"命令中，选中各仓库档案的"计入成本"选项，否则在设置"存货科目"时，"仓库编码"栏不显示仓库信息。

3) 期初数据录入及期初记账

(1) 期初数据录入。

① 执行"初始设置"|"期初数据"|"期初余额"命令，进入"期初余额"窗口。

② 按照实训资料，在右上角的单选框中选择"床上用品仓库"，单击"取数"按钮，从库存管理系统读入已录入的"床上用品仓库"存货期初数据。

③ 同理，同步"卫浴用品仓库"存货期初数据。

(2) 对账。

① 所有仓库取数完成后，单击工具栏上的"对账"按钮，弹出"库存与存货期初对账查询条件"对话框。

② 单击"全选"按钮，选择全部仓库，单击"确定"按钮，系统自动对存货核算系统与库存管理系统的存货数据进行核对，完成后弹出"对账成功"信息提示框，单击"确定"按钮。

(3) 期初记账。

返回"期初余额"界面，单击工具栏上的"记账"按钮，系统对所有仓库进行记账，稍候，系统弹出"期初记账成功！"信息提示框。

❖ **注意：**

◇ 存货核算系统必须进行期初记账，否则无法处理日常业务。

全部完成后，将账套输出至"7-2 采购业务管理初始化"。

知识拓展2

初始设置及期初余额的批量导入。利用"A01陈强"批量导入收发类别、仓库档案及库存管理系统期初余额。

📥 **岗位说明**

以"A01陈强"身份登录"U8实施与维护"工具平台，导入基础数据。

📥 操作指导

本书已预先将本章涉及的收发类别、仓库档案及库存管理系统期初余额转换为导入模板，放置于教学资源包中。在教学与练习过程中，可采用模板导入方式完成实训1、实训2相关数据的录入，从而减少不必要的重复操作，有效利用课堂教学实践。

操作要点提示如下(以库存管理系统期初数据为例)。

① 在开始菜单下的所有程序列表中，执行"用友U8 V10.1"|"U8实施与维护工具"命令，打开"登录"对话框。

② 以"A01陈强"身份登录，选择"001 天津新华家纺股份有限公司"。

③ 单击"登录"按钮，进入"U8实施与维护工具"窗口，依次单击左侧树形结构中"U8实施与维护工具"|"基础数据导入"|"数据导入"|"打开模板"选项，打开"导入模板"界面。

④ 单击"期初"|"库存期初余额"所在行图标，打开"库存期初余额"模板，按照模板及实训要求将数据录入指定列。

⑤ 修改完成后，单击"保存"按钮，关闭模板文件；选择左侧树形结构中"U8实施与维护工具"|"数据导入"|"导入设置"选项，在右侧界面中，单击"期初"单选项，选中"库存期初余额"复选框。

⑥ 单击"导入选项"按钮，选择"操作方式"为"追加"，单击"确定"按钮，系统弹出"保存成功！"信息提示框，单击"确定"按钮，返回"导入设置"界面。

⑦ 单击"确定"按钮，系统弹出"保存成功！"信息提示框，单击"确定"按钮，进入"导入设置"界面。

⑧ 选择左侧树形结构中"U8实施与维护工具"|"数据导入"|"数据导入"选项，出现导入进度条窗口，进度条滚动完成后，系统弹出"本次导入全部成功，是否查看本次的导入日志？"信息提示框，单击"否"按钮。

⑨ 同理，完成"收发类别""仓库档案"的数据导入，也可尝试练习导入"应付期初余额"。

> ❖ **注意：**
>
> ◇ 若在操作中直接使用本书教学资源包提供的模板，则执行"导入设置"时还需指定教学资源包提供模板的路径。

实训3 普通采购业务

📥 实训要求

完成以下普通采购业务处理。具体实训资料见实训指导。

📥 岗位说明

以"G01林群"身份完成采购管理系统业务处理。

以"C01陈晨"身份完成库存管理系统业务处理。

以"W03黄宁"身份登录平台，完成付款单录入。

以"W02张文华"身份完成存货核算系统业务处理，以及付款单审核、核销及制单处理。

实训指导

1. 普通采购业务1

7月3日，向山西春天家居用品制造有限公司签订采购合同。原始凭证如图7-12、图7-13、图7-14所示。

购销合同

合同编号：CG0001

卖方：山西春天家居用品制造有限公司

买方：天津新华家纺股份有限公司

为保护买卖双方的合法权益，买卖双方根据《中华人民共和国民法典》的有关规定，经友好协商，一致同意签订本合同并共同遵守。

一、货物的名称、数量及金额

货物名称	规格型号	计量单位	数量	单价（不含税）	金额（不含税）	税率	税额
空调被（美梦）	1.8M	件	300	300.00	90 000.00	13%	11 700.00
合计					￥90 000.00		￥11 700.00

二、合同总金额：人民币壹拾万零壹仟柒佰元整（￥101 700.00）。

三、收款时间：买方于收到货物当天向卖方支付货款。

四、至付清所有合同款项前，卖方按买方未付款项与合同总价款的比例保留对合同标的物的所有权。

五、发货时间：卖方订立合同当日发出全部商品。

六、发运方式：买方自提。

卖　　方：山西春天家居用品制造有限公司　　　　买　　方：天津新华家纺股份有限公司

授权代表：赵跃　　　　　　　　　　　　　　　　授权代表：朴群

日　　期：2025年7月3日　　　　　　　　　　　日　　期：2025年7月3日

图 7-12　购销合同

山西省增值税专用发票

3257462584　　　开票日期：2025年7月3日　　　No 1092348911

购货单位	名　称：天津新华家纺股份有限公司 纳税人识别号：120101355203023526 地址、电话：天津市河西区珠江道86号 022-28285566 开户行及账号：中国工商银行天津河西支行12001657901052500555	密码区	10008978+*2><618//*46464 161145641/*-+4164><6*- 46></--2338990/*-52678 12345/*980-->-9807*90

货物或应税劳务名称	规格型号	单位	数量	单价	金额	税率	税额
空调被(美梦)	1.8M	件	300	300.00	90 000.00	13%	11 700.00
合计					￥90 000.00		￥11 700.00

价税合计	人民币(大写)　壹拾万零壹仟柒佰元整　　（小写）￥101 700.00

销货单位	名　称：山西春天家居用品制造有限公司 纳税人识别号：14010378925647813 地址、电话：山西运城市万荣县西贾工业园西座0359-86962998 开户行及账号：中国建行山西运城市万荣支行6722715678909825676

收款人：略　　　复核：略　　　开票人：略　　　销货单位：（章）

图 7-13　增值税专用发票

商品入库单

验收仓库：床上用品仓库　　　　　　日期：2025年7月3日

商品名称	型号	应收数量	实收数量	单价	核对结果	原因	处理结果
空调被(美梦)	1.8M	300	300	300.00			
合　　计							

财务经理：略　　　　　　　　部门经理：略　　　　　　　制表人：略

图 7-14　商品入库单

(1) 在采购管理系统中录入"采购订单"。

① 以采购人员"G01林群"身份登录，修改"注册日期"为"2025年7月3日"。

② 执行"供应链"|"采购管理"|"采购订货"命令，单击"采购订单"选项，再单击"采购订单"界面左上角工具栏中的"增加"按钮，录入"订单编号"为"CG0001"，选择"供应商"为"01 山西春天家居用品制造有限公司"、"部门"为"采购部"，表体内"存货编码"选择"0105空调被(美梦)"，输入"数量"为"300"、"原币单价"为"300.00"，单击工具栏中的"保存"按钮，再单击"审核"按钮。

(2) 在采购管理系统中生成"采购到货单"。

① 执行"供应链"|"采购管理"|"采购到货"命令，单击"到货单"选项，再依次单击左上角工具栏中的"增加"和"生单"按钮。

② 选择"采购订单"，在"查询条件"对话框中，单击"确定"按钮。在"拷贝并执行"对话框中，单击"全选"按钮，选择相应采购信息，单击"确定"按钮。在"到货单"界面，依次单击"保存""审核"按钮。

(3) 在库存管理系统中生成"采购入库单"。

① 以仓管人员"C01陈晨"身份登录，修改"注册日期"为"2025年7月3日"。

② 执行"供应链"|"库存管理"|"入库业务"|"采购入库单"命令，单击工具栏中的"生单"按钮，选择"采购到货单(蓝字)"选项，在"查询"对话框中，单击"确定"按钮。进入"采购入库单"窗口，单击表单"仓库"栏，参照选择存货对应的仓库为"床上用品仓库"，依次单击"保存""审核"按钮。

(4) 在采购管理系统中生成"采购发票"。

① 以采购人员"G01林群"身份登录，修改"注册日期"为"2025年7月3日"。

② 执行"供应链"|"采购管理"|"采购发票"|"专用采购发票"命令，单击工具栏中的"增加"按钮，使"生单"变成实色。单击"生单"旁边的向下箭头，选择"入库单"选项，在"拷贝并执行"界面，依次单击"全选""确定"按钮。

③ 在生成的专用发票界面，输入"发票号"为"1092348911"，依次单击"保存""结算"按钮，专用发票左上角随即显示"已结算"图标。

(5) 在应付款管理系统中审核专用发票并生成采购发票记账凭证。

① 以会计人员"W02张文华"身份登录，修改"注册日期"为"2025年7月3日"。

② 执行"财务会计"|"应付款管理"|"应付单据处理"|"应付单据审核"命令，在"应付单查询条件"对话框中，单击"确定"按钮，在"应付单据列表"窗口中，单击工具栏上的

"全选"及"审核"按钮,对相应发票进行审核(注:此操作会在专用发票左上角标注"已审核"字样)。

③ 执行"应付款管理"|"制单处理"命令,在"制单查询"界面,选择"发票制单"选项,单击"确定"按钮。

④ 在"采购发票制单"界面,依次单击"全选""制单"按钮,生成相应的记账凭证,单击"保存"按钮或按F6键保存。

(6) 在存货核算系统中完成存货记账并生成存货记账凭证。

① 执行"供应链"|"存货核算"|"业务核算"|"正常单据记账"命令,在"查询条件选择"对话框中,单击"确定"按钮,在"正常单据记账列表"窗口中,单击工具栏上的"全选"及"记账"按钮,对采购入库单进行记账。

② 执行"存货核算"|"财务核算"|"生成凭证"命令,在"查询条件"对话框中,单击"全消"按钮,选中"(01)采购入库单(报销记账)"复选框,单击"确定"按钮。

③ 在"未生成凭证单据一览表"窗口中,选择对应单据,单击"确定"按钮。

④ 在"生成凭证"界面,单击"生成"按钮,生成相应的记账凭证后,单击"保存"按钮。

相应的会计分录如下。

借:在途物资
　　应交税费——应交增值税(进项税)
　　　贷:应付账款
借:库存商品
　　　贷:在途物资

2. 普通采购业务2

验货完毕,7月6日,按发票金额以电汇的形式向山西春天家居用品制造有限公司付款。原始凭证如图7-15所示。

中国工商银行电汇凭证(付款通知)

日期:2025年7月6日									NO 21009878686			
收款人	山西春天家居用品制造有限公司			汇款人	天津新华家纺股份有限公司							
账号或地址	6227156789098256767			账号或地址	12001657901052500555							
兑付地点	天津市河西区	兑付行		汇款用途	购货款							
					千	百	十	万	千	百	十	元	角
汇款金额	人民币(大写)	壹拾万零壹仟柒佰元整					¥	1	0	1	7	0	0	0
收款人:(略)		复核:(略)			开票人:(略)							

图 7-15　电汇凭证

(1) 在应付款管理系统中录入"付款单"。

① 以出纳人员"W03黄宁"身份登录,修改"注册日期"为"2025年7月6日"。

② 执行"财务会计"|"应付款管理"|"付款单据处理"|"付款单据录入"命令,在"付款单"界面,蓝色字体项目为必须输入项,单击"增加"按钮,选择"供应商"为"01 山西

春天家居用品制造有限公司"、"结算方式"为"5 电汇"，输入"金额"为"101 700.00"、"票据号"为"21009878686"。录入完毕，单击"保存"按钮。

(2) 在应付款管理系统中审核付款单并生成付款单记账凭证。

① 以会计人员"W02张文华"身份登录，修改"注册日期"为"2025年7月6日"。

② 执行"财务会计"|"应付款管理"|"付款单据处理"|"付款单据审核"命令，在"付款单查询条件"对话框中，单击"确定"按钮，在"收付款单列表"窗口中，单击工具栏上的"全选"及"审核"按钮，对相应付款单进行审核(注：此操作会在付款单左上角标注"已审核"字样)。

③ 执行"应付款管理"|"核销处理"|"手工核销"命令，选择"供应商"为"01 山西春天家居用品制造有限公司"，单击"确定"按钮。

④ 在单据核销界面，参照第一行"付款单"的相应金额，在"采购发票"一行的本次结算中录入金额并单击"保存"按钮。

⑤ 执行"应付款管理"|"制单处理"命令，在"制单查询"界面，选择"收付款单制单""核销制单"选项，单击"确定"按钮。

⑥ 在"应付制单"界面，单击"合并"按钮，生成相应的记账凭证，单击"保存"按钮或按F6键保存。

相应的会计分录如下。

借：应付账款
　　贷：银行存款

实训4　普通采购业务逆操作(选做业务)

⤵ 实训要求

普通采购业务逆向操作。

⤵ 岗位说明

以具有相应权限的操作员登录系统完成操作。

⤵ 实训指导

逆操作是指与正常流程顺序相反的操作，是修改任一流程中相应单据的必要步骤。其操作步骤需按实训1已执行步骤的倒序依次进行，直至返回所要修改的单据为止。

① 执行"应付款管理"|"单据查询"|"凭证查询"命令，删除记账凭证。

② 执行"总账"|"凭证"|"填制凭证"命令，定位作废标志的凭证，单击"整理凭证"按钮，完全删除凭证。

③ 取消核销。执行"应付款管理"|"其他处理"|"取消操作"命令，在"取消操作"界面，依次单击"全选""确认"按钮。

④ 付款单据撤销审核。执行"应付款管理"|"付款单据处理"|"付款单据审核"命令，选择"已审核"选项，单击"确定"按钮。筛选出已审核过的付款单，依次单击"全选""弃审"按钮。

⑤ 删除付款单。执行"应付款管理"|"付款单据处理"|"付款单据录入"命令，单击"末张"按钮，删除付款单。

⑥ 删除采购发票的记账凭证，操作方法同步骤①。

⑦ 应付单据取消审核。执行"应付款管理"|"应付单据处理"|"应付单据审核"命令，选择"已审核"选项，单击"确定"按钮，筛选出已审核的采购发票，依次单击"全选""弃审"按钮。

⑧ 采购入库单记账凭证的删除。执行"供应链"|"存货核算"|"财务核算"|"凭证列表"命令，单击"确定"按钮。对被选定的凭证进行删除操作。

⑨ 恢复记账(正常单据记账的逆操作)。执行"供应链"|"存货核算"|"业务核算"命令，单击"恢复记账"按钮，在"查询条件选择"对话框中，单击"确定"按钮，选中需要恢复记账的记录，单击工具栏中的"恢复"按钮。

⑩ 取消专用发票"已结算"。执行"供应链"|"采购管理"|"采购结算"|"结算单列表"命令，选择需要取消结算的记录，单击左上角的"删除"按钮即可。此时在"采购专用发票"界面，单击"刷新"按钮，"已结算"标志消失。

⑪ 删除专用采购发票。执行"供应链"|"采购管理"|"采购发票"|"专用采购发票"命令，选择相应的发票，删除即可。

⑫ 删除采购入库单。执行"供应链"|"库存管理"|"入库业务"|"采购入库单"命令，选择相应的入库单，单击工具栏中的"弃审"按钮，删除即可。

⑬ 删除采购到货单。执行"供应链"|"采购管理"|"采购到货"|"到货单"命令，选择相应的到货单，单击工具栏中的"弃审"按钮，删除即可。

⑭ 删除采购订单。执行"供应链"|"采购管理"|"采购订货"|"采购订单"命令，选择相应的订单，单击工具栏中的"弃审"按钮，删除即可。

⑮ 删除采购入库单作废凭证，操作方法同步骤①。

实训5　采购现结业务

⬇ 实训要求

完成以下采购现结业务处理。具体实训资料见实训指导。

⬇ 岗位说明

以"G01林群"身份登录平台，完成采购管理系统业务处理。

以"C01陈晨"身份登录平台，完成库存管理系统业务处理。

以"W02张文华"身份登录平台，完成存货核算系统业务处理和应付款管理单据审核及制单处理。

⬇ 实训指导

1. 采购现结业务1

7月7日，向山西春天家居用品制造有限公司签订采购合同。原始凭证如图7-16、图7-17所示。

购销合同

合同编号：CG0002

卖方：山西春天家居用品制造有限公司

买方：天津新华家纺股份有限公司

为保护买卖双方的合法权益，买卖双方根据《中华人民共和国民法典》的有关规定，经友好协商，一致同意签订本合同并共同遵守。

一、货物的名称、数量及金额

货物名称	规格型号	计量单位	数量	单价（不含税）	金额（不含税）	税率	税额
被芯(泰国产)	1.8M	件	300	100.00	30 000.00	13%	3 900.00
合　　计					￥30 000.00		￥3 900.00

二、合同总金额：人民币叁万叁仟玖佰元整(￥33 900.00)。

三、收款时间：买方于收到货物1个月内向卖方支付货款。

四、至付清所有合同款项前，卖方按买方未付款项与合同总价款的比例保留对合同标的物的所有权。

五、发货时间：卖方于签订合同当日以天津仓库发出全部商品。

六、发运方式：买方自提。

卖　方：山西春天家居用品制造有限公司

授权代表：赵　跃

日　期：2025年7月7日

买　方：天津新华家纺股份有限公司

授权代表：林　群

日　期：2025年7月7日

图 7-16　购销合同

商品入库单

验收仓库：床上用品仓库　　　　　日期：2025年7月7日

商品名称	型号	应收数量	实收数量	单价	核对结果	原因	处理结果
被芯(泰国产)	1.8M	300	300	100.00			
合　　计							

财务经理：略　　　　　部门经理：略　　　　　制表人：略

图 7-17　商品入库单

(1) 在采购管理系统中录入采购订单。

① 以采购人员"G01林群"身份登录，修改"注册日期"为"2025年7月7日"。

② 执行"供应链"|"采购管理"|"采购订货"命令，单击"采购订单"选项，然后单击"采购订单"界面左上角的"增加"按钮，录入相应采购信息，单击"审核"按钮。

(2) 在采购管理系统中生成采购到货单。

① 执行"供应链"|"采购管理"|"采购到货"命令，单击"到货单"选项，依次单击"增加""生单"按钮，单击"采购订单"选项。

② 在"查询条件"对话框中，单击"确定"按钮。在"拷贝并执行"对话框中选中相应记录，单击"确定"按钮。在"到货单"界面，依次单击"保存""审核"按钮。

(3) 在库存管理系统中生成“采购入库单”。

① 以仓管人员“C01陈晨”身份登录，修改“注册日期”为“2025年7月7日”。

② 执行“供应链”|“库存管理”|“入库业务”|“采购入库单”命令，单击工具栏中的“生单”按钮，选择“采购到货单(蓝字)”选项，在“查询”对话框中，单击“确定”按钮。

③ 进入“采购入库单”界面，单击表单中“仓库”栏右边的“参照”按钮，选择存货对应的“仓库”为“床上用品仓库”，依次单击“保存”“审核”按钮。

2. 采购现结业务2

7月16日，按合同金额以电汇的形式向山西春天家居用品制造有限公司付款，并收到对方公司邮寄的发票。原始凭证如图7-18、图7-19所示。

中国工商银行电汇凭证(付款通知)

日期：2025年7月16日　　　　NO 2101022201

收款人	山西春天家居用品制造有限公司			汇款人	天津新华家纺股份有限公司
账号或地址	6227156789098256767			账号或地址	12001657901052500555
兑付地点	天津市河西区	兑付行	工行河西支行	汇款用途	购货款

汇款金额	人民币（大写）	千	百	十	万	千	百	十	元	角	分
	叁万叁仟玖佰元整			¥	3	3	9	0	0	0	0

中国工商银行天津河西支行　2025.07.16　转讫

收款人：(略)　　复核：(略)　　开票人：(略)

图 7-18　电汇凭证

山西省增值税专用发票

3257462584　　开票日期：2025年7月16日　　No 1092348913

购货单位	名　　称：天津新华家纺股份有限公司 纳税人识别号：120101355203023526 地 址、电 话：天津市河西区珠江道86号 022-28285566 开户行及账号：中国工商银行天津河西支行12001657901052500555	密码区	10008978+*2><618//*464 64161145641/*-+4164><6*- 46></--2338990/*-52678 12345/*980--><-9807*90

货物或应税劳务名称	规格型号	单位	数量	单价	金额	税率	税额
被芯(泰国产)	1.8M	件	300	100.00	30 000.00	13%	3 900.00
合　计					¥30 000.00		¥3 900.00
价税合计	人民币(大写)叁万叁仟玖佰元整				(小写)¥33 900.00		

销货单位	名　　称：山西春天家居用品制造有限公司 纳税人识别号：14010378925647813 地 址、电 话：山西运城市万容县西贾工业园西座0359-86962998 开户行及账号：中国建行山西运城市万容支行6227156789098256767	备注	山西春天家居用品制造有限公司 14010378925647813 发票专用章

第三联：发票联　购买方记账凭证

收款人：略　　复核：略　　开票人：略　　销货单位：(章)

图 7-19　增值税专用发票

(1) 采购管理系统中生成采购发票。

① 以采购人员“G01林群”身份登录，修改“注册日期”为“2025年7月16日”。

② 执行“供应链”|“采购管理”|“采购发票”|“专用采购发票”命令，单击“增加”按钮，使“生单”变成实色。单击“生单”旁边的向下箭头，选择“入库单”选项，在“拷贝并执行”界面，依次单击“全选”“确定”按钮。

③ 在生成的专用发票界面，输入"发票号"为"1092348913"，依次单击"保存""结算"按钮，专用发票左上角随即显示"已结算"图标。

④ 单击"现付"按钮，在弹出的"采购现付"界面，按照"电汇付款通知"录入"结算方式"为"电汇"、"原币金额"为"33 900.00"、"票据号"为"2101022201"。

(2) 应付款管理系统中审核专用发票并生成采购发票记账凭证。

① 以会计人员"W02张文华"身份登录，修改"注册日期"为"2025年7月16日"。

② 执行"财务会计"|"应付款管理"|"应付单据处理"|"应付单据审核"命令，在"应付单查询条件"对话框中，选择"包含已现结发票"选项，单击"确定"按钮，在"应付单据列表"窗口中，依次单击"全选""审核"按钮，对相应发票进行审核(注：此操作会在专用发票左上角标注"已审核"字样)。

③ 执行"应付款管理"|"制单处理"命令，在"制单查询"界面，选择"现结制单"选项，单击"确定"按钮。

④ 在"现结制单"界面，依次单击"全选""制单"按钮，生成相应的记账凭证，单击"保存"按钮或按F6键保存。

(3) 在存货核算系统中完成存货记账并生成存货记账凭证。

① 执行"供应链"|"存货核算"|"业务核算"|"正常单据记账"命令，在"查询条件选择"对话框中，单击"确定"按钮，在"正常单据记账列表"窗口中，单击工具栏上的"全选"及"记账"按钮，对采购入库单进行记账。

② 执行"存货核算"|"财务核算"|"生成凭证"命令，在"查询条件"对话框中，单击"全消"按钮，选中"(01)采购入库单(报销记账)"复选框，单击"确定"按钮。

③ 在"未生成凭证单据一览表"窗口中，选择对应单据，单击"确定"按钮。

④ 在"生成凭证"界面，单击"生成"按钮，生成相应的记账凭证后，单击"保存"按钮。

相应的会计分录如下。

借：在途物资
  应交税费——应交增值税(进项税)
   贷：银行存款
借：库存商品
   贷：在途物资

实训6 采购退货业务

▶ 实训要求

完成以下采购退货业务处理。具体实训资料见实训指导。

▶ 岗位说明

以"G01林群"身份登录平台，完成采购管理系统业务处理。

以"C01陈晨"身份登录平台，完成库存管理系统业务处理。

以"W02张文华"身份登录平台，完成应付款管理系统及存货核算系统业务处理。

实训指导

2025年7月19日，发现采购的空调被有2件存在质量问题，需做退货处理。原始凭证如图7-20、图7-21所示。

山西省增值税专用发票

3257462584　　开票日期：2025年7月19日　　No 1092348912

购货单位	名　　称：天津新华家纺股份有限公司 纳税人识别号：120101355203023526 地 址、电 话：天津市河西区珠江道86号 022-28285566 开户行及账号：中国工商银行天津河西支行120016579010525005555			密码区	10008978+*2><618//*464 64161145641/*-+4164><6*- 46></--2338990/*-52678 12345/*980--><-9807*90		
货物或应税劳务名称	规格型号	单位	数量	单价	金额	税率	税额
空调被(美梦)	1.8M	件	2	-300.00	-600.00	13%	-78.00
合　计					¥-600.00		¥-78.00
价税合计	人民币(大写)(负数)陆佰柒拾捌元整				(小写)¥-678.00		
销货单位	名　　称：山西春天家居用品制造有限公司 纳税人识别号：14010378925647813 地 址、电 话：山西运城市万容县西贯工业园西座0359-86962998 开户行及账号：中国建行山西运城市万容支行6227156789098256767			备注			

收款人：略　　复核：略　　开票人：略　　销货单位：(章)

第三联：发票联　购买方记账凭证

图 7-20　增值税专用发票

商品入库单

验收仓库：床上用品仓库　　日期：2025年7月19日

商品名称	型号	应收数量	实收数量	单价	核对结果	原因	处理结果
空调被(美梦)	1.8M	-2	-2				
合　计							

财务经理：略　　部门经理：略　　制表人：略

图 7-21　商品入库单

(1) 在采购管理系统中根据原采购订单生成采购退货单。

① 以采购人员“G01林群”身份登录，修改“注册日期”为“2025年7月19日”。

② 执行“供应链”|“采购管理”|“采购到货”命令，双击“采购退货单”选项，单击左上角工具栏中的“增加”按钮，再单击工具栏中的“生单”按钮，单击“到货单”选项，在“查询条件”对话框中，单击“确定”按钮。在“拷贝并执行”对话框中，单击“全选”按钮，选择相应采购信息，单击“确定”按钮。在“采购退货单”窗口中，修改“退货数量”为“-2”，依次单击“保存”“审核”按钮。

(2) 在库存管理系统中生成红字采购入库单。

① 以仓管人员“C01陈晨”身份登录，修改“注册日期”为“2025年7月19日”。

② 执行“供应链”|“库存管理”|“入库业务”|“采购入库单”命令，单击工具栏中的

"生单"按钮，选择"采购到货单(红字)"选项，在"查询"对话框中，单击"确定"按钮。

③ 进入"采购入库单"窗口，单击表体"仓库"栏右侧的"参照"按钮，选择存货对应的"仓库"为"床上用品仓库"，依次单击"保存""审核"按钮。

(3) 在采购管理系统中生成采购红字发票。

① 以采购人员"G01林群"身份登录，修改"注册日期"为"2025年7月19日"。

② 执行"供应链"|"采购管理"|"采购发票"|"红字专用采购发票"命令，单击工具栏中的"增加"按钮，使"生单"变成实色。单击"生单"旁边的向下箭头，选择"入库单"，在"拷贝并执行"界面，依次单击"全选""确定"按钮。

③ 在生成的专用发票界面，输入"发票号"为"1092348912"，单击"保存"按钮，并单击"结算"按钮，专用发票左上角随即显示"已结算"图标。

(4) 在应付款管理系统中审核红字专用发票并生成红字退货记账凭证。

① 以会计人员"W02张文华"身份登录，修改"注册日期"为"2025年7月19日"。

② 执行"财务会计"|"应付款管理"|"应付单据处理"|"应付单据审核"命令，在"应付单查询条件"对话框中，单击"确定"按钮，在"应付单据列表"窗口中，单击工具栏上的"全选"及"审核"按钮，对相应发票进行审核(注：此操作会在专用发票左上角标注"已审核"字样)。

③ 执行"应付款管理"|"制单处理"命令，在"制单查询"界面，选择"发票制单"选项，单击"确定"按钮。

④ 在"采购发票制单"界面，依次单击"全选""制单"按钮，生成相应的记账凭证，单击"保存"按钮或按F6键保存。

❖ **注意：**

◇ 因退货前，已向供应商付清货款(详见实训1)，故而保存凭证时会显示"凭证赤字提示"信息框。后续收回供应商退款，由"W03黄宁"录入负数"付款单"，由"W02张文华"审核付款单、核销并合并制单。

(5) 在存货核算系统中存货记账并生成存货记账凭证。

① 执行"供应链"|"存货核算"|"业务核算"|"正常单据记账"命令，在"查询条件选择"对话框中，单击"确定"按钮，在"正常单据记账列表"窗口中，单击工具栏上的"全选"及"记账"按钮，对采购入库单进行记账。

② 执行"存货核算"|"财务核算"|"生成凭证"命令，在"查询条件"对话框中，单击"全消"按钮，选中"(01)采购入库单(报销记账)"复选框，单击"确定"按钮。

③ 在"未生成凭证单据一览表"窗口中，选择对应单据，单击"确定"按钮。

④ 在"生成凭证"界面，单击"生成"按钮，生成相应的记账凭证后，单击"保存"按钮。

相应的会计分录如下。

借：在途物资(负数)
　　应交税费——应交增值税(进项税)(负数)
　　贷：应付账款(负数)
借：库存商品(负数)
　　贷：在途物资(负数)

实训7 含现金折扣的采购业务

实训要求

完成以下含现金折扣的采购业务处理。具体实训资料见实训指导。

岗位说明

以"G01林群"身份登录平台，完成采购管理系统业务处理。

以"C01陈晨"身份登录平台，完成库存管理系统业务处理。

以"W03黄宁"身份登录平台，完成选择付款业务处理。

以"W02张文华"身份登录平台，完成应付款管理系统及存货核算系统业务处理。

实训指导

2025年7月20日，向山西春天家居用品制造有限公司采购商品。原始凭证如图7-22～图7-26
所示。

购 销 合 同

合同编号：CG0003

卖方：山西春天家居用品制造有限公司

买方：天津新华家纺股份有限公司

为保护买卖双方的合法权益，买卖双方根据《中华人民共和国民法典》的有关规定，经友好协商，一致同意签订
本合同并共同遵守。

一、货物的名称、数量及金额

货物名称	规格 型号	计量 单位	数量	单价 (不含税)	金 额 (不含税)	税率	税额
纯棉浴巾 （春天）	70cm*140cm	条	500	25.00	12 500.00	13%	1 625.00
沐浴防滑拖鞋女 （春天）	37~40 码	双	600	18.00	10 800.00		1 404.00
儿童床上四件套 （春天）	1.5M	套	400	160.00	64 000.00		8 320.00
合　　　计					￥87 300.00		￥11 349.00

二、合同总金额：人民币(大写)玖万捌仟陆佰肆拾玖元整(￥98 649.00)。

三、收款方式：签订合同当日已办理托收承付手续。现金折扣条件：2/10,1/20,n/30(价款)。按不含税金额约定折扣
基数。

四、发货时间：卖方于7月20日发出所有商品。本月30日前买方有权对商品质量问题退货。

五、发运方式：卖方承运。

卖　　方：山西春天家居用品制造有限公司　　　　买　　方：天津新华家纺股份有限公司

授权代表：赵跃　　　　　　　　　　　　　　　　授权代表：林群

日　　期：2025年7月20日　　　　　　　　　　　日　　期：2025年7月20日

图 7-22　购销合同

山西省增值税专用发票

1401946572　　　　　　　　开票日期：2025年7月21日　　　　　　　No111290878689

购货单位	名　称：天津新华家纺股份有限公司 纳税人识别号：12010135520323526 地址、电话：天津市河西区珠江道86号 022-28285566 开户行及账号：中国工商银行天津河西支行12001657901052500555	密码区	1000895645+*2><618//*4646 4161145641/*-+4164><6758/ *-46></-45487690/*-5267812 345/*980--><-89789

货物或应税劳务名称	规格型号	单位	数量	单价	金额	税率	税额
纯棉浴巾(春天)	70cm*140cm	条	500	25.00	12 500.00	13%	1 625.00
沐浴防滑拖鞋女(春天)	37~40码	双	600	18.00	10 800.00	13%	1 404.00
儿童床上四件套(春天)	1.5M	套	400	160.00	64 000.00	13%	8 320.00
合　计					¥87 300.00		¥11 349.00

价税合计	人民币(大写)玖万捌仟陆佰肆拾玖元整		(小写)¥98 649.00

销货单位	名　称：山西春天家居用品制造有限公司 纳税人识别号：14010378925647813 地址、电话：山西运城市万容县西贾工业园区西座0359-86962998 开户行及账号：中国建行山西运城市万容支行6227156789098256767	备注	山西春天家居用品制造有限公司 14010378925647813 发票专用章

收款人： 略　　　　复核： 略　　　　开票人： 略　　　　销货单位：(章)

第三联：发票联　购货方记账凭证

图 7-23　增值税专用发票

商品入库单

验收仓库：卫浴用品仓库　　　　日期：2025年7月21日

商品名称	型号	应收数量	实收数量	单价	核对结果	原因	处理结果
纯棉浴巾（春天）	70cm*140cm	500	500	25.00			
沐浴防滑拖鞋女（春天）	37~40码	600	600	18.00			
合　计							

财务经理： 略　　　　部门经理： 略　　　　制表人： 略

图 7-24　商品入库单（卫浴用品）

商品入库单

验收仓库：床上用品仓库　　　　日期：2025年7月21日

商品名称	型号	应收数量	实收数量	单价	核对结果	原因	处理结果
儿童床上四件套（春天）	1.5M	400	400	160.00			
合　计							

财务经理： 略　　　　部门经理： 略　　　　制表人： 略

图 7-25　商品入库单（床上用品）

中国工商银行托收承付结算凭证(付款凭证)

2025年7月21日

收款单位	全　称	山西春天家居用品制造有限公司	付款单位	全　称	天津新华家纺股份有限公司									
	账号或地址	中国建行山西运城市万容支行 6227156789098256767		账号或地址	中国工商银行天津河西支行 12001657901052500555									
	汇入地点	运城市	汇入行名称	建行运城市万容支行		汇出地点	天津市		汇出行名称		工行河西支行			
金额		人民币(大写)玖万陆仟玖佰零叁元整			千	百	十	万	千	百	十	元	角	分
						￥	9	6	9	0	3	0	0	
附　件			商品发运情况				合同名称号码							
附寄单证张数或册数			自　提											
备注			付款单位注意:											

单位主管: (略)　会计: (略)　复核: (略)　记账: (略)　付款单位开户行盖章 2025年7月21日

图 7-26　托收承兑结算凭证

(1) 在采购管理系统中录入采购订单。

① 以采购人员"G01林群"身份登录,修改"注册日期"为"2025年7月21日"。

② 执行"供应链"|"采购管理"|"采购订货"命令,单击"采购订单"选项,然后单击"采购订单"界面左上角工具栏中的"增加"按钮,在订单的表头"付款条件"选项中,按合同选择"2/10,1/20,n/30"后,录入相应采购信息,单击"审核"按钮。

(2) 在采购管理系统中生成采购到货单。

① 执行"供应链"|"采购管理"|"采购到货"命令,单击"到货单"选项,再依次单击"增加"和"生单"按钮。

② 单击"采购订单"选项,在"查询条件"对话框中,单击"确定"按钮。在"拷贝并执行"对话框中,选中相应记录,单击"确定"按钮。在"到货单"对话框中,依次单击"保存""审核"按钮。

(3) 在库存管理系统中生成采购入库单。

① 以仓管人员"C01陈晨"身份登录,修改"注册日期"为"2025年7月21日"。

② 执行"供应链"|"库存管理"|"入库业务"|"采购入库单"命令,单击工具栏上的"生单"按钮,选择"采购到货单(蓝字)"选项,在"查询"对话框中,单击"确定"按钮。进入"采购入库单"窗口,单击表单"仓库"栏右边的"参照"按钮,选择存货对应的"仓库"为"卫浴用品仓库",删除表体中"儿童床上四件套(春天)"所在行记录,依次单击"保存""审核"按钮。

③ 同理,生成"儿童床上四件套(春天)"入库单。

(4) 在采购管理系统中生成"采购发票"。

① 以采购人员"G01林群"身份登录,修改"注册日期"为"2025年7月21日"。

② 执行"供应链"|"采购管理"|"采购发票"|"专用采购发票"命令,单击"增加"按钮,使"生单"变成实色。单击"生单"旁边的向下箭头,选择"入库单"选项,在"拷贝并执行"界面,依次单击"全选""确定"按钮。在生成的专用发票界面,输入"发票号"为"111290878689",依次单击"保存""结算"按钮,专用发票左上角随即显示"已结算"图标。

（5）在应付款管理系统中审核专用发票并生成采购发票记账凭证。

① 以会计人员"W02张文华"身份登录，修改"注册日期"为"2025年7月21日"。

② 执行"财务会计"|"应付款管理"|"应付单据处理"|"应付单据审核"命令，在"应付单查询条件"对话框中，单击"确定"按钮，在"应付单据列表"窗口中，单击工具栏上的"全选"及"审核"按钮，对相应发票进行审核(注：此操作会在专用发票左上角标注"已审核"字样)。

③ 执行"应付款管理"|"制单处理"命令，在"制单查询"界面，选择"发票制单"选项，单击"确定"按钮。在"采购发票制单"界面，依次单击"全选""制单"按钮，生成相应的记账凭证，单击"保存"按钮或按F6键保存。

（6）在应付款管理系统中生成"付款单"。

① 以出纳人员"W03黄宁"身份登录，修改"注册日期"为"2025年7月21日"。

② 执行"财务会计"|"应付款管理"|"选择付款"命令，在"选择付款—条件"界面，选择"供应商"为"01 山西春天家居用品制造有限公司"，单击"确定"按钮。

③ 在"选择付款列表"界面的"本次折扣"栏输入"1 746.00"，"付款金额"自动计算为"96 903.00"(即不含税金额87 300.00×0.98+增值税额11 349.00)。录入完毕，单击"确定"按钮。

④ 弹出"选择付款—付款单"窗口，选择"结算方式"为"8托收承付"，单击"确定"按钮。

（7）在应付款管理系统中生成付款单记账凭证。

① 以会计人员"W02张文华"身份登录，修改"注册日期"为"2025年7月21日"。

② 执行"应付款管理"|"制单处理"命令，在"制单查询"界面，选择"收付款单制单""核销制单"选项，并单击"确定"按钮。

③ 在"应付制单"界面，单击"合并"按钮，生成相应的记账凭证，单击"保存"按钮或按F6键保存。

（8）在存货核算系统中完成存货记账并生成存货记账凭证。

① 执行"供应链"|"存货核算"|"业务核算"|"正常单据记账"命令，在"查询条件选择"对话框中，单击"确定"按钮，在"正常单据记账列表"窗口中，单击工具栏上的"全选"及"记账"按钮，对采购入库单进行记账。

② 在"查询条件"对话框中，单击"全消"按钮，选中"(01)采购入库单(报销记账)"复选框，单击"确定"按钮。

③ 在"未生成凭证单据一览表"窗口中，选择"对应单据"选项，单击"确定"按钮。

④ 在"生成凭证"界面，单击"生成"按钮，生成相应的记账凭证后，单击"保存"按钮。

知识拓展

在存货核算系统中实现采购货物合并制单

按照会计实务的做账原理，我们也可以将两张凭证生成一张合并分录的记账凭证，即在上述步骤(5)的第②步"财务会计"|"应付款管理"模块中审核完采购发票后，不执行后续步骤，即不生成"在途物资"的记账凭证，然后完成上述步骤(6)与步骤(7)。

在完成步骤(8)的第③步时注意，在“未生成凭证单据一览表”中，需选中左上角“已结算采购入库单自动选择全部结算单上单据(包括入库单、发票、付款单)，非本月采购入库单按蓝字报销制单”的选择框，同时选择对应单据，单击“确定”按钮。

在“生成凭证”界面，单击“生成”按钮，生成相应的记账凭证后，单击“保存”按钮，即可生成“借：库存商品、应交税费——应交增值税(进项税额)，贷：银行存款”的合并分录记账凭证。

实训8　代垫运费二次分摊

实训要求

完成以下代垫运费分摊业务处理。具体实训资料见实训指导。

岗位说明

以“G01林群”身份登录平台，完成采购管理系统业务处理。

以“W02张文华”身份登录平台，完成应付款管理系统及存货核算系统业务处理。

实训指导

采购部门收到快递公司送来山西春天公司代垫我公司21日采购业务的运费单据，款项我公司暂未支付。原始凭证如图7-27所示。

山西省增值税专用发票

1041921368　　开票日期：2023年7月22日　　No 45678931822

购货单位	名　　称：天津新华家纺股份有限公司 纳税人识别号：120101355203023526 地 址、电 话：天津市河西区珠江道86号 022-28285566 开户行及账号：中国工商银行天津河西支行12001657901052500555				密码区	10008978+*2><618//*464641611 45641/*-+4164><6*- 46></--2338990/*-52678 12345/*980--><-9807*90	
货物或应税劳务名称	规格型号	单位	数量	单价	金额	税率	税额
运费		千米	1000	3.00	3 000.00	9%	270.00
合　计					￥3 000.00		￥270.00
价税合计	人民币(大写)叁仟贰佰柒拾元整				(小写)￥3 270.00		
销货单位	名　　称：山西捷达运输公司 纳税人识别号：140104102100989767 地 址、电 话：山西省运城市广元路78号 0359-86745678 开户行及账号：中国建设银行运城市广田支行62278909674567345565				备注	山西捷达运输公司 140104102100989767 发票专用章	

收款人：(略)　　复核：(略)　　开票人：(略)　　销货单位：(章)

第三联：发票联　购货方记账凭证

图7-27　增值税专用发票

按照会计理论，运费需要核算到货物成本中。在此处，我们需用到采购结算"费用折扣结算"功能，而不能采用原来的"手工结算"功能。因为在"手工结算"功能中，原来的入库单和采购发票已经被结算过一次，而无法再次查询到原凭证。

(1) 在采购管理系统中录入运费专用发票。

请参考前序业务操作指导，在此不再赘述。

(2) 在采购管理系统中完成费用分摊结算。

① 执行"供应链"|"采购管理"|"采购结算"命令，选择"费用折扣结算"功能，单击"查询"按钮，并选择相应的发票和入库单。

② 选择"费用分摊方式"为"按金额"。

(3) 在应付款管理系统中审核专用发票并生成采购发票记账凭证。

请参考前序业务操作指导，在此不再赘述。

(4) 在存货核算系统中完成存货记账及生成存货记账凭证。

请参考前序业务操作指导，在此不再赘述("类型"选择"(20)入库调整单")。

实训9　采购业务手工结算

▷ 实训要求

完成采购业务手工结算处理。具体实训资料见实训指导。

▷ 岗位说明

以"G01林群"身份登录平台，完成采购管理系统业务处理。

以"C01陈晨"身份登录平台，完成库存管理系统业务处理。

以"W03黄宁"身份登录平台，完成付款单录入。

以"W02张文华"身份登录平台，完成应付款管理系统及存货核算系统业务处理。

▷ 实训指导

2025年7月22日，向山西春天家居用品制造有限公司采购商品。原始凭证如图7-28～图7-32所示。

购销合同

合同编号：CG0004

卖方：山西春天家居用品制造有限公司

买方：天津新华家纺股份有限公司

为保护买卖双方的合法权益，买卖双方根据《中华人民共和国民法典》的有关规定，经友好协商，一致同意签订本合同并共同遵守。

一、货物的名称、数量及金额

货物名称	规格型号	计量单位	数量	单价(不含税)	金额(不含税)	税率	税额
纯棉浴巾(春天)	70cm*140cm	条	500	25.00	12 500.00	13%	1 625.00
合　计					￥12 500.00		￥1 625.00

二、合同总金额：人民币(大写)壹万肆仟壹佰贰拾伍元整(￥14 125.00)。

三、收款方式：签订合同当日已办理托收承付手续。

四、发货时间：卖方于7月22日发出所有商品。本月30日前买方有权因商品质量问题退货。

五、发运方式：买方承运。

卖　方：山西春天家居用品制造有限公司

授权代表：赵跃　　合同专用章

日　期：2025年7月22日

买　方：天津新华家纺股份有限公司

授权代表：林群　　合同专用章

日　期：2025年7月22日

图 7-28　购销合同

山西省增值税专用发票

1401946572　　开票日期：2025年7月22日　　No 111290878690

购货单位	名称：天津新华家纺股份有限公司 纳税人识别号：120101355203023526 地址、电话：天津市河西区珠江道86号 022-28285566 开户行及账号：中国工商银行天津河西支行12001657901052500555	密码区	1000895645+*2><618//*4646 4161145641/*-+4164><6758/*-46></--45487690/*-52678123 45/*980-->

货物或应税劳务名称	规格型号	单位	数量	单价	金额	税率	税额
纯棉浴巾(春天)	70cm*140cm	条	500	25.00	12 500.00	13%	1 625.00
合　计					￥12 500.00		￥1 625.00

价税合计　人民币(大写)壹万肆仟壹佰贰拾伍元整　(小写)￥14 125.00

销货单位	名称：山西春天家居用品制造有限公司 纳税人识别号：14010378925647813 地址、电话：山西运城市万容县西贾工业园西座0359-86962998 开户行及账号：中国建行山西运城市万容支行6227156789098256767

收款人：略　　复核：略　　开票人：略　　销货单位：(章)

图 7-29　增值税专用发票

商品入库单

验收仓库：卫浴用品仓库　　　　　　日期：2025年7月22日

商品名称	型号	应收数量	实收数量	单价	核对结果	原因	处理结果
纯棉浴巾(春天)	70cm*140cm	500	500	25.00			
合　计							

财务经理：略　　　　　　部门经理：略　　　　　　制表人：略

图 7-30　商品入库单

山西省增值税专用发票

1041921368　　　　　　开票日期：2025年7月22日　　　　　　No 45678931823

购货单位	名　称：天津新华家纺股份有限公司 纳税人识别号：120101355203023526 地址、电话：天津市河西区珠江道86号 022-28285566 开户行及账号：中国工商银行天津河西支行12001657901052500555	密码区	10008978+*2><618//*4646 4161145641/*-+4164><6*- 46></--2338990/*-52678 12345/*980-->< -9807*90

货物或应税劳务名称	规格型号	单位	数量	单价	金额	税率	税额
运费		千米	1000	0.30	300.00	9%	27.00
合　计					￥300.00		￥27.00

价税合计	人民币(大写)叁佰贰拾柒元整	(小写)￥327.00

销货单位	名　称：山西捷达运输公司 纳税人识别号：140104102100989767 地址、电话：山西省运城市广元路78号 0359-86745678 开户行及账号：中国建设银行运城市广田支行6227890967456734565

收款人：略　　复核：略　　开票人：略　　销货单位：(章)

图 7-31　增值税专用发票

中国工商银行托收承付结算凭证(付款凭证)

2025年7月22日

收款单位	全　称	山西春天家居用品制造有限公司	付款单位	全称	天津新华家纺股份有限公司										
	账号或地址	中国建行山西运城市万容支行 6227156789098256767		账号或地址	中国工商银行天津河西支行 12001657901052500555										
	汇入地点	运城市	汇入行名称	建行运城市万容支行	汇出地点	天津市	汇出行名称			工行河西支行					
						千	百	十	万	千	百	十	元	角	分
金额	人民币(大写)壹万肆仟肆佰伍拾贰元整						￥	1	4	4	5	2	0	0	

附　　　　件	商品发运情况	合同名称号码
附寄单证张数或册数	自　　提	

备注：　　　　　　　付款单位注意：

单位主管(略)　　会计(略)　　复核(略)　　记账(略)　　付款单位开户行盖章2025年7月22日

图 7-32　托收承付结算凭证

(1) 在采购管理系统中录入"采购订单"。

请参考前序业务操作指导，在此不再赘述。

(2) 在采购管理系统中生成"采购到货单"。

请参考前序业务操作指导，在此不再赘述。

(3) 在库存管理系统中生成"采购入库单"。

请参考前序业务操作指导，在此不再赘述。

(4) 在采购管理系统中生成"采购发票"及"运费发票"。

请参考前序业务操作指导，在此不再赘述。

(5) 在采购管理系统中完成发票手工结算(可以同时对多张入库单和多张发票进行手工结算)。

① 执行"供应链"|"采购管理"|"采购结算"命令，选择"手工结算"功能，单击"查询"按钮，选择商品采购发票、运费采购发票的同时，选中对应采购入库单。

② 选择"费用分摊方式"为"按数量"，单击"结算"按钮即可。

(6) 在应付款管理系统中录入付款单、审核专用发票、核销并生成记账凭证。

请参考前序业务操作指导，在此不再赘述。

(7) 在存货核算系统中存货记账并生成存货记账凭证。

请参考前序业务操作指导，在此不再赘述。

知识拓展

货到票未到的采购业务

货到票未到指货物已经收到，但是发票未收到。按发票收到的时间，又分为本月收到和跨月收到。

○ 本月收到发票的处理方法

① 压单处理，收到发票之前不做任何处理，即汇款单据与发票在同一日进行账务处理。

② 按发生日期处理，即按发生日期，分别手工填制专用发票和付款单，然后进行应付单据审核、核销等操作。

○ 跨月收到发票的处理方法

跨月收到发票是指，在货物到达的本月月底前未付款及未收到发票。

此种处理方式在会计上称为暂估，即按照入库单预估价格进行先期记账，也即在暂估成本录入环节录入商品的单价，然后进行单据记账，并生成暂估记账凭证。

下月收到发票后，暂估分为3种处理方式：单到回冲、月初回冲、单到补差。

① 单到回冲：单到回冲是指报销处理时，系统自动生成红字回冲单，并生成采购报销入库单。

② 月初回冲：月初回冲是指月初时系统自动生成红字回冲单，报销处理时，系统自动根据报销金额生成采购报销入库单。

③ 单到补差：单到补差是指报销处理时，系统自动生成一笔调整单，调整金额为实际金额与暂估金额的差额来处理暂估业务。

实训10 采购暂估业务

⬛ 实训要求

完成采购暂估业务处理。具体实训资料见实训指导。

⬛ 岗位说明

以"G01林群"身份登录平台，完成采购管理系统业务处理。

以"C01陈晨"身份登录平台，完成库存管理系统业务处理。

以"W02张文华"身份登录平台，完成存货核算系统业务处理。

以"X01 段佳奕"身份登录平台，完成销售管理系统结账。

⬛ 实训指导

1. 采购暂估业务1

7月31日，向山西春天家居用品制造有限公司签订采购合同。原始凭证如图7-33、图7-34所示。

购 销 合 同

合同编号：CG0010

卖方：山西春天家居用品制造有限公司

买方：天津新华家纺股份有限公司

为保护买卖双方的合法权益，买卖双方根据《中华人民共和国民法典》的有关规定，经友好协商，一致同意签订本合同并共同遵守。

一、货物的名称、数量及金额

货物名称	规格 型号	计量 单位	数量	单 价 (不含税)	金 额 (不含税)	税 率	税 额
纯棉浴巾(晚安)	70cm*40cm	条	300	100.00	30 000.00	13%	3 900.00
合　　　计					¥30 000.00		¥3 900.00

二、合同总金额：人民币叁万叁仟玖佰元整(¥33 900.00)。

三、收款时间：买方于收到货物1个月内向卖方支付货款。

四、至付清所有合同款项前，卖方按买方未付款项与合同总价款的比例保留对合同标的物的所有权。

五、发货时间：卖方于签订合同当日从天津仓库发出全部商品。

六、发运方式：买方自提。

卖　方：山西春天家居用品制造有限公司

授权代表：赵　旺

日　　期：2025年7月31日

买　方：天津新华家纺股份有限公司

授权代表：林　群

日　　期：2025年7月31日

图7-33　购销合同

<table>
<tr><td colspan="9" align="center">商品入库单</td></tr>
<tr><td colspan="3">验收仓库：卫浴用品仓库</td><td colspan="6">日期：2025年7月31日</td></tr>
<tr><td>商品名称</td><td>型号</td><td>应收
数量</td><td>实收
数量</td><td>单价</td><td>核对
结果</td><td>原因</td><td colspan="2">处理结果</td></tr>
<tr><td>纯棉浴巾(晚安)</td><td>70cm*40cm</td><td>300</td><td>300</td><td></td><td></td><td></td><td colspan="2"></td></tr>
<tr><td></td><td></td><td></td><td></td><td></td><td></td><td></td><td colspan="2"></td></tr>
<tr><td></td><td></td><td></td><td></td><td></td><td></td><td></td><td colspan="2"></td></tr>
<tr><td colspan="2">合　　计</td><td></td><td></td><td></td><td></td><td></td><td colspan="2"></td></tr>
<tr><td colspan="3">财务经理：略</td><td colspan="3">部门经理：略</td><td colspan="3">制表人：略</td></tr>
</table>

图 7-34　商品入库单（卫浴用品）

(1) 在采购管理系统中生成"采购到货单"。

请参考前序业务操作指导，在此不再赘述。

(2) 在库存管理系统中生成"采购入库单"。

请参考前序业务操作指导，在此不再赘述。

(3) 在存货核算系统中完成存货暂估记账并生成暂估记账凭证。

① 以会计人员"W02张文华"身份登录，修改"注册日期"为"2025年7月31日"。

② 执行"供应链"|"存货核算"|"业务核算"命令，单击"暂估成本录入"选项，在"查询条件选择"对话框中，选择"仓库"为"卫浴用品仓库"，单击"确定"按钮，在"单价"栏录入"100.00"，单击"保存"按钮。

③ 执行"供应链"|"存货核算"|"业务核算"|"正常单据记账"命令，在"正常单据记账列表"窗口中，依次单击"全选"及"记账"按钮，对采购入库单进行记账。

④ 执行"存货核算"|"财务核算"|"生成凭证"命令，在"查询条件"对话框中，单击"全消"按钮，选中"(01)采购入库单(暂估记账)"复选框，单击"确定"按钮。

⑤ 在"未生成凭证单据一览表"窗口中，选择对应单据，单击"确定"按钮。

⑥ 在"生成凭证"界面，单击"生成"按钮，生成记账凭证后，单击"保存"按钮。

相应的会计分录如下。

借：库存商品

　　贷：应付账款——暂估应付款

2. 采购暂估业务2

次月6日，收到7月31日采购业务发票。原始凭证如图7-35所示。

(1) 采购管理系统结账。

① 执行"采购管理"|"月末结账"命令，打开"月末结账"对话框。

② 单击7月所在行，选中该条记录。

③ 单击"结账"按钮，系统弹出"月末结账"信息提示框，提示"是否关闭订单？"，单击"是"按钮。在"查询条件—采购订单列表"窗口中，在"是否关闭"列表框中选择"否"按钮。单击"确定"按钮，查看是否存在业务处理完成但未关闭订单，若存在，则选中相应记录，单击"批关"按钮。

山西省增值税专用发票

1401946572　　开票日期：2025年8月6日　　No 567890116933

购货单位	名　　称：天津新华家纺股份有限公司 纳税人识别号：120101355203023526 地 址、电 话：天津市河西区珠江道86号 022-28285566 开户行及账号：中国工商银行天津河西支行12001657901052500555				密码区	1000895645+*2><618//*4646 4161145641/*-+4164><675 8/*-46></--45487690/*-5267 812345/*980-->		
货物或应税劳务名称	规格型号	单位	数量	单价	金额	税率	税额	
纯棉浴巾(晚安)	70cm*140cm	条	300	100.00	30 000.00	13%	3 900.00	
合　计					￥30 000.00		￥3 900.00	
价税合计	人民币(大写)叁万叁仟玖佰元整				(小写)￥33 900.00			
销货单位	名　　称：山西春天家居用品制造有限公司 纳税人识别号：14010378925647813 地 址、电 话：山西运城市万容县西贾工业园西座0359-86962998 开户行及账号：中国建行山西运城市万容支行6227156789098256767				备注			

收款人：略　　复核：略　　开票人：略　　销货单位：(章)

第三联：发票联　购货方记账凭证

图 7-35　增值税专用发票

④ 返回“月末结账”界面，单击“结账”按钮，弹出“月末结账完毕！”信息提示框，单击“确定”按钮，“是否结账”一栏显示“已结账”字样。

⑤ 单击“退出”按钮。

(2) 销售管理系统结账。

同理，完成销售管理系统结账。

(3) 库存管理系统结账。

① 执行“库存管理”|“月末结账”命令，打开“月末结账”对话框。

② 单击7月所在行，选中该条记录。

③ 单击“结账”按钮，弹出“库存启用月份结账后将不能修改期初数据，是否继续结账？”信息提示框，单击“是”按钮，“是否结账”一栏显示“已结账”字样。

④ 单击“退出”按钮。

(4) 存货核算系统结账。

① 执行“存货核算”|“业务核算”|“期末处理”命令，打开“期末处理”对话框。

② 选择需要进行期末处理的仓库，单击“确定”按钮，系统弹出“您将对所选仓库进行期末处理，确认进行吗？”信息提示框，单击“确定”按钮，系统自动计算存货成本。完成后，系统弹出“期末处理完成！”信息提示框，单击“确定”按钮返回。

③ 执行“业务核算”|“月末结账”命令，打开“月末结账”对话框。

④ 单击“确认”按钮，系统弹出“月末结账完成！”信息提示框，单击“确定”按钮返回。

(5) 暂估成本结算处理。

① 以采购人员“G01林群”身份登录，修改“注册日期”为“2025年8月6日”。

② 执行“供应链”|“采购管理”|“采购发票”|“专用采购发票”命令，单击工具栏中的“增加”按钮，使“生单”变成实色。单击“生单”旁边的向下箭头，选择“入库单”选项，在“拷贝并执行”界面，依次单击“全选”“确定”按钮。

③ 在生成的专用发票界面，输入“发票号”为“567890116933”，依次单击工具栏中的

"保存""结算"按钮,专用发票左上角随即显示"已结算"图标。

④ 以会计人员"W02张文华"身份登录,修改"注册日期"为"2025年8月6日"。

⑤ 执行"财务会计"|"应付款管理"|"应付单据处理"|"应付单据审核"命令,在"应付单查询条件"对话框中,单击"确定"按钮,在"应付单据列表"窗口中,单击工具栏上的"全选"及"审核"按钮,对相应发票进行审核并制单。

⑥ 执行"供应链"|"存货核算"|"业务核算"|"结算成本处理"命令,选择"卫浴用品仓库",选择显示记录,单击工具栏上的"暂估"按钮。

⑦ 执行"存货核算"|"财务核算"|"生成凭证"命令,在"查询条件"对话框中,单击"全消"按钮,选中"(24)红字回冲单""(30)蓝字回冲单(报销)"复选框,单击"确定"按钮。

⑧ 依次单击"全选""确定"按钮,在"生成凭证"界面,补录红字回冲单贷方科目为"应付账款——暂估应付款"。生成凭证,修改红字"凭证日期"为"2025年8月6日"后,保存两张凭证。

⑨ 将账套输出至D盘根目录下"7-3采购与应付"文件夹。

素养园地

数字中国(七)——南方水泥:党建引领数字化转型

南方水泥是中国建材旗下水泥业务板块的核心企业之一。公司拥有123家水泥企业、185家商混(商品混凝土)企业,水泥与商混综合产能位居全国第一。

2023年6月7日,习近平总书记致信祝贺首届文化强国建设高峰论坛开幕。总书记强调,要全面贯彻新时代中国特色社会主义思想和党的二十大精神,更好担负起新的文化使命,坚定文化自信,秉持开放包容,坚持守正创新,激发全民族文化创新创造活力,在新的历史起点上继续推动文化繁荣、建设文化强国、建设中华民族现代文明,不断促进人类文明交流互鉴,为强国建设、民族复兴注入强大精神力量。

"党建引领数字化转型"为企业高质量发展插上腾飞的翅膀

南方水泥秉承习近平总书记《贺信》精神,坚持党的全面领导,深化国企改革,推动高质量发展。公司致力于党建和经营深度融合,以数字化转型加强企业核心竞争力。通过建立数字化平台,覆盖党建、生产、物流等多个领域,实现党务管理的现代化。同时,南方水泥在智能制造和绿色发展方面也取得显著成果,如智能工厂的建设和绿色矿山的开发等。未来,南方水泥将持续发力,致力于成为世界一流企业。

南方水泥在采购这个关键场景进行了数智化转型。在水泥行业,采购是关键的业务场景之一,采购链效率直接影响水泥企业的发展水平。南方水泥与数智化转型服务商用友合作,在用友新一代产品——用友BIP的助力下,针对采购这一关键场景,顺利搭建起数智化业财一体化平台,规范了企业采购流程,同时加强了对外部供应商的数据整合与管理,实现全供应链的全流程可视化,实现全公司96%以上的采购流程在线化、库存共享化。

南方水泥通过这一数智化采购平台的助力,取得了显著的成果。采购平台的建设,规范了企业采购流程,将供应商与南方水泥业务订单处理相连接,同时与外部TMS平台进行整合,实现全采购/供应链条上的可视化，对订单确认、供应商发货、物流跟踪、入库签收、对账开票整个流程进行端到端一体化管控。通过供应商统一准入管理，实现全公司96%以上的采购流程在线化，采购效率提升了10%，同时达成库存共享。此外，同品类物资采购成本环比降低了3%～4%；每年超10亿元的呆滞物资通过联采联储在全公司200多个工厂共享，仅此一项就节约成本近1亿元；通过规模化集中采购对共用件形成的议价优势，节约成本超2 000万元。

在这个过程中，用友凭借多年积累的行业经验，深入洞悉南方水泥面临的具体业务痛点，并基于用友BIP这一在产品、技术和生态方面均具领先性的数智商业应用级基础设施，深度融入行业场景，充分发挥数智技术的使能价值，激活南方水泥业务场景数据，最终助力其实现业务创新。双方对行业具体场景的深刻洞察，成为解决问题的关键突破口。

理论知识

8.1 销售与应收款管理系统概述

8.1.1 销售与应收款管理系统的功能

销售与应收款管理系统是集销售业务处理、计划、核算、监督、分析等功能于一体的管理系统，以完成销售业务处理和提升企业经济效益为目标。销售与应收款管理系统将销售业务处理和核算合为一体，实现对销售业务的事前规划、事中控制及事后分析的全流程管理。

8.1.2 销售与应收款管理系统和其他系统之间的关系

销售与应收款管理系统中录入的销售订单、销售发货单传递到库存管理系统中生成销售出库单，并将出库情况反馈给销售与应收款管理系统。销售管理与应收款管理可以根据库存管理系统的销售出库单生成销售发票。

经过审核确认的出库单传递到存货核算系统中登记存货明细账；存货核算系统为销售管理系统提供销售成本。

销售与应收款管理系统中销售发票记账、应收款核销等业务生成的记账凭证传递到总账管理系统，在总账管理系统中可进行查询、审核和记账操作。

销售与应收款管理系统处理直运业务时，销售管理与应收款管理中的销售订单会传递到采购与应付款管理系统中生成采购订单；直运销售发票传递到存货核算系统中登记存货明细表；当企业不启用直运销售必有订单控制时，直运销售发票会传递到采购管理系统中；直运采购发票可参照直运销售发票生成。销售与应收款管理中的应收款和采购与应付款管理中的应付款之间可以进行转账处理。

8.1.3 销售与应收款管理系统数据流程

销售管理系统数据处理流程如图8-1所示。

应收款管理系统数据处理流程如图8-2所示。

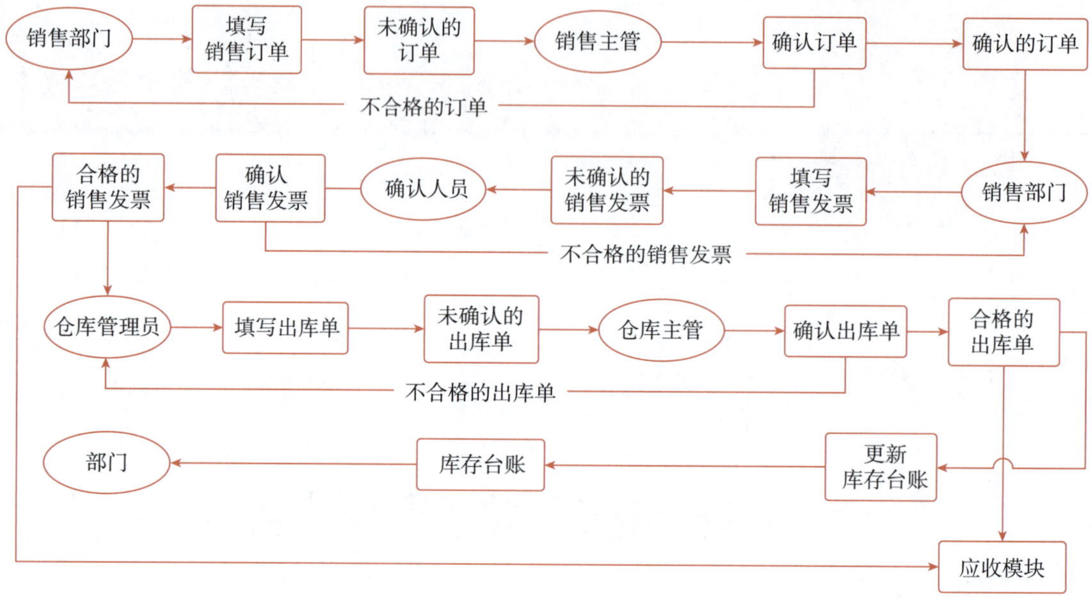

图 8-1　销售管理系统数据处理流程

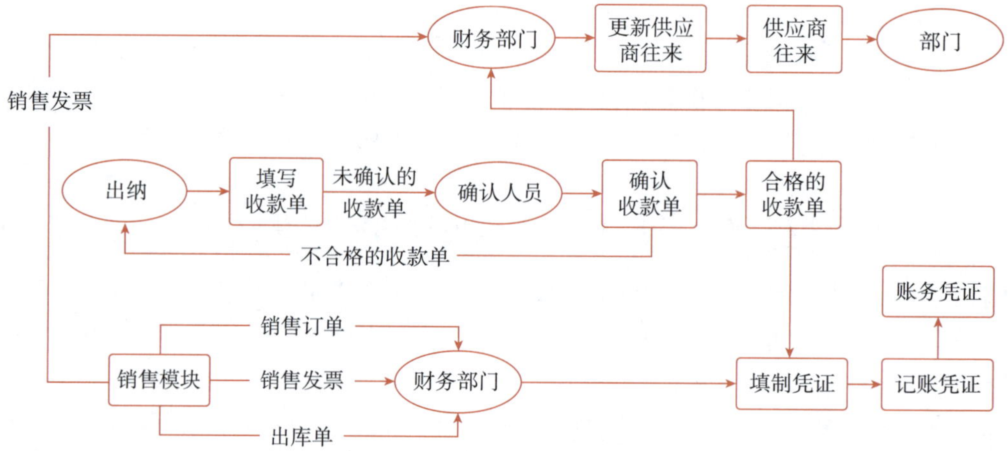

图 8-2　应收款管理系统数据处理流程

8.2　销售与应收款管理系统业务处理

8.2.1　销售与应收款管理系统初始设置

销售与应收款管理系统的初始设置是为用户在计算机上处理本企业的销售业务准备一个适宜的运行环境，并在企业的经济业务处理发生变化时对已有的设置进行修改，以便适应企业的这种变化。系统的初始设置主要有以下几项。

1. 账套建立

建账设置的作用是为系统建立各种已清空的数据库文件，以及对系统需要进行的客户代码等设定编码规则。因此，初始建账非常重要，一旦设置错误，将影响系统的日常处理。而且，设置时要考虑企业将来的业务发展，如初始建账时，要设置客户、存货等档案信息，设置信息在初始建账中一旦确定并在后续日常处理中启用后将无法修改。

2. 基础档案信息设置

(1) 客户档案设置。该功能用于设置客户的档案信息，以便对客户进行管理。这里主要设置的是客户代码和客户单位名称。除此以外，客户的银行账号、电话、邮政编码等资料也需设置。一般来说，客户代码一经设置并使用，既不允许删除，也不允许修改，只允许增加新的客户单位。

(2) 销售部门和销售人员档案设置。该设置是对独立完成销售业务的企业各部门和个人进行编码，以便在销售业务中明确责任单位和责任人，以及统计各销售部门和销售人员的销售业绩。为了保证数据的一致性，销售部门和销售人员的编码一旦设定并被使用，既不允许删除，也不允许修改(除编码外的其他内容允许修改)。

(3) 存货分类设置。该功能用于设置存货分类编码和名称等。一般来说，工业企业的存货分类可以分为三类：材料、产成品和应税劳务。商业企业的存货分类一般可以分为两类：商品和应税劳务。

(4) 计量单位设置。该功能用于设置存货的计量单位组和计量单位信息。未使用的计量单位的类别可随时修改；已被存货档案引用的计量单位所在的计量单位组的类别不能修改。

(5) 存货档案设置。该功能实现对存货档案的设立和管理，随同发货单一起开具的应税劳务等也应设置在存货档案中。用户可以根据业务的需要方便地增加、修改、删除、查询和打印存货档案。存货档案设置中还包含增值税税率设置。由于不同的产品"应交增值税——销项税额"的税率不同，因此需要根据企业销售产品的纳税要求设置所适应的税率，以便在处理销售业务时选择对应的税率，由系统自动计算对应的应税金额。

(6) 结算方式设置。企业销售货款的结算方式主要有现金、支票、汇兑、银行汇票、商业汇票、银行本票、托收承付和委托收款等。由于不同的结算方式管理要求不同(如对支票等需要登记支票号以便加强对支票的管理和进行银行对账)，对应的会计科目也可能不同，因此，在设置每种结算方式时需要设置对应的会计科目，以便系统自动生成相应的记账凭证。

(7) 付款条件设置。当采用赊销方式进行销售时，为了促使购货单位及时支付货款，若能够满足一定的付款条件，销售单位可以给予一定的折扣。为了处理这种业务需要进行付款条件的设置，主要包括折扣有效期限、对应折扣率和应收账款的到期天数，例如，10天以内付款，则给予20%的折扣。

(8) 销售类型设置。用户在处理销售业务时，可以根据自身的实际情况自定义销售类型。在填制发货单、销售出库单等单据时，会涉及销售类型的选择，方便用户按销售类型对销售业务数据进行统计和分析。本功能可对销售类型进行设置和管理，用户可以根据业务需要方便地增加、修改、删除、查询和打印销售类型。

另外，销售与应收管理基础档案信息设置中的仓库档案、收发类别，以及产品结构档案设置的具体方式和采购与应付款管理基础档案信息设置类似，在此不再赘述。

3. 销售管理系统的初始设置

1) 期初数据录入

为了保证企业销售业务的连续性，在启用销售管理系统之初应录入系统启用之前的各类期初数据。期初数据审核后，在月末结账时记入有关销售账中。期初数据只有开账的第一年可以录入，开账后第一个会计月结账后不再允许新增、修改或删除期初数据，但可以对期初数据进行审核或弃审。期初数据通过各类期初单据输入系统中，需录入的期初单据包括期初发货单和期初委托代销发货单。

期初发货单用于处理销售管理系统启用前已发货、出库但尚未开具发票的业务，包括普通销售发货单和分期收款发货单。而期初委托代销单则用于处理销售管理系统启用前已发生但尚未完全结算的委托代销发货业务。

2) 系统选项设置

(1) 超订货量发货控制。若企业允许超订货量发货，则可以选择"超订量发货控制"选项。此时，销售发货单、销售发票在参照销售订单生成时，允许发货单/发票的累计发货数量超出订单量，即累计发货(开票)数＞订单数量，但需要根据存货档案中设定的发货超额上限进行控制，即累计发货(开票)数≤订单数量×(1+存货档案的发货超额上限)。

(2) 超发货量开票控制。销售发票在参照销售发货单生成时，在销售保存发票时会检查发货单的累计开票数和发货数。如果发货单的累计开票数＞发货数量，不允许保存。若企业允许超发货量开票，则可以选择"超发货量开票控制"选项。此时，销售发票在保存时将不再检查发货单的累计开票数和发货数量，允许单据直接保存。

(3) 最低售价控制。最低售价是指存货销售时的最低销售单价。如果企业需在销售系统中进行最低售价控制，可设置最低销价控制口令，以此限制销售价格的下限，并约束业务员的权限。当销售存货时，如果销售单价低于此最低售价，系统会要求用户输入口令，输入正确后，方可低于最低售价销售，否则不能低于最低售价销售。

4. 应收款管理系统的初始设置

1) 会计科目设置

(1) 基本科目设置。即对会计核算使用的基本科目进行设置。若用户未在单据中指定科目，且控制科目设置与产品科目设置中均未设置明细科目，则系统制单时将依据制单规则，从基本科目设置中选取对应科目。基本科目是指应收款管理系统凭证制单所需的会计科目，主要包括应收科目、预收科目、销售收入科目、税金科目等，如将核算应收款的科目设置为"应收账款"(注意，"应收账款"科目必须是按"客户"辅助核算的科目)，核算销项税的科目设置为"应交税费——应交增值税——销项税额"。

(2) 控制科目设置。即对应付科目、预付科目进行设置，如将核算预收款的科目设置为"预收账款"。控制科目可按客户分类、地区分类、销售类型、存货分类进行设置。若单据上有科目，则制单时取单据上的科目，否则系统将依据单据上的客户信息在制单时自动带出控制科目。若未输入控制科目，则系统取基本科目设置中的应收和预收科目。

(3) 产品科目设置。即对销售收入科目、应交增值税科目、销售退回科目进行设置，如将核算存货采购的科目设置为"材料采购"。若未输入产品科目，系统将从基本科目设置中获取销售收入和税金科目。若按存货分类进行科目设置，则可按"存货分类+税率"进行科目的设置。

(4) 结算方式科目设置。即对结算方式、币种、科目进行设置，需设置不同结算方式对应的科目。例如，"现金"结算方式对应"库存现金"科目，"支票"结算方式对应"银行存款"科目。对于现结的发票及收付款单，若单据上有科目，则制单时取单据上的科目，否则系统将依据单据上的结算方式查找对应的结算科目并带出，若未输入对应科目，则在录入相应单据时需手工输入凭证科目。

2) 坏账准备设置

坏账初始设置是指在应收款管理系统中定义坏账准备计提比率、设置坏账准备期初余额的功能，其作用是为系统按应收账款计提坏账准备提供依据。企业应于期末针对不含应收票据的应收款项计提坏账准备，常用方法包括销售收入百分比法、应收账款余额百分比法、应收账款账龄百分比法等。计提坏账准备的方法和计提的有关参数设置在坏账准备设置中完成。例如，当在系统参数中设置坏账处理方法为"应收账款余额百分比法"时，相关参数设置包括计提比例、坏账准备期初余额及坏账入账科目。

3) 账龄区间设置

为了对应收账款进行账龄分析，应先设置账龄区间，主要设定各账龄区间的天数范围。账龄区间设置指用户定义账期内应收账款或收款时间间隔的功能，其作用是便于用户根据自己定义的账款时间间隔，对账期内应收账款或收款进行账龄查询与分析，从而清晰掌握一定期间内的应收款及收款情况。

4) 逾期账龄区间设置

逾期账龄区间设置是指用户定义逾期应收账款或收款时间间隔的功能。设置逾期账龄区间的目的是便于用户根据自己定义的账款时间间隔，对逾期应收账款或收款进行账龄查询与分析，并清晰掌握一定期间内的应收款及收款情况。

5) 系统选项设置

(1) 受控科目制单方式。应收款管理系统提供两种制单方式：明细到客户、明细到单据。

① 明细到客户。当把一个客户的多笔业务合并生成一张凭证时，如果核算这多笔业务的控制科目相同，系统会自动将其合并成一条分录。这种方式能够让用户在总账系统中根据客户来查询其详细信息。此种方式下，应收账款核销、红票对冲等业务采用合并制单方式，不单独生成凭证。

② 明细到单据。当用户将一个客户的多笔业务合并生成一张凭证时，系统会为每一笔业务单独生成一条分录。这种方式便于用户在总账系统中查询每个客户每笔业务的详细情况。

(2) 应收款核销方式。核销是指款项冲销应收款。在应收款管理系统中，提供了两种应收款的冲销方式：按单据、按存货(产品)。

① 按单据核销。系统将满足条件的未结算单据全部列出，由用户选择要结算的单据，并进行核销。

② 按存货核销。系统将满足条件的未结算单据按存货列出，由用户选择要结算的存货，并进行核销。

6) 期初余额录入

在正式启用账套前，用户需将所有应收业务数据录入系统中，作为期初建账数据，以便进行管理，这样既保证了数据的连续性，又保证了数据的完整性。

初次使用应收款管理系统时，需将上期未处理完毕的单据录入系统，以便后续处理。当进入第二年度处理时，系统自动将上年度未处理完的单据转为下一年度的期初余额。在下一年度的第一个会计期间，可对期初余额进行调整。期初数据通过各类期初单据录入系统，需录入的单据包括期初销售发票、期初应收单、期初预收单和期初票据。

期初销售发票是指还未核销的应收账款，在应收款管理系统中以发票形式列示，已核销的金额不予显示。期初应收单是指还未结算的其他应收单，在应收款管理系统中以应收单的形式列示，已核销的金额不予显示。期初预收单是指提前收取的客户款项，在系统中以收款单的形式列示。期初票据是指还未结算的票据。

8.2.2 销售与应收款管理系统日常业务处理

销售管理系统日常业务处理内容主要包括销售报价、销售订货、销售发货、销售出库及销售开票。

应收款管理系统日常业务处理内容主要包括应收单据处理、收款单据处理、核销处理、坏账处理、转账处理及制单处理。

1. 销售管理系统的日常业务处理

1) 销售管理系统的输入

销售管理系统的日常数据输入主要是销售报价单、销售订单、发货单、出库单、销售发票和退货单的输入。

(1) 销售报价单的输入。销售报价单是指企业用于向客户提供货品、规格、价格、结算方式等信息的单据。销售双方达成协议后，销售报价单转为有效力的销售订单。企业可以针对不同的客户、存货、批量提出不同的报价、扣率。销售报价单是可选单据，用户可根据业务的实际需要选择是否输入销售报价单。

(2) 销售订单的输入。对于需要组织生产或批量较大的销售业务，一般是从签订销售合同输入销售订单开始的。销售订单对应于企业销售合同中订货明细部分的数据内容，包括订货日期、订单号、收款条件、销售部门、业务员、客户名称、货品名称、数量、单位、单价和税率等。但由于销售订单中没有关于销售合同中付款内容的描述，故而销售订单不能完全代替销售合同。在输入销售订单过程中，凡是可以使用系统提供的菜单选择输入功能的项目都应该使用选择输入，以减少输入错误。销售订单输入后需要进行确认，只有经过审核确认的销售订单才可以据以由系统自动生成相应的销售发票。在实际销售业务处理中，企业可以根据业务的实际需要选择是否输入销售订单。

(3) 发货单的输入。发货单一般由系统根据销售订单自动生成。但是，在特殊情况下(如小额的现货交易等)也允许在没有销售订单的情况下由有关业务人员手工输入。发货单是销售方给客户发货的凭证，也可作为仓库出货的依据。无论是工业企业还是商业企业，发货单都是销售管理系统的核心单据。

发货单除了包含销售订单所有的基本内容，一般还应有发货日期、发货单号、货物所在仓库、发往地址、发运方式等与货物管理有关的基本内容。

(4) 销售出库单的输入。销售出库单是销售出库业务的主要凭据，在库存管理系统中用于存货出库数量核算，在存货核算系统中用于存货出库成本核算。销售出库单通常不需要用户手工输入，一般由系统自动生成或参照相关销售单据生成，用户仅需对销售出库单上某些项目的数据进行修改即可。企业可自行选择是否在销售管理系统中生成出库单。若不在销售管理系统中生成销售出库单，则需在库存管理系统中根据销售发货单生成销售出库单。

销售出库单按进出仓库方向可分为蓝字销售出库单和红字销售出库单；按业务类型可分为普通销售出库单、委托代销出库单和分期收款出库单。

蓝字出库单是销售出库单的正向单据，其中的存货金额必须大于或等于零。红字出库单是销售出库单的逆向单据，其中的存货金额必须小于等于零。在销售业务活动中，如果发现已出库的货物因质量等原因要求退货，则对普通销售业务进行退货单处理并填制红字出库单。如果发现已审核的出库单数据有错误(如多填数量等)，可以原数冲回，即将原错误的出库单以相等的负数量填制红字出库单，冲抵原出库单数据。销售管理系统启用时，用户可以输入期初红字出库单。

(5) 销售发票的输入。销售发票是供售出单位内部确认销售实现的依据，应收款管理系统将依据销售发票的记录生成记账凭证和销售有关的各种统计数据。因此销售发票上除了输入销售订单的内容，还需要输入开票日期、发票号、客户名称、地址、开户行、银行账号等。销售发票是会计核算的依据，不仅决定销售产品的价格与金额，也是与客户结算金额的依据。销售发票可由销售订单或销售发货单生成。

销售发票按业务性质可分为蓝字发票和红字发票；按发票类型可分为增值税专用发票和普通发票。销售普通发票可以针对未录入税号的客户开具，而销售专用发票不能针对未录入税号的客户开具。

需要注意的是，这里所说的销售发票与销售过程开给客户的发票是不同的两种凭证。从技术层面看，依据系统生成的销售发票通过计算机打印提供给用户并无问题，但受发票管理制度限制，目前规定不允许使用普通计算机打印的发票，因此给客户的发票必须通过税务机关提供的专用税控系统软件开具。实际上，在与税务机关联网的条件下，企业可通过网络向税务机关提交开票申请，税务机关记录销售金额后将发票号传输给企业，企业再使用该发票号完成发票打印。采用这种方式开具增值税专用发票时，税务机关可以记录每张发票的使用情况，其管理严格程度将比目前的方式要高得多。这种方式应该是今后增值税发票管理的一个可行的发展方向。

(6) 退货单的输入。退货单是确认退货发生的单据。为了保证退货单数据与原销售发票的数据一致，输入退货单时需先输入原销售发票号，由销售管理系统自动将原销售发票的客户、货品名称、单位、单价、税率等数据自动复制到退货单中，用户只需要输入退货数量即可。

2) 销售管理系统的处理

此处讲述的销售管理系统的数据处理，主要是从用户使用的角度考虑的，主要包括销售业务数据的输入处理、销售发货及销售开票处理、销售出库处理、销售退货处理、现收业务处理、代垫费用处理、零售业务处理和常见销售业务类型处理。

(1) 销售业务数据的输入处理。从日常业务数据的输入可以看出，销售管理系统日常业务数据输入项目较多，工作量较大，因此出现错误的可能性也大。为确保数据输入的正确性和可靠性，并尽可能减少输入工作量，系统在输入设计中采取了针对性优化措施。了解设计中的以下处理特点，对于正确、灵活地使用销售管理系统处理企业的销售业务具有重要意义。

① 用户界面尽量与手工单据格式一致，以减少因使用习惯差异带来的错误。尽管这种设计对于初次使用计算机系统进行业务处理的用户具有重要意义，但需要注意的是，这种格式的一致性是有限的，在格式一致的现象下，用户界面仍包含计算机系统的特有操作逻辑。因此，单据输入时需遵循以下规范：每张凭证输入完毕需做存盘操作；输入下一张凭证前需先进行增加操作；增加一条记录时需进行插入操作；等等。为方便用户使用，系统在多数用户界面都提供了增加、插入、删除等常用操作的快捷键，熟悉这些快捷键的标志和使用方法是熟练使用系统的基础。

② 相互关联的单据可以由系统自动互相生成。在销售与应收款管理系统中，销售订单、销售发票、发货单和收款单是互相关联的一组单据。为了保证数据的一致性，一般根据销售订单自动生成发货单和销售发票，根据销售发票自动生成收款单。这种相互自动生成的主要目的是防止重复输入可能发生的错误。

③ 凡是在初始设置中进行过设置的项目，如产品名称、客户单位、销售方式、结算方式、税率、价格政策等，可在输入的用户界面对应项目中设置操作键，用以调出设置内容供用户选择输入，从而减少输入工作量，确保输入的正确性。

④ 通过输入原始数据计算生成的数据，如总金额、应税金额等，由计算机自动计算并填入对应项目，供用户进行检验。

⑤ 正式记录存入系统的单据需经过确认。由于销售数据直接关联企业的资金与物资，为确保业务真实性和数据准确性，只有经过确认的销售订单才能够自动生成销售发票，同样只有经过确认的销售发票才能自动生成收款单。在销售管理系统中，数据输入与确认的职责分离及操作权限的设置，共同构成了系统的基本控制体系。

(2) 销售发货及销售开票处理。销售发货是企业执行与客户签订的销售合同或销售订单，将货物发往客户的行为，是销售业务的执行阶段。当客户订单交期来临时，相关人员应根据订单进行发货。

销售开票是指在销售过程中，企业给客户开具销售发票及其所附清单的过程，它是销售收入确定、销售成本计算、应交销售税金确认和应收账款确认的依据，是销售业务的必要环节。

企业通常根据销售订单发货，但销售管理系统也提供直接发货的功能，即无须事先录入销售订单，直接输入发货单将产品发给客户。由于销售出库单需根据销售发货单生成，因此在销售业务处理流程中，销售发货处理是必需的。按照发货和开票的时间先后，可将销售发货业务划分为先发货后开票模式和开票直接发货模式。

① 先发货后开票模式。在先发货后开票模式下，发货单由销售部门根据销售订单填制或手工输入，审核后，即可生成销售发票和销售出库单。先发货后开票模式业务处理流程如图8-3所示。

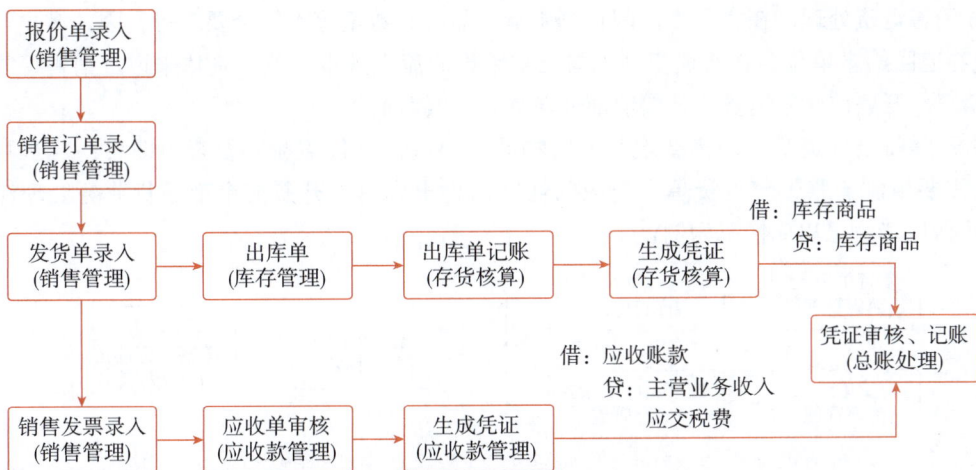

图 8-3　先发货后开票模式业务处理流程

② 开票直接发货模式。在开票直接发货模式下，发货单由销售发票自动生成，发货单只可浏览，不能进行修改、删除及弃审等操作，但可以关闭和打开。销售出库单根据自动生成的发货单生成。开票直接发货流程如图8-4所示。

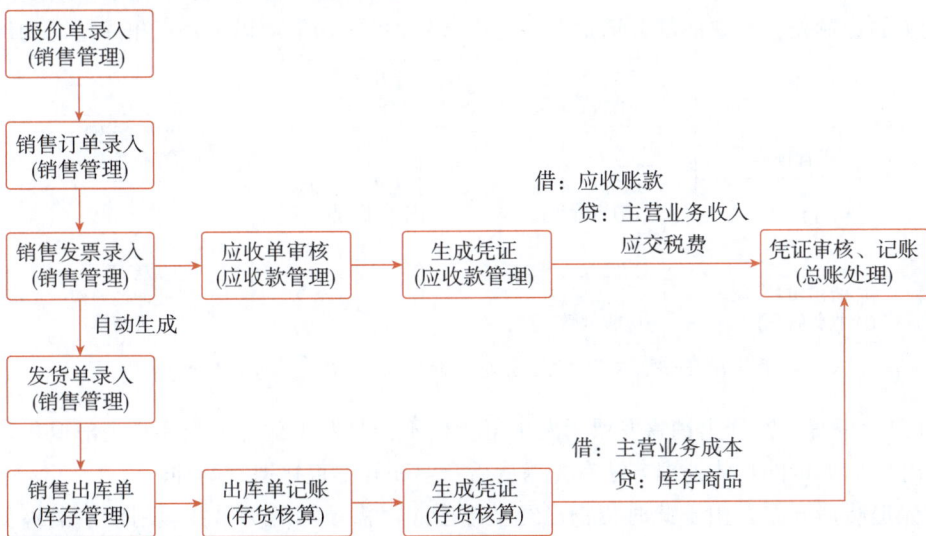

图 8-4　开票直接发货流程

在这一处理过程中，销售发票既可以直接填制，也可以根据销售订单或销售发货单生成。根据发货单开票时，多张发货单可以汇总开票，一张发货单也可拆单生成多张销售发票。

（3）销售出库处理。销售出库是销售业务处理的必要环节，在库存管理系统中用于存货出库数量核算，在存货核算系统中用于存货出库成本核算。

根据参数设置的不同，销售出库单可在销售系统中生成，也可在库存管理系统中生成。企业若选择在销售管理系统中生成出库单，则由销售管理系统在发货单、销售发票、零售日报、销售调拨单审核/复核完成后，自动生成销售出库单并传到库存管理系统和存货核算系统。此时，库存管理系统不可修改出库数量，即一次发货一次全部出库。若不选择，则销售出库单由库存管理系统根据销售发货单生成。此时，在库存管理系统中可以修改本次出库数量，即一次发货多次出库。

（4）销售退货处理。在实务中，因货物质量、品种、数量等不符合要求等原因，客户可能将已购货物退回给本单位。销售退货处理与正常销售的流程基本一致。具体来说，销售退货可分为3种情况：开票前全部退货、开票前部分退货和开票后退货。

① 开票前全部退货。若需要退货的货物并未出库，则仅需删除发货单即可；若货物已出库，则需要填制一张销售退货单和对应的红字销售出库单。开票前全部退货业务处理流程如图8-5所示(以货物已出库情况为例)。

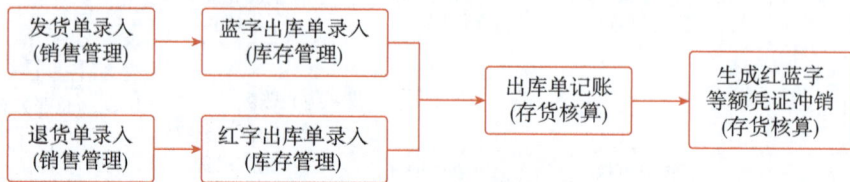

图 8-5　开票前全部退货业务处理流程（以货物已出库情况为例）

② 开票前部分退货。此时发生的销售退货业务，根据货物是否为出库业务，处理流程也有所区别。若货物未出库发生开票前部分退货，则仅需修改发货单数额，根据新发货单开具发票并生成出库单即可。若货物已出库发生开票前部分退货，则应以退货数额填制退货单生成一张对应的红字销售出库单。同时，根据发货单和退货单生成销售发票，销售发票上的结果是发货单与退货单的金额差。开票前部分退货业务处理流程如图8-6所示(以货物已出库情况为例)。

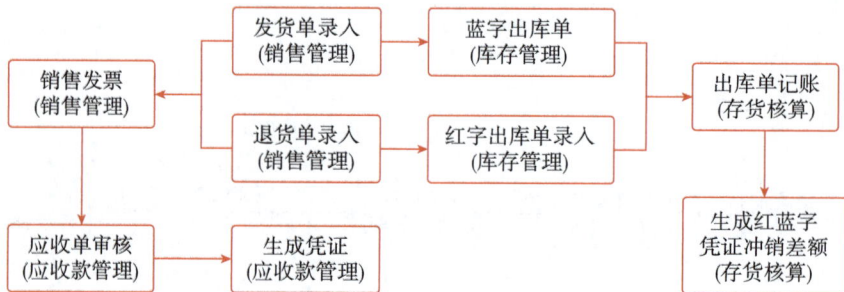

图 8-6　开票前部分退货业务处理流程（以货物已出库情况为例）

③ 开票后退货。在开出销售发票后发生退货，不论是发生部分退货还是全部退货，处理流程一致。开票后退货的具体处理方法有先退货后开票和开票直接退货两种。

○ 先退货后开票。由于此时货物已经全部出库，需填写退货单并填制红字销售发票；随后，根据退货单生成红字出库单，在存货核算系统中进行记账处理，并在应收款管理系统中对红字销售发票进行记账。先退货后开票业务处理流程如图8-7所示。

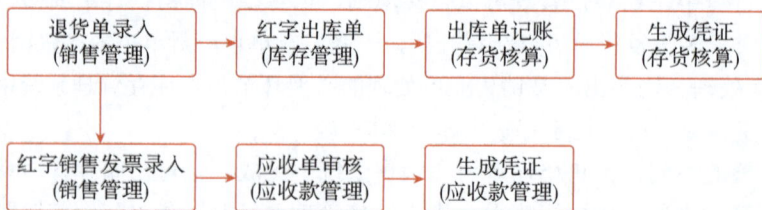

图 8-7　先退货后开票业务处理流程

○ 开票直接退货。该方法与先退货后开票处理方法的区别在于：前者是先填制红字销售发票，待发票复核通过后自动生成退货单，而其余处理流程两者完全一致。开票直接退货业务处理流程如图8-8所示。

```
┌──────────────┐    ┌──────────────┐    ┌──────────────┐
│ 红字销售发票录入 │───▶│  应收单审核   │───▶│   生成凭证    │
│   (销售管理)   │    │  (应收款管理) │    │  (应收款管理) │
└──────────────┘    └──────────────┘    └──────────────┘
        │ 自动生成
        ▼
┌──────────────┐    ┌──────────────┐    ┌──────────────┐    ┌──────────────┐
│   退货单录入   │───▶│   红字出库单   │───▶│  出库单记账    │───▶│   生成凭证    │
│   (销售管理)   │    │   (库存管理)  │    │  (存货核算)   │    │  (存货核算)   │
└──────────────┘    └──────────────┘    └──────────────┘    └──────────────┘
```

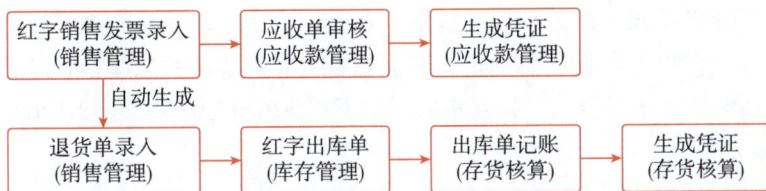

图 8-8　开票直接退货业务处理流程

(5) 现收业务处理。现收是指在货款两讫的情况下，在销售结算的同时向客户收取货款。在销售发票、销售调拨单、零售日报等收到货款后，可以随时对其单据进行现结处理，且现结操作必须在单据复核操作之前。一张销售单据可以全额现收，也可以部分现收。现收业务处理流程如图8-9所示。

```
┌──────────────┐
│  销售发票录入  │
│   (销售管理)   │
└──────────────┘                           借：银行存款
        │                                 贷：主营业务收入
        ▼                                      应交税费
┌──────────────┐    ┌──────────────┐    ┌──────────────┐            ┌──────────────┐
│   现结处理    │───▶│  应收单审核   │───▶│  生成现结凭证  │──────────▶│  凭证审核、记账 │
│   (销售管理)   │    │  (应收款管理) │    │  (应收款管理) │            │  (总账处理)   │
└──────────────┘    └──────────────┘    └──────────────┘            └──────────────┘
```

图 8-9　现收业务处理流程

(6) 代垫费用处理。代垫费用是指在销售业务中，随货物销售所发生的暂时代垫费用(如运杂费、保险费等)，且将来需向对方单位收取的费用项目。代垫费用实际上形成了用户对客户的应收款，其收款核销由应收款管理系统来处理，而销售系统仅对代垫费用的发生情况进行登记。代垫费用业务处理流程如图8-10所示。

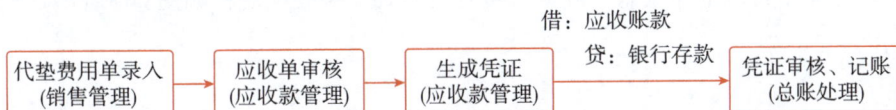

```
                                           借：应收账款
                                        贷：银行存款
┌──────────────┐    ┌──────────────┐    ┌──────────────┐            ┌──────────────┐
│  代垫费用单录入 │───▶│  应收单审核   │───▶│   生成凭证    │──────────▶│  凭证审核、记账 │
│   (销售管理)   │    │  (应收款管理) │    │  (应收款管理) │            │  (总账处理)   │
└──────────────┘    └──────────────┘    └──────────────┘            └──────────────┘
```

图 8-10　代垫费用业务处理流程

(7) 零售业务处理。零售业务是指商业企业将商品销售给零售客户的业务。如果用户有零售业务，其相应的销售票据需按日汇总数据，然后通过零售日报进行处理。这种业务常见于商场、超市及企业的各零售店。零售日报不是原始的销售单据，而是零售业务数据的日汇总。零售业务处理流程如图8-11所示。

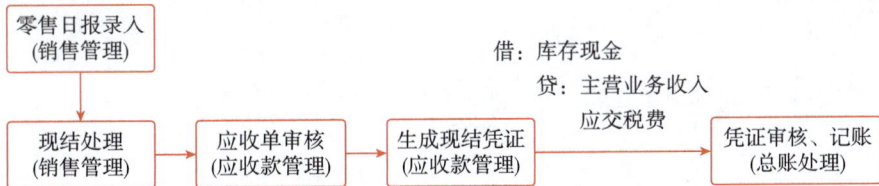

```
┌──────────────┐
│  零售日报录入  │
│   (销售管理)   │
└──────────────┘                           借：库存现金
        │                                 贷：主营业务收入
        ▼                                      应交税费
┌──────────────┐    ┌──────────────┐    ┌──────────────┐            ┌──────────────┐
│   现结处理    │───▶│  应收单审核   │───▶│  生成现结凭证  │──────────▶│  凭证审核、记账 │
│   (销售管理)   │    │  (应收款管理) │    │  (应收款管理) │            │  (总账处理)   │
└──────────────┘    └──────────────┘    └──────────────┘            └──────────────┘
```

图 8-11　零售业务处理流程

(8) 常见销售业务类型处理。常见销售业务类型有以下几种。

① 普通销售业务。普通销售业务模式支持正常的销售业务，适用于大多数企业的日常销售场景。用户可根据企业实际业务需求，结合本系统对销售流程进行可选配置。普通销售业务根据"发货—开票"的实际业务流程差异，可以分为两种业务模式：先发货后开票模式和开票直接发货模式。系统在处理这两种业务模式时的流程不同，但允许两种流程并存。系统判断两种流程的本质区别在于：是先录入发货单，还是先录入发票。

○ 先发货后开票模式，即先录入发货单。在这种模式下，销售管理系统根据销售订单生成发货单，再根据发货单在销售管理系统中生成发票，并在库存管理系统中生成出库单，进而结转成本和收入。先发货后开票模式业务处理流程如图8-12所示。

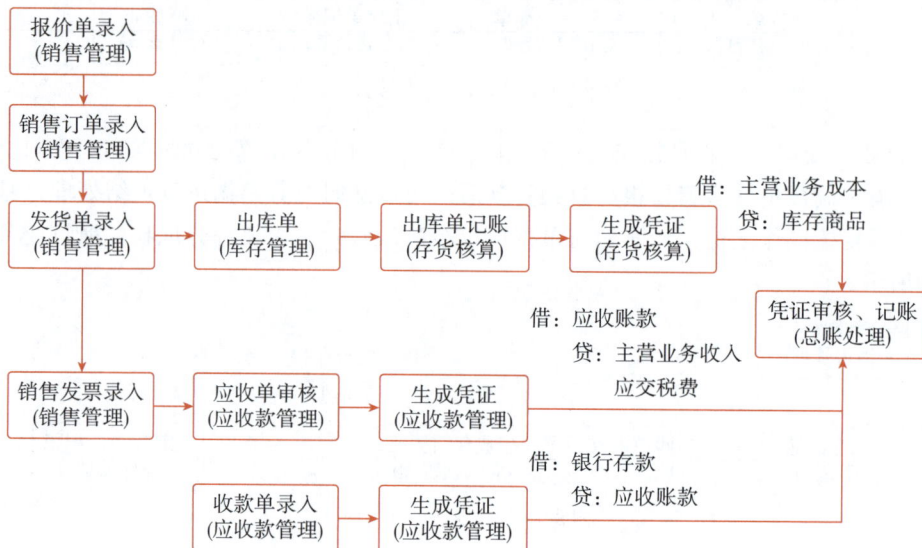

图 8-12　先发货后开票模式业务处理流程

○ 开票直接发货模式，即先录入发票。在这种模式下，销售管理系统根据销售订单生成发票，复核发票时在销售管理系统中自动生成发货单，并在库存管理系统中生成出库单，进而结转成本和收入。开票直接发货模式业务处理流程如图8-13所示。

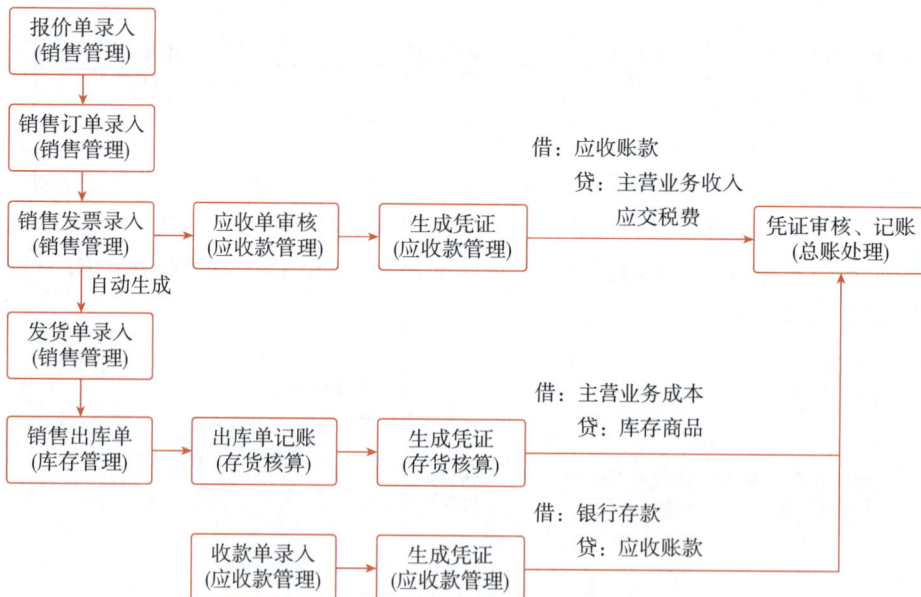

图 8-13　开票直接发货模式业务处理流程

② 委托代销业务。委托代销业务是指企业将商品委托他人进行销售，但商品所有权仍归本企业的销售方式。委托代销商品销售后，受托方与企业进行结算，并开具正式的销售发票，形成销售收入，商品所有权转移。故而依据实际业务处理流程，委托代销业务只能先发货后开票。委托代销业务处理流程如图8-14所示。

第一阶段：委托代销发货处理

第二阶段：委托代销结算处理

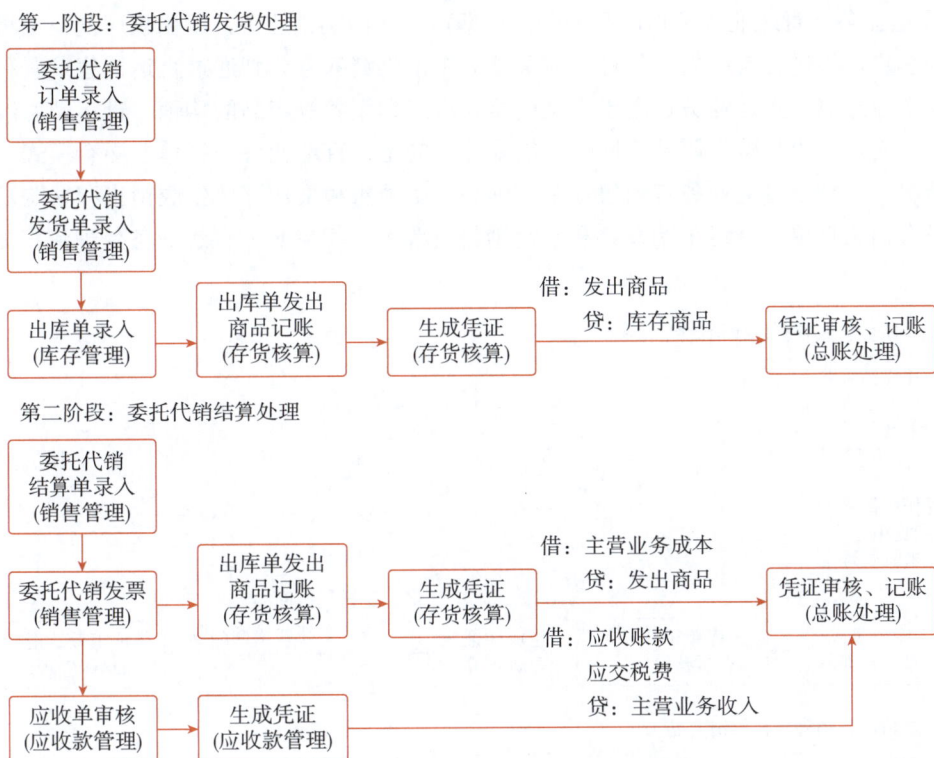

图 8-14　委托代销业务处理流程

③ 受托代销业务。受托代销是一种先销售后结算的采购模式，指其他企业委托本企业代销其商品，代销商品的所有权仍归委托方；代销商品销售后，本企业与委托方进行结算，开具正式的销售发票，商品所有权转移。受托代销是与委托代销相对应的一种业务模式，可以节省商家的库存资金，降低经营风险。

该项业务的处理适用于有受托代销业务的商业企业。因此，受托代销业务的处理需满足以下要求：企业类型为"商业"；受托代销商品需在存货档案中启用"是否受托代销"功能，并将存货属性设置为"外购"和"销售"；采购订单中的采购类型需设置为"受托代销"。

对受托方而言，受托代销业务有两种常见核算方法：一种是收取手续费方式；另一种是视同买断方式。这里以收取手续费方式为例进行介绍，在该方式下可以将受托代销业务处理流程分为3个阶段，分别是收到受托代销商品、销售受托代销商品和受托代销结算。

受托代销业务在第一阶段对受托代销商品的核算无须录入暂估成本，可直接在存货核算系统中记账。但由于受托代销前期未开具发票，采购的货物实质上依然是暂估入账，只是因为采购合同中包含单价，使得生成的入库单亦包含单价，故而可以省略暂估成本录入。

在第三阶段，即企业向委托方开出商品代销清单环节，该业务操作实质上遵循的是暂估成本结算流程，但由于货物单价已经确定，故无须生成红、蓝字回冲单。

受托代销业务处理流程如图8-15所示。

④ 分期收款业务。分期收款发出商品业务与委托代销业务类似，两者均是先将货物发给客户，再分期收回货款。所不同的是，分期收款销售是一次发货，发货时不确认收入，后续分次确认收入，并在确认收入的同时配比结转成本。分期收款业务也是只能先发货后开票。分期收款业务处理流程如图8-16所示。

⑤ 直运业务。直运业务是指产品无须入库即可完成的购销业务，即由供应商直接将商品发给企业的客户，不进行实际入库处理，财务结算则由供销双方分别通过直运销售发票和直运采购发票与企业结算。直运业务适用于大型电器、汽车和设备等产品的购销。直运销售涉及的存货应具有"内销""外购"属性。同时，需要注意的是，直运业务在订单非必有模式下，可分为两种情况：一种是直运业务有销售订单，则必须由销售和采购订单生成销售和采购发票；另一种是没有销售订单，直运采购发票和直运销售发票可互相参照。直运业务处理流程如图8-17所示。

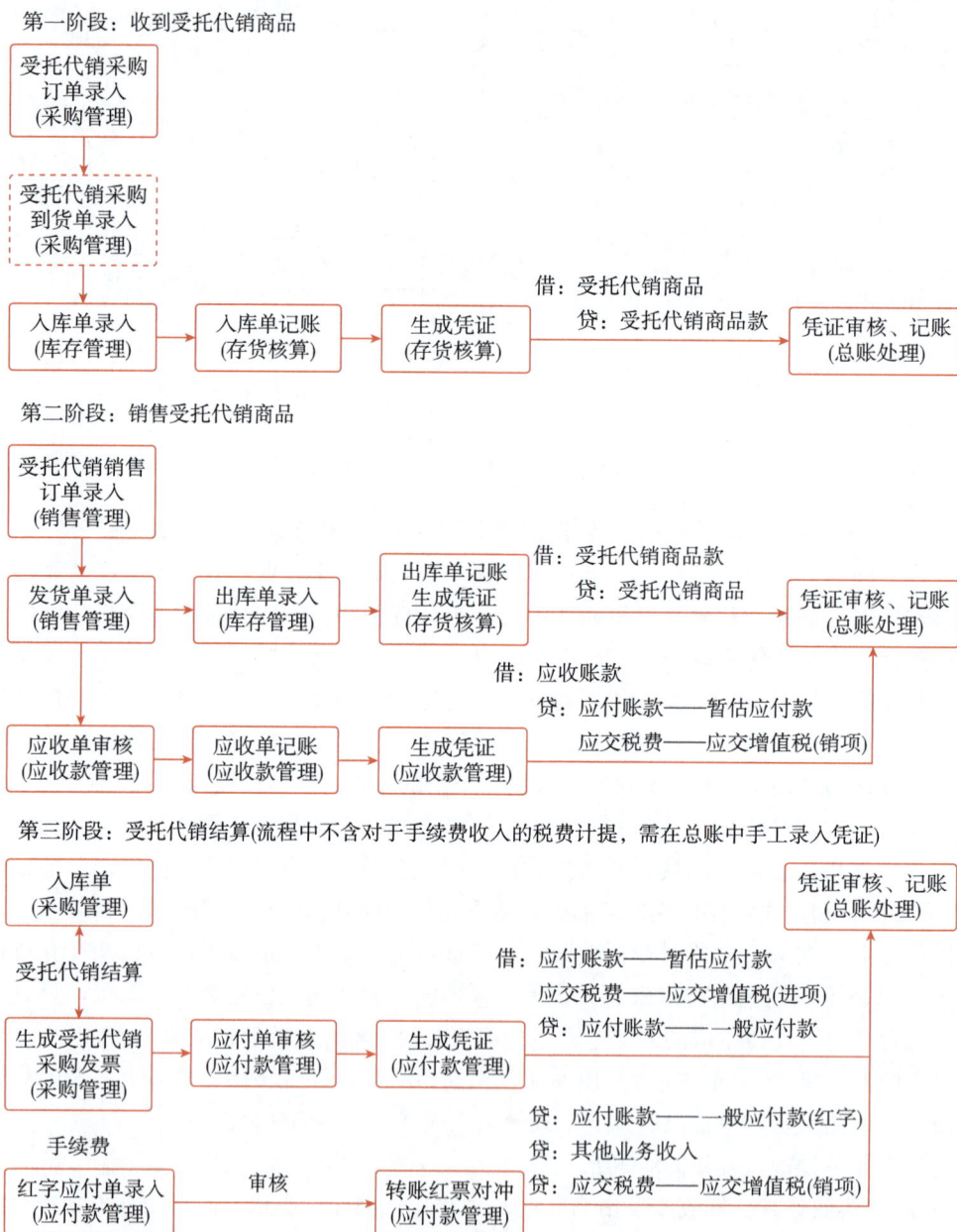

第一阶段：收到受托代销商品

受托代销采购订单录入（采购管理）→ 受托代销采购到货单录入（采购管理）→ 入库单录入（库存管理）→ 入库单记账（存货核算）→ 生成凭证（存货核算）借：受托代销商品 贷：受托代销商品款 → 凭证审核、记账（总账处理）

第二阶段：销售受托代销商品

受托代销销售订单录入（销售管理）→ 发货单录入（销售管理）→ 出库单录入（库存管理）→ 出库单记账 生成凭证（存货核算）借：受托代销商品款 贷：受托代销商品 → 凭证审核、记账（总账处理）

发货单录入（销售管理）→ 应收单审核（应收款管理）→ 应收单记账（应收款管理）→ 生成凭证（应收款管理）借：应收账款 贷：应付账款——暂估应付款 应交税费——应交增值税(销项) → 凭证审核、记账（总账处理）

第三阶段：受托代销结算(流程中不含对于手续费收入的税费计提，需在总账中手工录入凭证)

入库单（采购管理）

受托代销结算

生成受托代销采购发票（采购管理）→ 应付单审核（应付款管理）→ 生成凭证（应付款管理）借：应付账款——暂估应付款 应交税费——应交增值税(进项) 贷：应付账款——一般应付款 → 凭证审核、记账（总账处理）

手续费

红字应付单录入（应付款管理）→ 审核 → 转账红票对冲（应付款管理）贷：应付账款——一般应付款(红字) 贷：其他业务收入 贷：应交税费——应交增值税(销项)

图 8-15　受托代销业务处理流程

第一阶段：分期收款发货处理

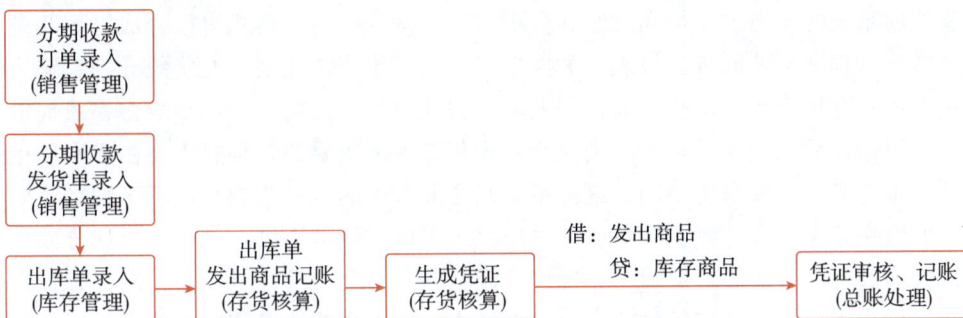

```
┌──────────┐
│  分期收款  │
│  订单录入  │
│ (销售管理) │
└─────┬────┘
      │
┌─────▼────┐
│  分期收款  │
│ 发货单录入 │
│ (销售管理) │
└─────┬────┘
      │
┌─────▼────┐    ┌──────────┐    ┌──────────┐                 借：发出商品      ┌──────────┐
│  出库单录入 │───▶│   出库单   │───▶│  生成凭证  │                   贷：库存商品     │ 凭证审核、记账 │
│ (库存管理) │    │ 发出商品记账│    │ (存货核算) │ ───────────────────────────────▶│ (总账处理) │
└──────────┘    │ (存货核算) │    └──────────┘                              └──────────┘
                └──────────┘
```

第二阶段：分期收款结算处理(按每次实际结算部分开具发票、确认收入并结转成本)

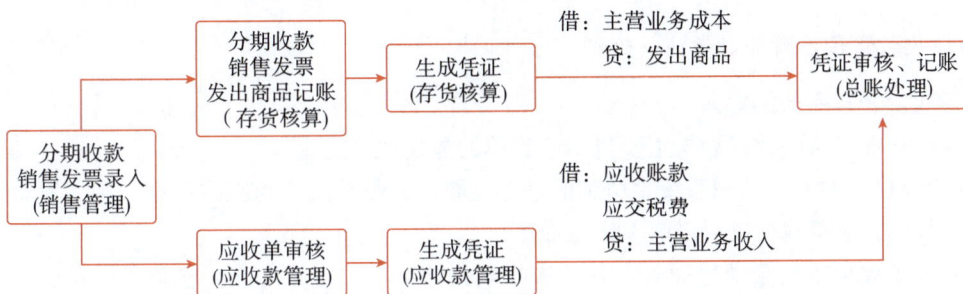

```
                      ┌──────────┐    ┌──────────┐         借：主营业务成本     ┌──────────┐
                      │  分期收款  │    │  生成凭证  │           贷：发出商品       │ 凭证审核、记账 │
               ┌─────▶│  销售发票  │───▶│ (存货核算) │ ──────────────────────────▶│ (总账处理) │
               │      │ 发出商品记账│    └──────────┘                           └──────────┘
┌──────────┐   │      │ (存货核算) │                                               ▲
│  分期收款  │   │      └──────────┘                                               │
│ 销售发票录入 │──┤                                                                 │
│ (销售管理) │   │      ┌──────────┐    ┌──────────┐       借：应收账款            │
└──────────┘   │      │  应收单审核 │    │  生成凭证  │         应交税费             │
               └─────▶│ (应收款管理)│───▶│ (应收款管理)│ ──────贷：主营业务收入────────┘
                      └──────────┘    └──────────┘
```

图 8-16　分期收款业务处理流程

第一阶段：直运业务合同签订及发票的开具

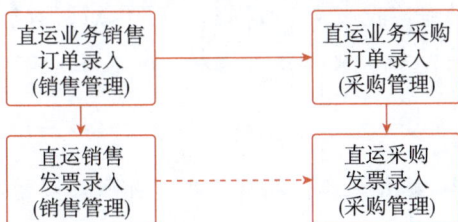

```
┌──────────┐        ┌──────────┐
│ 直运业务销售│        │ 直运业务采购│
│  订单录入  │───────▶│  订单录入  │
│ (销售管理) │        │ (采购管理) │
└─────┬────┘        └─────┬────┘
      │                   │
┌─────▼────┐        ┌─────▼────┐
│  直运销售  │        │  直运采购  │
│  发票录入  │ ──────▶│  发票录入  │
│ (销售管理) │        │ (采购管理) │
└──────────┘        └──────────┘
```

第二阶段：委托代销结算处理

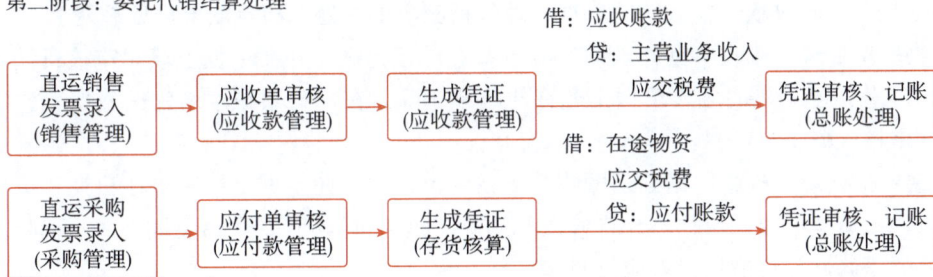

```
                                                      借：应收账款
┌──────────┐    ┌──────────┐    ┌──────────┐           贷：主营业务收入    ┌──────────┐
│  直运销售  │    │  应收单审核 │    │  生成凭证  │             应交税费       │ 凭证审核、记账 │
│  发票录入  │───▶│ (应收款管理)│───▶│ (应收款管理)│ ─────────────────────────▶│ (总账处理) │
│ (销售管理) │    └──────────┘    └──────────┘                            └──────────┘
└──────────┘
┌──────────┐    ┌──────────┐    ┌──────────┐          借：在途物资       ┌──────────┐
│  直运采购  │    │  应付单审核 │    │  生成凭证  │            应交税费        │ 凭证审核、记账 │
│  发票录入  │───▶│ (应付款管理)│───▶│ (存货核算) │ ───────贷：应付账款────────▶│ (总账处理) │
│ (采购管理) │    └──────────┘    └──────────┘                           └──────────┘
└──────────┘
```

第三阶段：结转成本

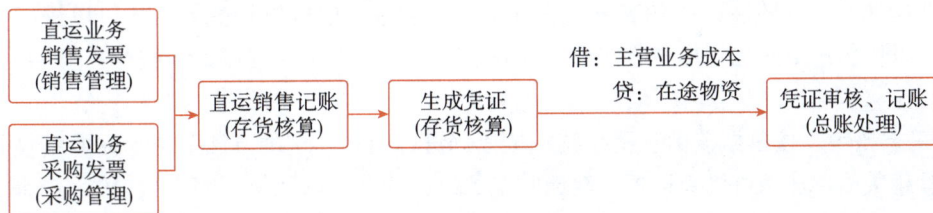

```
┌──────────┐
│ 直运业务  │
│ 销售发票  │
│ (销售管理)│──┐   ┌──────────┐    ┌──────────┐        借：主营业务成本     ┌──────────┐
└──────────┘  │   │  直运销售记账│    │  生成凭证  │          贷：在途物资       │ 凭证审核、记账 │
┌──────────┐  ├──▶│ (存货核算) │───▶│ (存货核算) │ ─────────────────────────▶│ (总账处理) │
│ 直运业务  │  │   └──────────┘    └──────────┘                           └──────────┘
│ 采购发票  │──┘
│ (采购管理)│
└──────────┘
```

图 8-17　直运业务处理流程

3) 销售管理系统的输出

销售管理系统的输出主要是各类统计分析报表，按其作用和格式可以分成以下两类：一类是各单位常规管理所需要的各种报表，如发票日报表、销售统计表、发货统计表、销售收入明细表和销售增长分析表等。这些报表作用明确，格式也相对固定，因此一般由系统提供相应模板，用户可根据需要控制生成。另一类是企业销售管理所需要的各种报表。由于不同企业有不同的管理要求，其格式要求也不同。这些报表是企业管理的重要依据，但手工编制难以实现及时、准确的数据输出。在计算机条件下，系统完全可以方便地提供这些信息，如分部门、按销售人员或按商品种类分类的客户费用、部门费用、业务员费用统计等。这类统计分析报表生成报表时需按用户需求确定筛选条件；也可在系统中根据用户的一般需要设置模板，并给用户一定的自定义字段，以方便用户使用。

2. 应收款管理系统的日常业务处理

1) 应收款管理系统的输入

应收款管理系统的数据输入主要包括应收单据与收款单的输入。

(1) 应收单据的输入。在系统中填制的销售发票和应收单统称为应收单据。销售发票前已述及，不再赘述。这里我们仅对应收单进行介绍。

应收单主要用于记录销售业务以外的应收款款项，其方向分为正向和负向。若已启用销售管理系统，则销售发票需在销售管理系统录入，而非在应收款管理系统中录入，录入后会传递至应收款管理系统，仅在应收款管理系统中进行审核操作。若未启用销售管理系统，则应在应收款管理系统中录入销售业务中的各类发票，以及销售业务以外的应收单据。

(2) 收款单的输入。收款单可用于现款结算、核销应收账款、收回商业汇票款或形成预收账款。收款单中需要输入的基本数据有客户代码、结算方式(如现金、支票、汇票等)、经手人代码、金额、结算科目、银行账号、币种等。

2) 应收款管理系统的处理

应收款管理系统的数据处理主要包括单据处理、核销处理、转账处理、坏账处理和制单处理5个部分。

(1) 单据处理。应收款管理系统的单据处理包括应收单据处理和收款单据处理两类。

① 应收单据处理。应收单据处理即对应收单据进行记账，并在单据上填写审核日期和审核人的过程。注意，已审核的应收单据不允许修改和删除。在销售系统中增加的发票，也在应收系统中进行审核入账。

② 收款单据处理。收款单据处理即收款申请的审核，即在单据上填写审核日期和审核人的过程。注意，已审核的收款单据不允许修改和删除。收款单据处理包含3层含义：确认收款；审核单据输入的正确性；将信息记入应收明细账。

(2) 核销处理。应收账款的核销是指确定收款单与原始采购发票和应收单之间对应关系的操作，即需要指明每一次收款是收的哪几笔销售业务的款项。明确核销关系后，可以进行精确的账龄分析，以便用户更好地管理应收账款。应收账款的核销有按单据核销和按存货(产品)核销两种方式。

① 按单据核销。按单据核销表示系统将按单据进行结算。这种方法下用户需要将收款单与应收单进行相关联，从中可以查询每一笔应收单的结款情况，以及每一笔收款单的结算情况。

② 按存货(产品)核销。按存货(产品)核销表示系统将按存货(产品)进行结算。这种方法下用

户需要将收款单与应收单中的产品进行一一对应，从中可以查询每种产品的应收和收款情况，以及每笔收款单的结算情况。

(3) 转账处理。在日常处理中，常发生以下4种转账处理的情况。

① 应收冲应收。应收冲应收是指将客户、部门、业务员、项目和合同的应收款项转移到另一个客户、部门、业务员、项目和合同中。通过应收冲应收功能，将应收账款业务在客户、部门、业务员、项目和合同之间进行转入、转出，实现应收业务的调整，解决应收款业务在不同客户、部门、业务员、项目和合同间入错户或合并户问题。

② 应收冲应付。应收冲应付是指用某客户的应收账款冲抵某供应商的应付款项。

③ 预收冲应收。预收冲应收是指企业将应收客户款项与已收客户款项进行对冲，填制转账凭证，同时减少应收账款和预收账款账面余额。

④ 红票对冲。红票对冲是指某客户的红字发票与其蓝字发票进行冲抵。

(4) 坏账处理。应收账款坏账处理包括计提坏账准备、发生坏账和坏账收回等内容。

① 计提坏账准备。系统提供的计提坏账的方法主要有销售收入百分比法、应收账款余额百分比法和账龄分析法。不管采用什么方法计提坏账，初次计提时，如果没有进行预先设置，应在初始设置中进行设置。应收账款的余额默认为本会计年度最后一天所有未结算完的发票和应收单余额之和减去预收款数额。外币账户用其本位币余额，可以根据实际情况进行修改。销售总额默认为本会计年度发票总额，可以根据实际情况进行修改。使用账龄分析法的各区间余额由系统生成，可以根据实际情况进行修改。需要注意的是，同一会计期间不能重复计提坏账准备。

② 发生坏账。发生坏账时，需先选择客户，系统会自动列出该客户的所有发票，然后再选择发生坏账的发票即可。

③ 坏账收回。如果发生的坏账又重新收回，可通过坏账收回来处理。在坏账收回时，需先选择客户，然后输入收回金额，再选择相应的收款单即可(收款单金额一定要与收回金额相等)。

(5) 制单处理。应收款管理系统中的制单处理，即生成凭证，并将凭证传递至总账记账。系统在各个业务处理的过程中都提供了实时制单的功能。常见的生成凭证种类有以下几种。

① 应收单制单。当系统依据销售发票生成记账凭证时，系统便可生成包含如下信息的凭证。

借：应收账款——某客户

　　贷：主营业务收入

　　　　应交税费——应交增值税——进项税额

② 收款单制单。当某一销售发票与收款方式为"支票"的收款单完成核销后，系统便可生成包含如下信息的凭证。

借：银行存款

　　贷：应收账款

③ 应收冲应收制单。当客户之间发生合并，或者已审核的销售发票或其他应收单据中存在客户信息错误；或者某部门撤销，需将该部门名下的应收款全部转移至另一部门名下；或者某业务员离职，需将该业务员名下所有的应收款转移至另一业务员名下，此时财务人员需调整这些业务，系统便可生成包含如下信息的凭证。

借：应收账款——天津公司——转入户

　　贷：应收账款——深圳公司——转出户

④ 应收冲应付制单。如果存在某主体既是客户又是供应商，或者存在三方债务关系，如企业欠供应商天津公司款项，天津公司又欠客户深圳公司款项，深圳公司又欠本企业款项，则财务人员可进行转账处理，以调整应收账款，相应的凭证信息如下。

借：应付账款
　　预付账款
　　贷：应收账款

或者

借：应付账款
　　贷：应收账款
　　　　预收账款

⑤ 预收冲应收制单。如果在应收款核销中使用了预收账款抵扣，系统便可生成包含如下信息的凭证。

借：预收账款
　　贷：应收账款

⑥ 红票对冲制单。若同一客户同时存在蓝字发票与红字发票，则财务人员需对红蓝发票进行冲销处理，以调整应收账款。系统便可生成同一方向一正一负的凭证，相关信息如下所示。

借：应收账款(红字)
借：应收账款(蓝字)

3) 应收款管理系统的输出

应收款管理系统的输出主要包括单据、业务账表、统计分析和科目账表输出。

(1) 单据输出主要指向总账系统输出的记账凭证。输出记账凭证是为了销售与应收款管理系统能够与总账系统联合运行，由计算机系统自动完成销售和应收业务的会计核算。应收款管理系统主要依据输入的销售发票和收款单生成记账凭证，并传递至总账系统。另外，应收款管理系统还提供发票、应收单、收付款单和凭证的查询。

(2) 业务账表输出不仅可以进行总账、明细账、余额表和对账单的查询，还可以实现总账、明细账、单据之间的联查。

(3) 统计分析包括应收账龄分析、收款账龄分析、欠款分析和收款预测。

(4) 科目账表输出包括科目余额表和科目明细表。

8.2.3 销售与应收款管理系统期末业务处理

销售管理系统的期末业务处理主要指销售管理系统的月末结账和数据卸出。应收款管理系统的期末业务处理包括汇兑损益和月末结账。

1. 销售管理系统的期末业务处理

(1) 月末结账。销售管理系统的月末结账是逐月将每月的单据数据进行封存，并将当月的销售数据记入有关报表中。结账前用户应检查本会计月工作是否已全部完成，只有在当前会计月所有工作全部完成的前提下，才能进行月末结账，否则会遗漏某些业务。月末结账前一定要进行数据备份，否则数据一旦发生错误，将造成无法挽回的后果。

月末结账时，不允许跳月结账，只能从未结账的第一个月逐月结账；不允许跳月取消月末结账，只能从最后一个月逐月取消。上月未结账，本月单据可以正常操作，不影响日常业务的处理，但本月不能结账。月末结账后，已结账月份的销售管理系统中的发货单、销售发票等不可修改和删除。

采购管理、销售管理系统月末结账后，才能进行库存管理、存货核算、应付款管理系统的月末结账。

(2) 数据卸出。数据卸出是将当前数据库中不经常使用或业务已经执行完毕的数据，按照指定会计年度卸出到历史账套库，以减少当前数据库的数据量，提高查询和操作效率。卸出的历史数据库可以进行数据查询。

在年末完成所有需月结产品的结账操作后，进行卸出操作，卸载日期以当年最后一个会计月的截止日期为准。卸出时只支持所有系统数据一起卸出，不支持分系统卸出。

2. 应收款管理系统的期末业务处理

(1) 汇兑损益。如果企业本期发生外币业务，则需要对外币业务进行汇兑损益核算。一般来说，企业财会人员对外币业务的处理时点通常为应收业务结算完后，或者月末通过汇兑损益科目调整汇差及应收账款。

汇兑损益可以在月末计算，也可选择在单据结清时计算。

(2) 月末结账。如果确认本月的各项处理已经结束，则可以选择执行应收款管理系统月末结账功能。当执行月末结账功能后，该月将不能再进行任何处理。

实务训练

➡ 实训准备

引入"7-2采购业务管理初始化"账套数据。

实训1　销售与应收款管理系统初始设置

➡ 实训要求

进行与销售业务相关的系统初始化。

1. 销售管理系统初始设置

(1) 单据格式及编号设置。

增加委托代销结算单表头项目"发票号"，增加销售费用支出单表头项目"支出流向"及"费用供应商名称"。修改销售订单编号规则为"完全手工编号"、销售支出编号规则为"手工改动，重号时自动获取"。

(2) 设置销售管理系统参数(见表8-1)。

表8-1　销售管理系统参数

选项卡	参数设置
业务控制	有委托代销业务 有分期收款业务 有直运销售业务 取消销售生成出库单

2. 应收款管理系统初始设置

(1) 设置应收款管理系统参数(见表8-2)。

表8-2　应收款管理系统参数

选项卡	参数设置
常规	单据审核日期依据单据日期 坏账处理方式：应收余额百分比法 自动计算现金折扣
凭证	核销生成凭证

(2) 设置基础科目(见表8-3)。

表8-3　基础科目

基础科目种类	科目	币种
应收科目	1122	人民币
预收科目	220302	人民币
销售收入科目	6001	人民币
销售退回科目	6001	人民币
商业承兑科目	112102	人民币
银行承兑科目	112101	人民币
票据利息科目	6603	人民币
票据费用科目	6603	人民币
坏账入账科目	1231	人民币
现金折扣科目	6603	人民币
税金科目	22210103	人民币

(3) 设置坏账准备(见表8-4)。

表8-4　坏账准备

项目	参数设置
提取比率	0.5%
期初余额	0
科目	1231
对方科目	6702

(4) 设置结算方式科目(见表8-5)。

表8-5　结算方式科目

结算方式	币种	本单位账号	科目
1 现金	人民币	12001657901052500555	1001
201 现金支票	人民币	12001657901052500555	100201
202 转账支票	人民币	12001657901052500555	100201
5 电汇	人民币	12001657901052500555	100201
8 托收承付	人民币	12001657901052500555	100201

(5) 录入期初数据。

应收账款——银行承兑汇票(112101)科目的期初余额为138 000.00元，如表8-6所示。

表8-6　录入期初数据

签发(收到)日期/到期日	供应商/摘要	方向	票据编号/承兑银行	票面利率	合计金额
2025-07-04/2025-10-04	北京仁智百货有限公司/票据贴现	借	08989/中国建设银行	10%	138 000.00

3. 采购管理系统初始设置

设置采购管理系统参数(见表8-7)。

表8-7　采购管理系统参数

选项卡	参数设置
业务及权限控制	启用受托代销

4. 存货核算系统初始设置

(1) 设置存货核算系统参数(见表8-8)。

表8-8　存货核算系统参数

选项卡	参数设置
核算方式	委托代售成本核算方式：销售出库单 红字出库单成本：上次出库成本 入库成本选择：上次出库成本 结存负单价成本选择：上次出库成本

(2) 按照仓库设置存货科目(见表8-9)。

表8-9　按照仓库设置存货科目

仓库	分期收款发出商品科目名称	委托代销发出商品科目名称
01床上用品仓库	分期收款发出商品(140601)	分期收款发出商品(140602)
02卫浴用品仓库	分期收款发出商品(140601)	分期收款发出商品(140602)
03不良品仓库		
04受托代销商品库		
05退货质检仓库		

⬇ 岗位说明

以"A01陈强"身份完成与销售业务相关的系统初始化。

⬇ 实训指导

1. 销售管理系统初始化

(1) 单据格式及编号设置。

① 执行"基础档案"|"单据设置"|"单据格式设置"命令，打开"单据编号设置"窗口，在左侧树形结构中，依次单击"销售管理"|"委托代销结算单"|"显示"|"委托代销结算单显示模板"选项。

② 单击"表头项目"按钮，选中"发票号"复选框，拖动到合适位置，单击"保存"按钮。

③ 同理，增加"销售费用支出单"表头项目。

④ 执行"基础档案"|"单据设置"|"单据编号设置"命令，打开"单据编号设置"窗口，

选择"编号设置"选项卡。

⑤ 在左侧树形结构中，依次单击"销售管理"|"销售订单"选项，单击" "按钮。

⑥ 选中"完全手工编号"复选框。

⑦ 单击"保存"按钮。同理，设置"销售支出"编码规则。

(2) 系统参数设置。

① 在"业务工作"选项卡中，单击"供应链"|"销售管理"选项，展开"销售管理"下级菜单。

② 在销售管理系统中，执行"设置"|"销售选项"命令，打开"销售选项"对话框。

③ 打开"业务控制"选项卡，按照实训资料的要求进行相应的设置。

④ 设置完成后，单击"确定"按钮。

知识拓展

销售系统期初数据录入

销售系统期初数据是指销售系统启用日期之前已经发货、出库但未开具销售发票的存货。如果企业有委托代销业务，则已经发生但未完全结算的存货也需要在期初数据中录入。

① 进入销售管理系统，执行"设置"|"期初录入"|"期初发货单"命令，进入"期初发货单"窗口。

② 单击"增加"按钮，输入发货日期，选择销售类型、客户名称及销售部门。

③ 选择仓库和存货，并输入数量及无税单价后，单击"保存"按钮。

④ 单击"审核"按钮，审核该发货单。

2. 应收款管理系统初始设置

(1) 系统参数设置。

① 在"业务工作"选项卡中，单击"财务会计"|"应收款管理"选项，展开"应收款管理"下级菜单。

② 在应收款管理系统中，执行"设置"|"选项"命令，打开"账套参数设置"对话框。

③ 单击"编辑"按钮，分别打开"常规"和"凭证"选项卡，按照实训资料的要求进行相应设置。

④ 设置完成后，单击"确定"按钮。

(2) 科目设置。

① 从企业应用平台中进入应收款管理系统。

② 执行"初始设置"|"设置科目"|"基础科目设置"命令，单击左上角的"增加"按钮，按实训资料中的"科目"栏设置应收款管理系统基础科目。

(3) 坏账准备设置。

① 从企业应用平台中进入应收款管理系统。

② 执行"初始设置"|"设置科目"|"基础科目设置"命令，单击左上角的"增加"按钮，按实训资料设置坏账准备基础参数。

(4) 结算方式科目设置。

① 从企业应用平台中进入应收款管理系统。

② 执行"初始设置"|"设置科目"|"结算方式科目设置"命令，单击左上角的"增加"按钮，按实训资料设置应收款管理系统结算方式科目。

(5) 期初数据录入。

① 执行"设置"|"期初余额"命令，打开"期初余额—查询"对话框，单击"确认"按钮，进入"期初余额明细表"窗口。

② 单击工具栏上的"增加"按钮，打开"单据类别"对话框，"单据名称"选择"应收票据"，"单据类型"选择"银行承兑汇票"，单击"确认"按钮，进入"期初票据"窗口。

③ 单击工具栏上的"增加"按钮，按实训资料要求输入应收期初数据。输入完毕，退出"期初票据"窗口。

④ 单击"对账"按钮，与总账管理系统进行对账。

3. 采购管理系统初始设置

系统参数的设置可参考前序业务操作指导，在此不再赘述。

4. 存货核算系统初始设置

(1) 系统参数设置。

① 在"业务工作"选项卡中，单击"供应链"|"存货核算"选项，展开"存货核算"下级菜单。

② 在存货核算系统中，执行"初始设置"|"选项"|"选项录入"命令，打开"选项录入"对话框。

③ 打开"核算方式"选项卡，按照实训资料的要求进行相应的设置。

④ 设置完成后，单击"确定"按钮。

(2) 按照仓库设置存货科目。

① 从企业应用平台中进入存货核算系统。

② 执行"初始设置"|"科目设置"|"存货科目"命令，进入"存货科目"窗口，按实训资料中的要求进行相应的设置。

实训2　普通销售业务

⬇ 实训要求

完成以下普通销售业务处理。具体实训资料见实训指导。

⬇ 岗位说明

以"X01段佳奕"身份登录平台，完成销售管理系统业务处理。

以"C01陈晨"身份登录平台，完成库存管理系统业务处理。

以"W03黄宁"身份登录平台，完成收款单录入。

以"W02张文华"身份登录平台，完成应收款管理系统及存货核算系统业务处理。

⬇ 实训指导

2025年7月1日，天津新华家纺股份有限公司与武汉美誉家纺股份有限公司签订销售协议。原始凭证如图8-18～图8-21所示。

购 销 合 同

合同编号：XS0001

卖方：天津新华家纺股份有限公司
买方：武汉美誉家纺股份有限公司

为保护买卖双方的合法权益，根据《中华人民共和国民法典》的有关规定，买卖双方经友好协商，一致同意签订本合同并共同遵守。

一、货物的名称、数量及金额

货物名称	规格型号	计量单位	数量	单价(不含税)	金额(不含税)	税率	税额
儿童床上四件套(卡通)	1.5M	套	60	330.00	19 800.00	13%	2 574.00
合　计					¥19 800.00		¥2 574.00

二、合同总金额：人民币贰万贰仟叁佰柒拾肆元整（¥22 374.00）。
三、收款时间：买方签订合同2日内付款。
四、发货时间：卖方签订合同当日向买方发出所有商品。
五、交货地点：天津新华家纺股份有限公司。
六、发运方式：由买方承运。

卖　　方：天津新华家纺股份有限公司　　　　买　　方：武汉美誉家纺股份有限公司
授权代表：段佳雯　　　　　　　　　　　　　授权代表：周春喜
日　　期：2025年7月1日　　　　　　　　　日　　期：2025年7月1日

图 8-18　购销合同

天津市增值税专用发票

3257462584　　　　　　　　　开票日期：2025年7月1日　　　　　　No 1092348989

第三联：发票联 购货方记账凭证

购货单位	名　称：武汉美誉家纺股份有限公司	密码区	10008978+*2><618//*4646
	纳税人识别号：100989789867671931		4161145641/*-+4164><6*-
	地址、电话：武汉市武昌中路楚河汉街 027-89000987		46></--2338990/*-52678
	开户行及账号：中国建设银行武汉市楚汉支行6227890984567345678		12345/*980-->-<-9807*90

货物或应税劳务名称	规格型号	单位	数量	单价	金额	税率	税额
儿童床上四件套(卡通)	1.5M	套	60	330.00	19 800.00	13%	2 574.00
合　计					¥19 800.00		¥2 574.00

价税合计	人民币(大写)　贰万贰仟叁佰柒拾肆元整　　　　　　　　　¥22 374.00

销货单位	名　称：天津新华家纺股份有限公司
	纳税人识别号：120101355203023526
	地址、电话：天津市河西区珠江道86号 022-28285566
	开户行及账号：中国工商银行天津河西支行12001657901052500555

收款人：略　　　　复核：略　　　　开票人：略　　　　销货单位：(章)

图 8-19　增值税专用发票

商品出库单

发出仓库：床上用品库　　　　　日期：2025年7月1日

商品名称	型号	应发数量	实发数量	单价	核对结果	原因	处理结果
儿童床上四件套(卡通)	1.5M	60	60				
合　计		60	60				

财务经理：略　　　　部门经理：略　　　　制表人：略

图 8-20　商品出库单

中国工商银行电汇凭证(收账通知)

日期：2025年7月2日　　　　　　　　　　　　　　NO 1920897889

收款人	天津新华家纺股份有限公司			汇款人	武汉美誉家纺股份有限公司										
账号或地址	12001657901052500555			账号或地址	62278909845673456781										
兑付地点	天津市河西区	兑付行	工行天津河西支行	汇款用途	商品货款										
汇款金额	人民币(大写) 贰万贰仟叁佰柒拾肆元整				千	百	十	万	千	百	十	元	角	分
							￥	2	2	3	7	4	0	0

收款人：(略)　　　　　　　复核：(略)　　　　　　　开票人：(略)

图 8-21　电汇凭证

(1) 在销售管理系统中录入销售订单。

① 以销售人员"X01段佳奕"身份登录，修改"注册日期"为"2025年7月1日"。

② 执行"供应链"|"销售管理"|"销售订货"命令，双击"销售订单"选项，然后单击"销售订单"界面左上角工具栏中的"增加"按钮，注意表头"销售部门"选择"销售部"，其余项目按销售合同录入相应销售信息，单击"保存"按钮并审核。

(2) 在销售管理系统中生成销售发票。

① 执行"供应链"|"销售管理"|"销售开票"命令，双击"销售专用发票"选项。

② 单击"销售专用发票"界面左上角工具栏中的"增加"按钮，在弹出的"参照订单"对话框中，单击"确定"按钮，打开"参照生单"对话框，依次单击"全选"和"确定"按钮，返回"销售专用发票"界面，在表体"仓库名称"栏选择"床上用品仓库"，依次单击工具栏中的"保存"和"复核"按钮。

❖ **注意：**

◇　在销售管理系统中，销售必须存在对应的"发货单"，本例中"发货单"未采取手工录入方式，而是通过复核参照生成销售发票，由系统自动生成"发货单"。发票复核完成后，可通过执行"销售发货"|"发货单"命令，查询"发货单号"为0000000001且已审核完毕的发货单。

(3) 在库存管理系统中生成"销售出库单"。

① 以仓管人员"C01陈晨"身份登录，修改"注册日期"为"2025年7月1日"。

② 执行"供应链"|"库存管理"|"出库业务"|"销售出库单"命令，依次单击工具栏中的"生单"按钮，选择"销售生单"选项，在"查询"对话框中，单击"确定"按钮。

③ 进入"销售出库单"界面，依次单击"保存"和"审核"按钮。

(4) 在应收款管理系统中审核专用发票并生成销售发票记账凭证。

① 以会计人员"W02张文华"身份登录，修改"注册日期"为"2025年7月1日"。

② 执行"财务会计"|"应收款管理"|"应收单据处理"|"应收单据审核"命令，在"应收单查询条件"对话框中，单击"确定"按钮，在"应收单据列表"窗口中，单击工具栏上的"全选"及"审核"按钮，对相应发票进行审核(注：此操作会在专用发票左上角标注"已审核"字样)。

③ 执行"应收款管理"|"制单处理"命令，在"制单查询"界面，选择"发票制单"选项，然后单击"确定"按钮。

④ 在"销售发票制单"界面，依次单击"全选"和"制单"按钮，生成相应的记账凭证，然后单击"保存"按钮或按F6键保存。

自动生成的销售记账凭证会计分录如下。

借：应收账款

　　贷：主营业务收入

　　　　应交税费——应交增值税(销项税额)

(5) 在存货核算系统中完成存货记账并生成销售成本结转记账凭证。

① 执行"供应链"|"存货核算"|"业务核算"|"正常单据记账"命令，在"查询条件选择"对话框中，单击"确定"按钮，在"正常单据记账列表"窗口中，单击工具栏上的"全选"及"记账"按钮，对销售出库单进行记账。

② 执行"存货核算"|"财务核算"|"生成凭证"命令，在"查询条件"对话框中，单击"全消"按钮，选中"(32)销售出库单"复选框，单击"确定"按钮。

③ 在"未生成凭证单据一览表"窗口中，选择对应单据，单击"确定"按钮。

④ 在"生成凭证"界面，单击"生成"按钮，生成相应的记账凭证后，单击"保存"按钮。

生成凭证的相应会计分录如下。

借：主营业务成本

　　贷：库存商品

(6) 在应收款管理系统中录入"收款单"。

① 以出纳人员"W03黄宁"身份登录，修改"注册日期"为"2025年7月1日"。

② 执行"财务会计"|"应收款管理"|"收款单据处理"|"收款单据录入"命令，在"收款单"界面，蓝色字体项目为必须输入项，单击"增加"按钮，选择"客户"为"106 武汉美誉家纺股份有限公司"、"结算方式"为"5 电汇"，输入"金额"为"22 374.00"、"票据号"为"1920897889"。录入完毕，单击"保存"按钮。单击工具栏上的"保存"按钮后，系统自动生成表体，不用填写。

(7) 在应收款管理系统中审核收款单并生成收款单记账凭证。

① 以会计人员"W02张文华"身份登录，修改"注册日期"为"2025年7月2日"。

② 执行"财务会计"|"应收款管理"|"收款单据处理"|"收款单据审核"命令，在"收款单查询条件"对话框中，单击"确定"按钮，在"收付款单列表"窗口中，单击工具栏上的"全选"及"审核"按钮，对相应收款单进行审核(注：此操作会在收款单左上角标注"已审核"字样)。

③ 执行"应收款管理"|"核销处理"|"自动核销"命令，选择"客户"为"106 武汉美誉家纺股份有限公司"，然后单击"确定"按钮。

④ 在"自动核销报告"界面，单击"确定"按钮。

⑤ 执行"应收款管理"|"制单处理"命令，在"制单查询"界面，选择"收付款单制单"和"核销制单"选项，然后单击"确定"按钮。

⑥ 在"应收制单"界面，单击"合并"按钮，生成相应的记账凭证后，单击"保存"按钮或按F6键保存。

生成凭证的相应会计分录如下。

借：银行存款——工行存款

　　贷：应收账款

实训3　销售现结业务

实训要求

完成以下销售现结业务处理。具体实训资料见实训指导。

岗位说明

以"X01段佳奕"身份登录平台，完成销售管理系统业务处理。

以"C01陈晨"身份登录平台，完成库存管理系统业务处理。

以"W02张文华"身份登录平台，完成应收款管理系统及存货核算系统业务处理。

实训指导

2025年7月2日，天津新华家纺股份有限公司与武汉美誉家纺股份有限公司签订销售协议。原始凭证如图8-22～图8-25所示。

购销合同

合同编号：XS0002

卖方：天津新华家纺股份有限公司

买方：武汉美誉家纺股份有限公司

为保护买卖双方的合法权益，根据《中华人民共和国民法典》的有关规定，买卖双方经友好协商，一致同意签订本合同并共同遵守。

一、货物的名称、数量及金额

货物名称	规格型号	计量单位	数　量	单价（不含税）	金额（不含税）	税率	税　额
儿童床上四件套(卡通)	1.5M	套	60	330.00	19 800.00	13%	2 574.00
合　计					￥19 800.00		￥2 574.00

二、合同总金额：人民币贰万贰仟叁佰柒拾肆元整(￥22 374.00)。

三、收款时间：买方于签订合同当日(2025年7月2日)付款。

四、发货时间：卖方于签订合同当日向买方发出所有商品。

五、交货地点：天津新华家纺股份有限公司

六、发运方式：买方承运。

卖　　方：天津新华家纺股份有限公司　　　　买　　方：武汉美誉家纺股份有限公司

授权代表：段佳奕　　　　　　　　　　　　　授权代表：周春喜

日　　期：2025年7月2日　　　　　　　　　　日　　期：2025年7月2日

图 8-22　购销合同

天津市增值税专用发票

3257462584 　　　　　　开票日期：2025年7月2日 　　　　　　No1092348909

购货单位	名　　　称：	武汉美誉家纺股份有限公司						
	纳税人识别号：	100989789867671931						
	地址、电话：	武汉市武昌中路楚河汉街72号　027-8900098						
	开户行及账号：	中国建设银行武汉楚汉支行6227890984567345678 1						

密码区　10127978+*2><618//*4646
4161145641/*-+4164><6*-
46></-2323750/*-52678
12345/*980-->< -9807*90

货物或应税劳务名称	规格型号	单位	数量	单价	金额	税率	税 额
儿童床上四件套（卡通）	1.5M	套	60	330.00	19 800.00	13%	2 574.00
合　计					￥19 800.00		￥2 574.00

价税合计	人民币(大写)贰万贰仟叁佰柒拾肆元整	(小写)￥22 374.00

销货单位	名　　　称：	天津新华家纺股份有限公司
	纳税人识别号：	12010135 5203023526
	地址、电话：	天津市河西区珠江道86号　022-28285566
	开户行及账号：	中国工商银行天津河西支行12001657901052500555

收款人：（略）　　复核：（略）　　开票人：（略）　　销货单位：（章）

第一联：记账联　销货方记账凭证

图 8-23　增值税专用发票

商品出库单

发出仓库：床上用品库　　　　　　日期：2025年7月2日

商品名称	型号	应发数量	实发数量	单价	核对结果	原因	处理结果
儿童床上四件套(卡通)	1.5M	60	60				
合　计		60	60				

财务经理：略　　　　　部门经理：略　　　　　制表人：略

图 8-24　商品出库单

中国工商银行电汇凭证(收账通知)

日期：2025年7月2日　　　　　　NO 1920897890

收款人	天津新华家纺股份有限公司	汇款人	武汉美誉家纺股份有限公司									
账号或地址	12001657901052500555	账号或地址	6227890984567345678 1									
兑付地点	天津市河西区	兑付行	河西支行	汇款用途	商品货款							
汇款金额	人民币(大写)贰万贰仟叁佰柒拾肆元整			千	百	十	万	千	百	十	元	角	分
						￥	2	2	3	7	4	0	0

收款人：（略）　　　　　复核：（略）　　　　　开票人：（略）

图 8-25　电汇凭证

对于现结方式的销售业务(即开票当天收到款项)，在制作专用发票时，单击"现结"按钮，即可完成该张发票的收款结算。

(1) 在销售管理系统中录入销售订单。

① 以销售人员"X01段佳奕"身份登录，修改"注册日期"为"2025年7月2日"。

② 执行"供应链"|"销售管理"|"销售订货"命令，双击"销售订单"选项，然后单击"销售订单"界面左上角工具栏中的"增加"按钮，按销售合同录入相应销售信息后，单击

"保存"按钮并审核。

(2) 在销售管理系统中生成销售发票。

① 执行"供应链"|"销售管理"|"销售开票"命令,双击"销售专用发票"选项。

② 单击"销售专用发票"界面左上角工具栏中的"增加"按钮,在弹出的"参照订单"对话框中,单击"确定"按钮,再在打开的"参照生单"对话框中,依次单击"全选"和"确定"按钮,返回"销售专用发票"界面,在表体"仓库名称"栏选择"床上用品仓库",单击工具栏中的"保存"按钮,再单击工具栏中的"现结"按钮,在弹出的"现结"对话框中,按"收账通知"录入相应信息,录入"结算方式"为"5 电汇"、"原币金额"为"22 374.00"、"票据号"为"1920897890",单击"确定"按钮,再单击工具栏上的"复核"按钮。

(3) 在库存管理系统中生成销售出库单。

① 以仓管人员"C01陈晨"身份登录,修改"注册日期"为"2025年7月2日"。

② 执行"供应链"|"库存管理"|"出库业务"|"销售出库单"命令,单击工具栏上的"生单"按钮,选择"销售生单"选项,在"查询"对话框中,单击"确定"按钮。

(4) 进入"销售出库单"界面,依次单击"保存"和"审核"按钮。

(5) 在应收款管理系统中审核专用发票并生成销售发票记账凭证。

① 以会计人员"W02张文华"身份登录,修改"注册日期"为"2025年7月2日"。

② 执行"财务会计"|"应收款管理"|"应收单据处理"|"应收单据审核"命令,在弹出的"应收单查询条件"对话框中,选择"包含已现结发票"选项,单击"确定"按钮,在"应收单据列表"界面依次单击工具栏上的"全选"和"审核"按钮。

③ 执行"应收款管理"|"制单处理"命令,在"制单查询"界面,选择"现结制单"选项,然后单击"确定"按钮。

④ 在"现结制单"界面,依次单击"全选"和"制单"按钮,生成相应的记账凭证后,单击"保存"按钮或按F6键保存。

(6) 在存货核算系统中完成存货记账并生成销售成本结转记账凭证。

① 执行"供应链"|"存货核算"|"业务核算"|"正常单据记账"命令,在"查询条件选择"对话框中,单击"确定"按钮,在"正常单据记账列表"窗口中,单击工具栏上的"全选"及"记账"按钮,对销售出库单进行记账。

② 执行"存货核算"|"财务核算"|"生成凭证"命令,在"查询条件"对话框中,单击"全消"按钮,选中"(32)销售出库单"复选框,单击"确定"按钮。

③ 在"未生成凭证单据一览表"窗口中,选择对应单据,单击"确定"按钮。

④ 在"生成凭证"界面,单击"生成"按钮,生成相应的记账凭证后,单击"保存"按钮。

相应的会计分录如下。

借:银行存款
　　贷:主营业务收入
　　　　应交税费——应交增值税(销项税额)
借:主营业务成本
　　贷:库存商品

实训4　直运销售业务

📥 实训要求

完成以下直运销售业务处理。具体实训资料见实训指导。

📥 岗位说明

以"X01段佳奕"身份登录平台，完成销售管理系统业务处理。

以"G01 林群"身份登录平台，完成采购管理系统业务处理。

以"W02张文华"身份登录平台，完成应收款管理系统及存货核算系统业务处理。

📥 实训指导

2025年7月2日，天津新华家纺股份有限公司向上海美华日用品百货有限公司销售商品。原始凭证如图8-26、图8-27所示。同日，天津新华家纺股份有限公司向山西春天家居用品制造有限公司签订采购合同。原始凭证如图8-28、图8-29所示。

购 销 合 同

合同编号：ZX0001

卖方：天津新华家纺股份有限公司

买方：上海美华日用品百货有限公司

为保护买卖双方的合法权益，买卖双方根据《中华人民共和国民法典》的有关规定，经友好协商，一致同意签订本合同并共同遵守。

一、货物的名称、数量及金额

货物名称	规格型号	计量单位	数量	单价（不含税）	金额（不含税）	税率	税额
床垫(秋天)	1.8M	件	400	320.00	128 000.00	13%	16 640.00
合　　计					￥128 000.00		￥16 640.00

二、合同总金额：人民币壹拾肆万肆仟陆佰肆拾元整(￥144 640.00)。

三、收款时间：买方于本月底(7月31日)前支付全部货款。

四、发货时间：卖方于签订合同当日发出全部商品。

五、8月10日前买方可以因商品质量问题退货。

六、发运方式：买方自提。交货地点：天津新华家纺股份有限公司。

卖　方：天津新华家纺股份有限公司　　　　买　方：上海美华日用品百货有限公司

授权代表：段佳奕　　　　　　　　　　　　授权代表：翁庆祥

日　　期：2025年7月2日　　　　　　　　日　　期：2025年7月2日

图 8-26　购销合同

天津市增值税专用发票

3257462584 开票日期：2025年7月2日 No 10092348911

购货单位	名 称： 上海美华日用品百货有限公司		密码区	145902345+*2><618//*46 464161145641/*-+4164)< 6758/*-46></--452678123 45/*980-->-<-9807*9014/-* /98-2+2><12345&908
	纳税人识别号：913101042786545865			
	地址、电话：上海市澳门路168号海天大厦一楼021-890098786			
	开户行及账号：中国建设银行上海浦东天苑支行62278909876567890451			

货物或应税劳务名称	规格型号	单位	数量	单价	金额	税率	税额
床垫(秋天)	1.8M	件	400	320.00	128 000.00	13%	16 640.00
合 计					￥128 000.00		￥16 640.00
价税合计	人民币(大写)壹拾肆万肆仟陆佰肆拾元整				(小写)￥144 640.00		

销货单位	名 称： 天津新华家纺股份有限公司		备注
	纳税人识别号：120101355203023526		
	地址、电话：天津市河西区珠江道86号 022-28285566		
	开户行及账号：中国工商银行天津河西支行12001657901052500555		

收款人：(略) 复核：(略) 开票人：(略) 销货单位：(章)

第一联：记账联 销货方记账凭证

图 8-27 增值税专用销售发票

购 销 合 同

合同编号：ZC0001

卖方：山西春天家居用品制造有限公司
买方：天津新华家纺股份有限公司

为保护买卖双方的合法权益，买卖双方根据《中华人民共和国民法典》的有关规定，经友好协商，一致同意签订本合同并共同遵守。

一、货物的名称、数量及金额

货物名称	规格型号	计量单位	数量	单价(不含税)	金额(不含税)	税率	税额
床垫(秋天)	1.8M	件	400	100.00	40 000.00	13%	5 200.00
合 计					￥40 000.00		￥5 200.00

二、合同总金额：人民币肆万伍仟贰佰元整(￥45 200.00)。

三、收款时间：买方于收到货物当天向卖方支付货款。

四、至付清所有合同款项前，卖方按买方未付款项与合同总价款的比例保留对合同标的物的所有权。

五、发货时间：卖方签订合同之日将全部商品发往指定地点。

六、发运方式：买方自提。

卖 方：山西春天家居用品制造有限公司 买 方：天津新华家纺股份有限公司
授权代表：赵 跃 授权代表：状 群
日 期：2025年7月2日 日 期：2025年7月2日

图 8-28 购销合同

山西省增值税专用发票

3257462584　　　　开票日期：2025年7月2日　　　　No 10092348912

购货单位	名　　　称：天津新华家纺股份有限公司	密码区	145902345+*2><618//*4646
	纳税人识别号：120101355203023526		4161145641/*-+4164><6758/
	地址、电话：天津市河西区珠江道86号 022-28285566		*-46></--456590/*-52678123
	开户行及账号：中国工商银行天津河西支行12001657901052500555		45/*980--2><12345&908765
			908/-*123

货物或应税劳务名称	规格型号	单位	数量	单价	金额	税率	税额
床垫(秋天)	1.8M	件	400	100.00	40 000.00	13%	5 200.00
合　　计					￥40 000.00		￥5 200.00

价税合计	人民币(大写)肆万伍仟贰佰元整		(小写)￥45 200.00

销货单位	名　　　称：山西春天家居用品制造有限公司	备注	（山西春天家居用品制造有限公司 14010378925647813 发票专用章）
	纳税人识别号：14010378925647813		
	地址、电话：山西运城市万荣县西贾工业园西座0359-86962998		
	开户行及账号：中国建行山西运城市万荣支行6227156789098256767		

收款人：略　　　复核：略　　　开票人：略　　　销货单位：(章)

图 8-29　增值税专用采购发票

直运方式的销售，是指本公司通过电话告知卖方公司，直接将货物运抵买方公司，货物不再运至本公司仓库，以节约运输成本的销售模式。在供应链环节，该模式是采购业务和销售业务的叠加，但由于货物未经过本公司仓库，因此供应链环节不产生出入库单，系统生成的记账凭证中也不会涉及"库存商品"科目的会计分录。

(1) 在销售管理系统中录入销售订单。

① 以销售人员"X01段佳奕"身份登录，修改"注册日期"为"2025年7月2日"。

② 执行"供应链"|"销售管理"|"销售订货"命令，双击"销售订单"选项，然后单击"销售订单"界面左上角工具栏上的"增加"按钮，选择"业务类型"为"直运销售"，按销售合同录入相应销售信息后，单击"保存"按钮并审核。

(2) 在销售管理系统中生成销售发票。

① 执行"供应链"|"销售管理"|"销售开票"命令，双击"销售专用发票"选项。

② 单击"销售专用发票"界面左上角工具栏上的"增加"按钮，关闭"参照订单"对话框，返回"销售专用发票"界面，在表头"业务类型"栏处选择"直运销售"，单击工具栏上"生单"下拉菜单中的"参照订单"选项，在"参照生单"界面依次单击"全选"和"确定"按钮。返回"销售专用发票"界面，修改"发票号"为10092348911，单击"保存"按钮，再单击"复核"按钮。

❖ 注意：

◇　直运销售发票无须选择仓库。

(3) 在采购管理系统中生成采购订单。

① 以采购人员"G01林群"身份登录，修改"注册日期"为"2025年7月2日"。

② 执行"供应链"|"采购管理"|"采购订货"命令，打开"采购订单"界面。单击"采购

订单"界面左上角工具栏上的"增加"按钮，在订单的表头注意选择"业务类型"为"直运采购"，单击工具栏上的"生单"下拉菜单中的"销售订单"选项，在"拷贝并执行"界面依次单击"全选"和"确定"按钮。返回采购订单界面，按采购合同录入相应采购信息(订单编号、供应商、原币单价)后，依次单击工具栏上的"保存"和"审核"按钮。

❖ 注意：

◇ 直运采购订单务必参照直运销售订单生成，切勿手工录入，否则两者无法关联。

(4) 在采购管理系统中生成采购发票。

① 执行"供应链"|"采购管理"|"采购发票"|"专用采购发票"命令，单击工具栏上的"增加"按钮，使"生单"变成实色。在"专用发票"的表头选择"业务类型"为"直运采购"，单击工具栏上"生单"下拉菜单中的"采购订单"选项，在"发票拷贝订单表头列表"界面，依次单击"全选"和"确定"按钮。

② 在生成的专用发票界面，修改"发票号"为"10092348912"，单击工具栏上的"保存"按钮。

❖ 注意：

◇ 由于不存在采购入库单，因此直运采购发票无须结算。

知识拓展

直运销售业务发票的生成方式

直运销售业务中会涉及销售发票和采购发票各一张。在生成发票时，若直运采购订单与直运销售订单均已录入系统，则两张发票分别依据对应的订单生成；若未录入直运采购订单，则直运采购发票需参照直运销售发票生成。

(5) 在应收款管理系统中审核专用发票并生成销售发票记账凭证。

① 以会计人员"W02张文华"身份登录，修改"注册日期"为"2025年7月2日"。

② 执行"财务会计"|"应收款管理"|"应收单据处理"|"应收单据审核"命令，在"应收单查询条件"对话框中，单击"确定"按钮，在"应收单据列表"窗口中，单击工具栏上的"全选"及"审核"按钮，然后对相应发票进行审核(注：此操作会在专用发票左上角标注"已审核"字样)。

③ 执行"应收款管理"|"制单处理"命令，在"制单查询"界面，选择"发票制单"选项，然后单击"确定"按钮。

④ 在"销售发票制单"界面，依次单击"全选"和"制单"按钮，生成相应的记账凭证，单击"保存"按钮或按F6键保存。

自动生成的销售记账凭证相应的会计分录如下。

借：应收账款
　　贷：主营业务收入
　　　　应交税费——应交增值税(销项税额)

(6) 在应付款管理系统中审核专用发票。

执行"财务会计"|"应付款管理"|"应付单据处理"|"应付单据审核"命令，在"应付单查询条件"对话框中，单击"确定"按钮，在"应付单据列表"窗口中，单击工具栏上的"全选"及"审核"按钮，然后对相应发票进行审核。

(7) 在存货核算系统中完成存货记账并生成采购发票、销售成本结转记账凭证。

① 执行"供应链"|"存货核算"|"业务核算"|"直运销售记账"命令，在弹出的"直运采购发票核算查询条件"对话框中，选择"单据类型"为"销售发票"和"采购发票"，单击"确定"按钮，在"直运销售记账"窗口中，单击工具栏上的"全选"及"记账"按钮，然后对采购发票和销售发票进行记账。

② 执行"存货核算"|"财务核算"|"生成凭证"命令，在"查询条件"对话框中，单击"全消"按钮，选中"(25)直运销售发票"和"(26)直运采购发票"复选框，单击"确定"按钮。

③ 在"未生成凭证单据一览表"窗口中，选择对应单据，单击"确定"按钮。

④ 在"生成凭证"界面，补充填写销售成本结转凭证及直运采购凭证中的存货科目为"(1402)在途物资"，单击"生成"按钮，生成两张记账凭证。

自动生成的直运采购记账凭证相应的会计分录如下。

借：在途物资
　　应交税费——应交增值税(进项税额)
　　贷：应付账款——一般应付款

自动生成的销售成本结转记账凭证相应的会计分录如下。

借：主营业务成本
　　贷：在途物资

⑤ 在结转销售成本记账凭证时，"在途物资"科目需补充供应商信息，否则无法保存。将光标移动至记账凭证下方"供应商"的位置，当光标变成"圆珠笔尖"形状时，双击"供应商"，录入相应供应商信息后，返回记账凭证界面，单击"保存"按钮，再单击"生成"按钮，生成相应的记账凭证后，选择两张凭证类型为"转账凭证"，单击"保存"按钮。

❖ 注意：
◇ 在保存两张生成的凭证时，若先保存销售成本结转凭证，会因直运采购凭证尚未保存而提示供应商应付账款"赤字控制"。

实训5　委托代销业务

⬇ 实训要求

完成以下委托代销业务处理。具体实训资料见实训指导。

⬇ 岗位说明

以"X01段佳奕"身份登录平台，完成销售管理系统业务处理。

以"C01陈晨"身份登录平台，完成库存管理系统业务处理。

以"W03黄宁"身份登录平台，录入银行承兑汇票。

以"W02张文华"身份登录平台，完成应收款管理系统、应付款管理系统及存货核算系统业务处理。

⟱ 实训指导

1. 业务1

2025年7月3日，天津新华家纺股份有限公司与上海华润万家百货有限公司签订委托代销协议。原始凭证如图8-30～图8-34所示。

购 销 合 同

合同编号：WT0001

委托方：天津新华家纺股份有限公司

受托方：上海华润万家百货有限公司

为保护买卖双方的合法权益，根据《中华人民共和国民法典》的有关规定，买卖双方经友好协商，一致同意签订本合同并共同遵守。

一、货物的名称、数量及金额

货物的名称	规格型号	计量单位	数　量	单价(不含税)	金额(不含税)	税率	税额
蚕丝被(美梦)	1.8M	件	200	380.00	76 000.00	13%	9 880.00
合　计					￥76 000.00		￥9 880.00

二、合同总金额：人民币捌万伍仟捌佰捌拾元整(￥85 880.00)。

三、委托代销方式：采用手续费的方式由委托方委托受托方代销货物，即受托方在取得代销商品后按价税合计金额提取10%的代销手续费(不含增值税)；2025年9月1日前未销售完的商品可退回给委托方。

四、收款时间：买方于2025年9月10日前付款。

五、发货时间及地点：卖方于签订合同当日向买方发出所有商品，每月10日结算一次；发货地点：天津新华家纺股份有限公司。

六、发运方式：买方承运。

卖　　方：天津新华家纺股份有限公司

授权代表：段佳奕

日　　期：2025年7月3日

买　　方：上海华润万家百货有限公司

授权代表：周春林

日　　期：2025年7月3日

图 8-30　购销合同

商品出库单

发出仓库：床上用品库　　　　日期：2025年7月3日

商品名称	型号	应发数量	实发数量	单价	核对结果	原因	处理结果
蚕丝被(美梦)	1.8M	200	200				
合　计		200	200				

财务经理：略　　　　　部门经理：略　　　　　制表人：略

图 8-31　商品出库单

商品代销结算清单

日期：2025年7月10日   NO：00000111

委托方	天津新华家纺股份有限公司		受托方	上海华润万家百货有限公司	
账　号	12001657901052500555		账　号	62270098675678459731	
开户银行	中国工商银行天津河西支行		开户银行	中国建行上海徐汇区天目支行	

代销货物结算单	代销货物名　称	规格型号	计量单位	数量	单价(不含税)	金额	税率	税额
	蚕丝被(美梦)	1.8M	件	100	380.00	38 000.00	13%	4 940.00
	价税合计	人民币(大写)：肆万贰仟玖佰肆拾元整				(小写)：￥42 940.00		
代销方式	手续费							
代销款结算时间	根据代销货物销售情况于每月底结算一次货款							
代销款结算方式	电汇							

图 8-32　商品代销结算清单

天津市增值税专用发票

3257462584   开票日期：2025年7月10日   No 1092348919

购货单位	名　　称	上海华润万家百货有限公司				密码区	10008978+*2><618//*464641 61145641/*-+4164><6*-46></--2338990/*-52678 12345/*980-><-9807*90		
	纳税人识别号	14010378925647811313							
	地址、电话	上海市徐汇区天目西路218号　021-87875667							
	开户行及账号	中国建行上海徐汇区天目支行62270098675678459731							
货物或应税劳务名称		规格型号	单位	数量	单价	金额	税率	税额	
蚕丝被(美梦)		1.8M	件	100	380.00	38 000.00	13%	4 940.00	
合　计						￥38 000.00		￥4 940.00	
价税合计		人民币(大写)肆万贰仟玖佰肆拾元整				(小写)￥42 940.00			
销售单位	名　　称	天津新华家纺股份有限公司				备注	120101355203023526 发票专用章		
	纳税人识别号	120101355203023526							
	地址、电话	天津市河西区珠江道86号 022-28285566							
	开户行及账号	中国工商银行天津河西支行12001657901052500555							

收款人：略　　　　复核：略　　　　开票人：略　　　　销货单位：(章)

第一联：记账联　销货方记账凭证

图 8-33　增值税专用发票

上海市增值税专用发票

3257462584   开票日期：2025年7月10日   No 1092348920

购货单位	名　　称	天津新华家纺股份有限公司				密码区	10008978+*2><618//*464641 61145641/*-+4164><6*-46></--2338990/*-52678 12345/*980-><-9807*90		
	纳税人识别号	120101355203023526							
	地址、电话	天津市河西区珠江道86号 022-28285566							
	开户行及账号	中国工商银行天津河西支行12001657901052500555							
货物或应税劳务名称		规格型号	单位	数量	单价	金额	税率	税额	
代销手续费				1	4 294.00	4 294.00	13%	558.22	
合　计						￥4 294.00		￥558.22	
价税合计		人民币(大写)肆仟捌佰伍拾贰元贰角贰分				￥4 852.22			
销售单位	名　　称	上海华润万家百货有限公司				备注	14010378925647811313 发票专用章		
	纳税人识别号	14010378925647811313							
	地址、电话	上海市徐汇区天目西路218号　021-87875667							
	开户行及账号	中国建行上海徐汇区天目支行62270098675678459731							

收款人：略　　　　复核：略　　　　开票人：略　　　　销货单位：(章)

第二联：记账联　销货方记账凭证

图 8-34　增值税专用发票

委托代销是公司为了拓展销售渠道而采用的一种销售方式。该项业务的处理规则为：仓库发货时按发出商品核算，结算后生成发票，同时结转销售成本并确认销售收入。

(1) 在销售管理系统中录入销售订单。

① 以销售人员"X01段佳奕"身份登录，修改"注册日期"为"2025年7月3日"。

② 执行"供应链"|"销售管理"|"销售订货"命令，双击"销售订单"，单击"销售订单"界面左上角工具栏中的"增加"按钮，修改"业务类型"为"委托代销"、"销售类型"为"委托代销"，按销售合同录入相应销售信息后，单击"保存"按钮并审核。

(2) 在销售管理系统中生成委托代销发货单。

执行"销售管理"|"委托代销"命令，双击"委托代销发货单"，再单击"委托代销发货单"界面左上角工具栏中的"增加"按钮，在弹出的"参照订单"对话框中，单击"确定"按钮，打开"参照生单"对话框，依次单击"全选"和"确定"按钮，返回"委托代销发货单"界面，在表体"仓库名称"栏中选择"床上用品仓库"，依次单击工具栏上的"保存"和"审核"按钮。

(3) 在库存管理系统中生成销售出库单。

① 以仓管人员"C01陈晨"身份登录，修改"注册日期"为"2025年7月3日"。

② 执行"供应链"|"库存管理"|"出库业务"|"销售出库单"命令，单击工具栏上的"生单"按钮，选择"销售生单"选项，在"查询"对话框中，单击"确定"按钮。

③ 进入"销售出库单"界面，依次单击"保存"和"审核"按钮。

(4) 在存货核算系统中完成发出商品记账并生成记账凭证。

① 以会计人员"W02张文华"身份登录，修改"注册日期"为"2025年7月3日"。

② 执行"供应链"|"存货核算"|"业务核算"|"发出商品记账"命令，在"查询条件选择"对话框中，单击"确定"按钮，在"发出商品记账列表"窗口中，单击工具栏上的"全选"及"记账"按钮，对委托代销出库单进行记账。

③ 执行"存货核算"|"财务核算"|"生成凭证"命令，在"查询条件"对话框中，单击"全消"按钮，选中"(06)委托代销发出商品发货单"复选框，单击"确定"按钮。

④ 在"未生成凭证单据一览表"窗口中，选择对应单据，单击"确定"按钮。

⑤ 在"生成凭证"界面，单击"生成"按钮，生成相应的记账凭证后，选择"凭证类型"为"转账凭证"，单击"保存"按钮。借方科目根据基础设置中的存货科目自动带出"发出商品——其他销售发出商品"，单击"生成"按钮，再单击"记账凭证"界面工具栏上的"保存"按钮。

相应的会计分录如下。

借：发出商品——其他销售发出商品

　　贷：库存商品

(5) 在销售管理系统中委托代销结算并生成销售发票。

① 以销售人员"X01段佳奕"身份登录，修改"注册日期"为"2025年7月10日"。

② 执行"供应链"|"销售管理"|"委托代销"命令，双击"委托代销结算单"，单击"委托代销结算单"界面左上角工具栏上的"增加"按钮，单击弹出的"参照发货单"对话框中的"确定"按钮，打开"参照生单"对话框，依次单击"全选""确定"按钮，返回"委托代销结算单"界面，修改表体"数量"为100，单击工具栏上的"保存"按钮，再单击工具栏上的

"审核"按钮，在弹出的"选择发票类型"对话框中选择"专用发票"选项，单击"确定"按钮，生成销售专用发票。

③ 执行"供应链"|"销售管理"|"销售开票"命令，双击"销售专用发票"选项，依次单击工具栏上的"末张"和"复核"按钮。

(6) 在应收款管理系统中审核专用发票并生成销售发票记账凭证。

① 以会计人员"W02张文华"身份登录，修改"注册日期"为"2025年7月10日"。

② 执行"财务会计"|"应收款管理"|"应收单据处理"|"应收单据审核"命令，在"应收单查询条件"对话框中，单击"确定"按钮，在"应收单据列表"窗口中，单击工具栏上的"全选"及"审核"按钮，然后对相应发票进行审核。

③ 执行"应收款管理"|"制单处理"命令，在"制单查询"界面，选择"发票制单"选项，然后单击"确定"按钮。

④ 在"销售发票制单"界面，依次单击"全选"和"制单"按钮，生成相应的记账凭证，选择"凭证类型"为"转账凭证"，单击"保存"按钮或按F6键保存。

(7) 在存货核算系统中完成委托代销结算记账并生成销售成本结转记账凭证。

① 执行"供应链"|"存货核算"|"业务核算"|"发出商品记账"命令，在"查询条件选择"对话框中，单击"确定"按钮，在"发出商品记账列表"窗口中，单击工具栏上的"全选"及"记账"按钮，然后对委托代销发票进行记账。

② 执行"存货核算"|"财务核算"|"生成凭证"命令，在"查询条件"对话框中，单击"全消"按钮，选中"(26)委托代销发出商品专用发票"复选框，单击"确定"按钮。

③ 在"未生成凭证单据一览表"窗口中，选择对应单据，单击"确定"按钮。

④ 在"生成凭证"界面，贷方科目根据基础设置中的存货科目自动带出"发出商品——其他销售发出商品"，单击"生成"按钮，生成相应的记账凭证后，选择"凭证类型"为"转账凭证"，单击"保存"按钮。

相应的会计分录如下。

借：主营业务成本

　　贷：发出商品——其他销售发出商品

(8) 在销售管理系统中录入委托代销手续费的销售费用支出单。

① 以销售人员"X01段佳奕"身份登录，修改"注册日期"为"2025年7月10日"。

② 执行"供应链"|"销售管理"|"费用支出"命令，双击"销售费用支出单"选项，然后单击"销售费用支出单"界面左上角工具栏中的"增加"按钮，按照"代销手续费"发票信息填写"销售费用支出单"，在表头选择"单据流向"为"其他应付单"，在表体选择"费用项目"为"代销手续费"，录入"支出金额"为"价税合计4 852.22"，单击工具栏上的"审核"按钮。

(9) 在应付款管理系统中审核其他应付单并生成销售费用记账凭证。

① 以会计人员"W02张文华"身份登录，修改"注册日期"为"2025年7月10日"。

② 执行"财务会计"|"应付款管理"|"应付单据处理"|"应付单据审核"命令，在"应付单查询条件"对话框中，单击"确定"按钮，在"应付单据列表"窗口中，单击工具栏上的"全选"按钮，修改"借方科目"为"销售费用——委托代销手续费"，单击"审核"按钮，对应付单进行审核。

③ 执行“应付款管理”|“制单处理”命令，在“制单查询”界面，选择“应付单制单”选项，然后单击“确定”按钮。

④ 在“应付单制单”界面，依次单击“全选”和“制单”按钮，生成相应的记账凭证，选择“凭证类型”为“转账凭证”，按照原始发票修改凭证，倒挤出增值税进项税额，单击“保存”按钮或按F6键保存。

相应的会计分录如下。

借：销售费用——委托代销手续费

　　应交税金——应交增值税(进项税额)

　　贷：应付账款

(10) 在应付款管理系统中完成转账处理并生成凭证。

执行“财务会计”|“应付款管理”|“转账”命令，单击“应付冲应收”选项，在弹出的对话框中，应付和应收的“供应商”与“客户”栏均选择“上海华润万家百货有限公司”，单击“确定”按钮，在“应付冲应收”界面最下部分表体中的“转账金额”栏均录入“4 852.22”，单击工具栏上的“保存”按钮，立即制单，生成凭证并保存。

相应的会计分录如下。

借：应付账款

　　贷：应收账款

2. 业务2

2025年7月11日，上海华润万家公司开出一张期限为5个月的银行承兑汇票，用于偿还欠我公司的货款。原始凭证如图8-35所示。

银行承兑汇票

出票日期 贰零贰伍年零柒月壹拾壹日　　03193836

出票人全称	上海华润万家百货有限公司	收款人	全称	天津新华家纺股份有限公司
出票人账号	62270098675678459731		账号或地址	中国工商银行天津河西支行 12001657901052500555
出票金额	人民币(大写)叁万捌仟零捌拾柒元柒角捌分		百 十 万 千 百 十 元 角 分	¥ 3 8 0 8 7 7 8
承兑协议编号		票面利率：6%	付款行	中国建设银行上海徐汇区天目支行
本汇票请你行承兑，到期无条件付款。			地址	上海市徐汇区天目西路218号1602-1605
		付款单位注意：		

单位主管(略)　会计(略)　复核(略)　记账(略)

图 8-35　银行承兑汇票

(1) 在应收款管理系统中录入票据。

① 以出纳人员“W03黄宁”身份登录，修改“注册日期”为“2025年7月11日”。

② 执行“财务会计”|“应收款管理”命令，双击“票据管理”，单击工具栏上的“增加”按钮，选择“票据类型”为“银行承兑汇票”、“结算类型”为“银行承兑汇票”、“出票日期”为“2025年7月11日”、“到期日期”为“2025年12月11日”。按汇票内容填写票据编号、出票人、金额、票面利率后，单击“保存”按钮。

(2) 在应收款管理系统中审核、核销票据并生成记账凭证。

① 以会计人员"W02张文华"身份登录，修改"注册日期"为"2025年7月11日"。

② 执行"财务会计"|"应收款管理"|"收款单据处理"命令，双击"收款单据审核"选项，在弹出的"收款单查询条件"对话框中，单击右下角的"批审"按钮，审核出纳制作的收款单。

③ 执行"财务会计"|"应收款管理"|"核销处理"命令，双击"自动核销"选项，在弹出的"自动核销报告"对话框中，单击"确定"按钮。

④ 执行"财务会计"|"应收款管理"命令，双击"制单处理"选项，在"制单查询"对话框中，选中"收付款单制单、核销制单"复选框，单击"确定"按钮。在"应收制单"界面，依次单击工具栏上的"全选""合并"和"制单"按钮，在生成的"记账凭证"界面中，单击工具栏上的"保存"按钮。

相应的会计分录如下。

借：应收票据——银行承兑汇票
　　贷：应收账款

实训6　分期收款业务

📥 实训要求

完成以下分期收款销售业务。具体实训资料见实训指导。

📥 岗位说明

以"X01段佳奕"身份登录平台，完成销售管理系统业务处理。

以"C01陈晨"身份登录平台，完成库存管理系统业务处理。

以"W02张文华"身份登录平台，完成应收款管理系统及存货核算系统业务处理。

📥 实训指导

分期收款销售方式的特征是：先签订销售合同，发货时按照发出商品管理，收到货款时，开具相应金额的发票，属于赊销的一种方式。

1. 业务1

2025年7月16日，天津新华家纺股份有限公司与天津市白玫瑰家纺股份有限公司签订购销合同。原始凭证如图8-36、图8-37所示。

购 销 合 同

合同编号：FQ0001

卖　　方：天津新华家纺股份有限公司

买　　方：天津市白玫瑰家纺股份有限公司

为保护买卖双方的合法权益，买卖双方根据《中华人民共和国民法典》的有关规定，经友好协商，一致同意签订本合同并共同遵守。

一、货物的名称、数量及金额

货物名称	规格型号	计量单位	数量	单价(不含税)	金额(不含税)	税率	税额
空调被(美梦)	1.8M	件	300	300.00	90 000.00	13%	11 700.00
合　　计					￥90 000.00		￥11 700.00

二、合同总金额：人民币壹拾万零壹仟柒佰元整(￥101 700.00)。

三、收款时间：买方分期向卖方支付货款(从本月起于每月25日支付货款，分两期支付，逾期未付，视为买方违约)。

四、至付清所有合同款项前，买方按买方未付款项与合同总价款的比例保留对合同标的物的所有权。

五、发货时间：卖方于签订合同当日发出全部商品。

六、发运方式：买方自提。

卖　　方：天津新华家纺股份有限公司

授权代表：段佳奕

日　　期：2025年7月16日

买　　方：天津市白玫瑰家纺股份有限公司

授权代表：肖明理

日　　期：2025年7月16日

图 8-36　购销合同

商品出库单

发出仓库：床上用品库　　　　　　　　　　日期：2025年7月16日

商品名称	型号	应发数量	实发数量	单价	核对结果	原　因	处理结果
空调被(美梦)	1.8M	300	300				
合　　计		300	300				

财务经理：略　　　　　　　部门经理：略　　　　　　　制表人：略

图 8-37　商品出库单

(1) 在销售管理系统中录入销售订单。

① 以销售人员"X01段佳奕"身份登录，修改"注册日期"为"2025年7月16日"。

② 执行"供应链"|"销售管理"|"销售订货"命令，双击"销售订单"选项，然后单击"销售订单"界面左上角工具栏中的"增加"按钮，修改"业务类型"为"分期收款"、"销售类型"为"分期收款销售"，按销售合同录入相应销售信息后，单击"保存"按钮并审核。

(2) 在销售管理系统中生成发货单。

① 执行"供应链"|"销售管理"|"销售发货"命令，双击"发货单"选项。

② 单击"发货单"界面左上角工具栏中的"增加"按钮，关闭"参照订单"对话框，将"发货单"业务类型修改为"分期收款"，单击工具栏中的"订单"按钮，打开"参照订单"对话框，单击"确定"按钮，打开"参照生单"对话框，依次单击"全选"和"确定"按钮，返回"发货单"界面，在表体"仓库名称"栏中选择"床上用品仓库"，依次单击工具栏上的"保存"和"审核"按钮。

(3) 在库存管理系统中生成"销售出库单"。

① 以仓管人员"C01陈晨"身份登录，修改"注册日期"为"2025年7月16日"。

② 执行"供应链"|"库存管理"|"出库业务"|"销售出库单"命令，单击工具栏上的"生单"按钮，选择"销售生单"选项，在"查询"对话框中，单击"确定"按钮。

③ 进入"销售出库单"界面，依次单击"保存"和"审核"按钮。

(4) 在存货核算系统中完成发出商品记账并生成记账凭证。

① 以会计人员"W02张文华"身份登录，修改"注册日期"为"2025年7月16日"。

② 执行"供应链"|"存货核算"|"业务核算"|"发出商品记账"命令，在"查询条件选择"对话框中，单击"确定"按钮，在"发出商品记账列表"窗口中，依次单击工具栏上的"全选"及"记账"按钮，对委托代销出库单进行记账。

③ 执行"存货核算"|"财务核算"|"生成凭证"命令，在"查询条件"对话框中，单击"全消"按钮，选中"(05)分期收款发出商品发货单"复选框，单击"确定"按钮。

④ 在"未生成凭证单据一览表"窗口中，选择对应单据，单击"确定"按钮。

⑤ 在"生成凭证"界面，单击"生成"按钮，生成相应的记账凭证后，选择"凭证类型"为"转账凭证"，单击"保存"按钮。借方科目根据基础设置中的存货科目自动带出"发出商品——分期收款发出商品"，单击"生成"按钮，再在"记账凭证"界面单击工具栏上的"保存"按钮。

相应的会计分录如下。

借：发出商品——分期收款发出商品

　　贷：库存商品

2. 业务2

2025年7月25日，收到天津市白玫瑰家纺股份有限公司支付的货款。(分期收款)原始凭证如图8-38、图8-39所示。

图 8-38　增值税专用发票

中国工商银行电汇凭证(收账通知)

日期：2025年7月25日　　　　　　　　　　　　　　　　　NO 1009878686

收款人	天津新华家纺股份有限公司		汇款人	天津市白玫瑰家纺股份有限公司										
账号或地址	12001657901052500555		账号或地址	62270026727287972043										
兑付地点	天津市河西区	兑付行	工行河西支行	汇款用途	购货款									
						千	百	十	万	千	百	十	元	角	分
汇款金额	人民币(大写)	伍万零捌佰伍拾元整						￥	5	0	8	5	0	0	0
收款人：(略)		复核：(略)			开票人：(略)										

图 8-39　电汇凭证

(1) 在销售管理系统中生成销售发票。

① 以销售人员"X01段佳奕"身份登录，修改"注册日期"为"2025年7月25日"。

② 执行"供应链"|"销售管理"|"销售开票"命令，双击"销售专用发票"，单击"销售专用发票"界面左上角工具栏中的"增加"按钮，在弹出的"参照发货单"对话框中，单击"确定"按钮，打开"参照生单"对话框，依次单击"全选"和"确定"按钮，返回"销售专用发票"界面，修改表体中的"数量"为"150"，修改发票号。

③ 单击工具栏上的"现结"按钮，在弹出的对话框的"现结"界面按"收账通知"录入结算方式、原币金额、票据号等信息，然后依次单击工具栏上的"保存"和"复核"按钮。

(2) 在应收款管理系统中审核专用发票并生成销售发票记账凭证。

① 以会计人员"W02张文华"身份登录，修改"注册日期"为"2025年7月25日"。

② 执行"财务会计"|"应收款管理"|"应收单据处理"|"应收单据审核"命令，在弹出的"应收单查询条件"对话框中，选择"包含已现结发票"选项，然后单击"确定"按钮，在"应收单据列表"界面中依次单击工具栏上的"全选"和"审核"按钮。

③ 执行"应收款管理"|"制单处理"命令，在"制单查询"界面，选择"现结制单"选项，然后单击"确定"按钮。

④ 在"现结制单"界面，依次单击"全选"和"制单"按钮，生成相应的记账凭证，并选择"凭证类型"为"收款凭证"，然后单击"保存"按钮或按F6键保存。

相应的凭证会计分录如下。

借：银行存款——工行存款

　　贷：主营业务收入

　　　　应交税金——应交增值税(销项税额)

(3) 在存货核算系统中完成发出商品记账并生成结转销售成本记账凭证。

① 执行"供应链"|"存货核算"|"业务核算"|"发出商品记账"命令，在"查询条件选择"对话框中，单击"确定"按钮，在"发出商品记账列表"窗口中，依次单击工具栏上的"全选"及"记账"按钮，对委托代销出库单进行记账。

② 执行"存货核算"|"财务核算"|"生成凭证"命令，在"查询条件"对话框中，单击"全消"按钮，选中"(26)分期发出商品专用发票"复选框，单击"确定"按钮。

③ 在"未生成凭证单据一览表"窗口中，选择对应单据，单击"确定"按钮。

④ 在"生成凭证"界面，单击"生成"按钮，生成相应的记账凭证后，选择"凭证类型"为"转账凭证"，单击"保存"按钮。单击工具栏上的"生成"按钮，最后在"记账凭证"界面单击工具栏上的"保存"按钮。

相应的会计分录如下。

借：主营业务成本

　　贷：发出商品——分期收款发出商品

实训7　代垫运费业务

▶ 实训要求

完成以下代垫费用业务处理。具体实训资料见实训指导。

▶ 岗位说明

以"X01段佳奕"身份登录平台，完成销售管理系统业务处理。

以"W03黄宁"身份登录平台，完成收款单录入。

以"W02张文华"身份登录平台，完成应收款管理系统业务处理。

▶ 实训指导

1. 业务1

2025年7月28日，天津新华家纺股份有限公司代垫北京仁智百货有限公司货物运杂费，转天收到垫付款(销售管理系统处理)。原始凭证如图8-40、图8-41所示。

中国工商银行电汇凭证(回单)

日期：2025年7月28日　　　　　　　　　　　　　　　NO 1188901069

收款人	天津顺丰速递有限公司		汇款人	天津新华家纺股份有限公司										
账号或地址	122156655798365582		账号或地址	12001657901052500555										
兑付地点	天津市河西区	兑付行	工行天津河西支行	汇款用途	购货款									
汇款金额	人民币(大写)	陆仟元整				千	百	十	万	千	百	十	元	角	分
									¥	6	0	0	0	0	0
收款人：(略)		复核：(略)				开票人：(略)								

图 8-40　电汇凭证（回单）

中国工商银行电汇凭证(收账通知)

日期：2025年7月29日　　　　　　　　　　　　　　　NO 1188906972

收款人	天津新华家纺股份有限公司		汇款人	北京仁智百货有限公司										
账号或地址	12001657901052500555		账号或地址	11232216993562377890										
兑付地点	天津市河西区	兑付行	工行天津河西支行	汇款用途	商品运费									
汇款金额	人民币(大写)	陆仟元整				千	百	十	万	千	百	十	元	角	分
									¥	6	0	0	0	0	0
收款人：(略)		复核：(略)				开票人：(略)								

图 8-41　电汇凭证（收账通知）

(1) 在销售管理系统中录入代垫费用单。

① 以销售人员"X01段佳奕"身份登录，修改"注册日期"为"2025年7月28日"。

② 执行"供应链"|"销售管理"|"代垫费用"命令，双击"代垫费用单"选项，单击左上角工具栏中的"增加"按钮，按电汇凭证录入相应信息，选择"费用项目"为"代垫运杂费"。依次单击工具栏上的"保存"和"审核"按钮。

(2) 在应收款管理系统中审核代垫费用单并生成记账凭证。

① 以会计人员"W02张文华"身份登录，修改"注册日期"为"2025年7月28日"。

② 执行"财务会计"|"应收款管理"|"应收单据处理"|"应收单据审核"命令，在"应收单查询条件"对话框中，单击"确定"按钮，在"应收单据列表"窗口中，单击工具栏上的"全选"及"审核"按钮，对相应发票进行审核(注：此操作会在专用发票左上角标注"已审核"字样)。

③ 执行"应收款管理"|"制单处理"命令，在"制单查询"界面，选择"应收单制单"选项，然后单击"确定"按钮。

④ 在"销售发票制单"界面，依次单击"全选"和"制单"按钮，补录对方科目为"应收账款"，按照原始凭证填入辅助项，生成相应的记账凭证，并选择"凭证类型"为"付款凭证"，单击"保存"按钮或按F6键保存。

相应的会计分录如下。

借：应收账款

　　贷：银行存款——工行存款

(3) 在应收款管理系统中录入"收款单"。

① 以出纳人员"W03黄宁"身份登录，修改"注册日期"为"2025年7月29日"。

② 执行"财务会计"|"应收款管理"|"收款单据处理"|"收款单据录入"命令，在"收款单"界面，单击工具栏上的"增加"按钮，按照"收款通知"填写收款单的表头信息，如日期、客户、结算方式、金额等，单击"保存"按钮后，系统自动生成表体内容，无须填写。

(4) 在应收款管理系统中审核收款单并生成收款单记账凭证。

① 以会计人员"W02张文华"身份登录，修改"注册日期"为"2025年7月29日"。

② 执行"财务会计"|"应收款管理"|"收款单据处理"|"收款单据审核"命令，在弹出的"收款单查询条件"对话框中，单击右下角的"批审"按钮，审核出纳制作的收款单。

③ 执行"应收款管理"|"核销处理"命令，双击"自动核销"选项，在弹出的"自动核销报告"对话框中，单击"确定"按钮。

④ 执行"应收款管理"|"制单处理"命令，在"制单查询"对话框中，选中"收付款单制单"和"核销制单"选项，并单击"确定"按钮，在"应收制单"界面，依次单击工具栏上的"全选""合并"和"制单"按钮，在"记账凭证"界面，单击工具栏上的"保存"按钮。

相应的会计分录如下。

借：银行存款——工行存款

　　贷：应收账款

实训8　票据贴现业务

实训要求

完成以下票据业务处理。具体实训资料见实训指导。

岗位说明

以"W03黄宁"身份登录平台，完成票据贴现处理。

以"W02张文华"身份登录平台，完成应收款管理系统业务处理。

实训指导

2025年7月31日，对期初持有的银行承兑汇票进行贴现(贴现率为12%，收款通知略，由系统自动计算完成)。

(1) 在应收款管理系统中完成票据贴现。

① 以出纳人员"W03黄宁"身份登录，修改"注册日期"为"2025年7月31日"。

② 执行"财务会计"|"应收款管理"命令，双击"票据管理"选项，选中该笔银行承兑汇票，单击工具栏上的"贴现"按钮，在弹出的"票据贴现"对话框中，选择"贴现方式"为"异地"，录入"贴现率"为"12"、"结算科目"为"银行存款——工行存款"，单击"确定"按钮。

(2) 在应收款管理系统中审核收款单并生成收款单记账凭证。

① 以会计人员"W02张文华"身份登录，修改"注册日期"为"2025年7月31日"。

② 执行"应收款管理"|"制单处理"命令，在"制单查询"对话框中，选择"票据处理制单"选项，然后单击"确定"按钮。在"票据处理制单"界面，依次单击工具栏上的"全选"和"制单"按钮，在生成的"记账凭证"界面，单击工具栏上的"保存"按钮。

相应的会计分录如下。

借：银行存款——工行存款

　　财务费用

　　贷：应收票据——银行承兑汇票

> ❖ 注意:
> ◇ 若票据贴现处理出现选错单据等错误，可通过执行"应收款管理"|"其他处理"|"取消操作"命令操作，选择"操作类型"为"票据处理"，取消选择"贴现处理"选项。

实训9　销售退回业务

实训要求

完成以下销售退回业务处理。具体实训资料见实训指导。

岗位说明

以"X01段佳奕"身份登录平台，完成销售管理系统业务处理。

以"C01陈晨"身份登录平台，完成库存管理系统业务处理。

以"W02张文华"身份登录平台，完成应收款管理系统及存货核算系统业务处理。

实训指导

1. 业务1

2025年7月31日，武汉美誉家纺股份有限公司因商品质量问题，退回儿童床上四件套(卡通)15套。当日办理退货并退还价税款及红字发票。原始凭证如图8-42、图8-43、图8-44所示。

开具红字增值税专用发票申请单

填开日期：2025年7月31日 　　　　　　　　　　　　　　　NO.11969106

销售方	名称	天津新华家纺股份有限公司	购买方	名称	武汉美誉家纺股份有限公司		
	税务登记代码	120101355203023526		税务登记代码	100989789867671931		
开具红字专用发票内容	货物(劳务)名称	数量	单价	金额	税率	税额	
	儿童床上四件套(卡通)	15	330.00	4 950.00	13%	643.50	
说明	一、购买方申请☑ 对应蓝字专用发票抵扣增值税销项税额情况： 1. 已抵扣☑ 2. 未抵扣☐ (1) 无法认证☐ (2) 纳税人识别号认证不符☐ (3) 增值税专用发票代码、号码认证不符☐ (4) 所购货物不属于增值税扣税项目范围☐ 对应蓝字专用发票密码区内打印的代码：_____ 号码：_____ 二、销售方申请☐ (1) 因开票有误购买方拒收的☐ (2) 因开票有误等原因尚未交付的☐ 对应蓝字专用发票密码区内打印的代码：_____ 号码：_____ 开具红字专用发票理由：2025年7月1日，从天津新华家纺股份有限公司购入的儿童床上四件套(卡通)存在质量问题，要求退货。						

申明：我单位提供的《申请单》内容真实，否则将承担相关法律责任。

申请方经办人：略 　　联系电话：略 　　　　　申请方名称(印章)：_____

注：本申请单一式两联：第一联，申请方留存；第二联，申请方所属主管税务机关留存。

图8-42　开具红字增值税发票申请单

商品出库单

发出仓库：床上用品库   日期：2025年7月31日

商品名称	型号	应发数量	实发数量	单价	核对结果	原 因	处理结果
儿童床上四件套(卡通)	1.5M	-15	-15				
合 计		-15	-15				

财务经理：略   部门经理：略   制表人：略

图 8-43 商品出库单

中国工商银行转账支票存根

支票号码：3889096991
科　　目：
对方科目：
签发日期：2025年7月31日

收款人：	武汉美誉家纺股份有限公司
金　额：	￥5 593.50
用　途：	退商品款
备　注：	

单位主管：(略)   会计：(略)
复　核：(略)   记账：(略)

图 8-44 转账支票存根

(1) 在销售管理系统中录入退货单。

① 以销售人员"X01段佳奕"身份登录，修改"注册日期"为"2025年7月31日"。

② 执行"供应链"|"销售管理"|"销售发货"命令，双击"退货单"选项，然后单击"退货单"界面左上角工具栏中的"增加"按钮，在"参照订单"对话框中，单击"确定"按钮，选择日期为"2025年7月1日"的订单，生成退货单，选择"仓库"为"床上用品库"，修改表体栏中的"数量"为"-15"，单击"保存"按钮并审核。

(2) 在销售管理系统中生成红字销售发票。

① 执行"供应链"|"销售管理"|"销售开票"命令，双击"红字销售专用发票"选项。

② 单击"红字销售专用发票"界面左上角工具栏中的"增加"按钮，参照发货单，选择"红字记录"选项，生成红字销售专用发票，在"销售专用发票"界面，修改发票号并做现结处理(金额录入负数)，依次单击工具栏上的"保存"和"复核"按钮。

(3) 在库存管理系统中生成红字销售出库单。

① 以仓管人员"C01陈晨"身份登录，修改"注册日期"为"2025年7月31日"。

② 执行"供应链"|"库存管理"|"出库业务"|"销售出库单"命令，单击工具栏上的"生单"按钮，选择"销售生单"选项，在"查询"对话框中，单击"确定"按钮。

③ 生成"红字销售出库单"，依次单击"保存"和"审核"按钮。

(4) 在应收款管理系统中审核专用发票并生成销售发票记账凭证。

① 以会计人员"W02张文华"身份登录，修改"注册日期"为"2025年7月31日"。

② 执行"财务会计"|"应收款管理"|"应收单据处理"|"应收单据审核"命令，在弹出的"应收单查询条件"对话框中，选择"包含已现结发票"选项，单击"确定"按钮，在"应收单据列表"界面，依次单击工具栏上的"全选"和"审核"按钮。

③ 执行"应收款管理"|"制单处理"命令，在"制单查询"界面，选择"现结制单"选项，然后单击"确定"按钮。

④ 在"现结制单"界面，依次单击"全选"和"制单"按钮，自动生成相应的记账凭证，选择"凭证类型"为"收款凭证"，单击"保存"按钮。

相应的会计分录如下。

借：银行存款——工行存款(红字)

　　贷：主营业务收入(红字)

　　　　应交税费——应交增值税(销项税额)(红字)

(5) 在存货核算系统中完成存货记账并生成冲减销售成本记账凭证。

① 执行"供应链"|"存货核算"|"业务核算"|"正常单据记账"命令，在"查询条件选择"对话框中，单击"确定"按钮，在"正常单据记账列表"窗口中，单击工具栏上的"全选"及"记账"按钮，对销售出库单进行记账。

② 执行"存货核算"|"财务核算"|"生成凭证"命令，在"查询条件"对话框中，单击"全消"按钮，选中"(32)销售出库单"复选框，单击"确定"按钮。

③ 在"未生成凭证单据一览表"窗口中，选择对应单据，单击"确定"按钮。

④ 在"生成凭证"界面，单击"生成"按钮，生成相应的记账凭证后，选择"凭证类型"为"转账凭证"，单击"保存"按钮。

相应的会计分录如下。

借：主营业务成本(红字)

　　贷：库存商品(红字)

⑤ 将账套输出至D盘根目录下"8-1销售与应收"文件夹。

素养园地

数字中国(八)——中国一重：数字营销管理平台助力高质量发展

党的二十大做出了"深化国资国企改革，加快国有经济布局优化和结构调整，推动国有资本和国有企业做强做优做大，提升企业核心竞争力"的重要部署，提出了"完善中国特色现代企业制度，弘扬企业家精神，加快建设世界一流企业"的明确要求，强调"推进国有企业、金融企业在完善公司治理中加强党的领导"。中国一重集团深入贯彻落实党的二十大精神，以深化改革推动企业实现高质量发展。

中国一重充分运用习近平总书记给出的"深化改革"关键一招，按照国务院国资委全面深化改革部署，高质量落地深化改革三年行动及"综合改革试点""双百行动""科改示范行动"等改革任务，实现因改而变、因改而兴，扭转效益滑坡、连续三年亏损的困境，有效解决企业之前管理粗放、效率低下等突出问题，闯出一条老国企涅槃奋起之路。公司加速营销数智化转型升级，通过建设数字营销管理平台，提高项目赢单率、合同回款率，成为大型装备制造集团市场化、数智化转型标杆!

加快推动传统模式优化升级

中国一重前身为第一重型机器厂，是由中央管理、涉及国家安全和国民经济命脉的国有重要骨干企业。一重始终以自主化、国产化为己任，不仅带动了我国重型机械制造水平的整体提升，有力支撑了国民经济和国防建设，而且为我国工业体系建设奠定了坚实基础。新时期，面对"做大做强一重"的历史使命，打造全力开拓市场、高效履约合同、强化服务经营的营销管理平台至关重要。该平台将实现与现有系统的集成，通过信息集成实现客户360度视图的全面透视。

数字营销管理平台助力一重高质量发展

一重构建的营销管理平台围绕售前、售中、售后三个核心阶段进行整体升级和优化，具体体现如下。

- 售前阶段建立以商机为核心的高效赢单体系，助力一重高效赢单。
- 售中阶段建立以合同为核心的进度跟踪、收入确认、款项回收体系，助力一重实现合同的全程跟踪，确保收入的快速确认。
- 售后阶段建立以产品使用者为中心的服务支持及服务经营体系，助力一重优化服务、收集产品改进需求、提升产品的品质。

第9章 库存管理与存货核算系统

9.1 库存管理与存货核算系统概述

9.1.1 库存管理与存货核算系统的功能

库存管理与存货核算主要从物流和资金流两个方面对存货加以管理与核算。

物流方面：从实物方面对存货的入库、出库和结余加以反映与监督。系统可处理不同种类的入库业务、出库业务、调拨业务和盘点业务，对库存可以进行存货安全库存预警、存货保质期管理、呆滞积压存货报警、供应商跟踪等各种监督与控制。系统根据输入的各种入库单和出库单，可输出反映存货收发存情况的出入库流水账、库存台账等账簿；也可进行各种统计分析，输出存货收发存的汇总情况。这一部分主要由库存管理系统完成。

资金流方面：主要核算企业存货的入库成本、出库成本和结余成本，反映和监督存货的收发、领退和保管情况；反映和监督存货资金的占用情况，动态反映存货资金的增减变动情况，提供存货资金周转和占用的分析；在保证生产经营的前提下，降低库存量，减少资金积压，加速资金周转。

9.1.2 库存管理与存货核算系统和其他系统之间的关系

采购管理系统中录入的采购订单、采购到货单传递到库存管理系统中生成采购入库单，库存管理系统将入库情况反馈到采购管理系统。采购管理系统向库存管理系统提供预计入库量。

销售管理系统中录入的发货单传递到库存管理系统中生成销售出库单，库存管理系统为销售管理系统提供可用于销售的存货的可用量。销售管理系统为库存管理系统提供预计出库量。另外，销售出库单也可以在销售管理系统中自动生成后传递到库存管理系统，并在库存管理系统中进行审核。

库存管理系统将各种出入库单据传递到存货核算系统，存货核算系统对出入库单进行记账操作，以核算出入库的成本。其中，所有出入库单均由库存管理系统填制，存货核算系统只能填写出入库单的单价和金额。

存货核算系统可对采购管理系统生成的采购入库单记账，对采购暂估入库单进行暂估报销处理。企业正常销售业务的销售成本，可在存货核算系统中根据所选的计价方法自动计算；若发生分期收款业务或委托代销业务，存货核算系统可以对销售管理系统生成的发货单和发票进行记账处理，并确认相应成本。存货核算系统中对出入库成本记账的单据所生成的物流凭证，会传入总账管理系统，从而实现财务和业务的一体化管理。

存货核算系统中材料出库单的出库成本自动传递到成本管理系统，作为成本核算时的材料成本；成本管理系统完成成本计算后，存货核算系统可以从成本管理系统中读取其计算的产成品成本，并且将其分配到未记账的产成品入库单中，作为产成品入库单的入库成本。

9.1.3 库存管理与存货核算系统数据流程

库存管理与存货核算系统数据流程如图9-1所示。

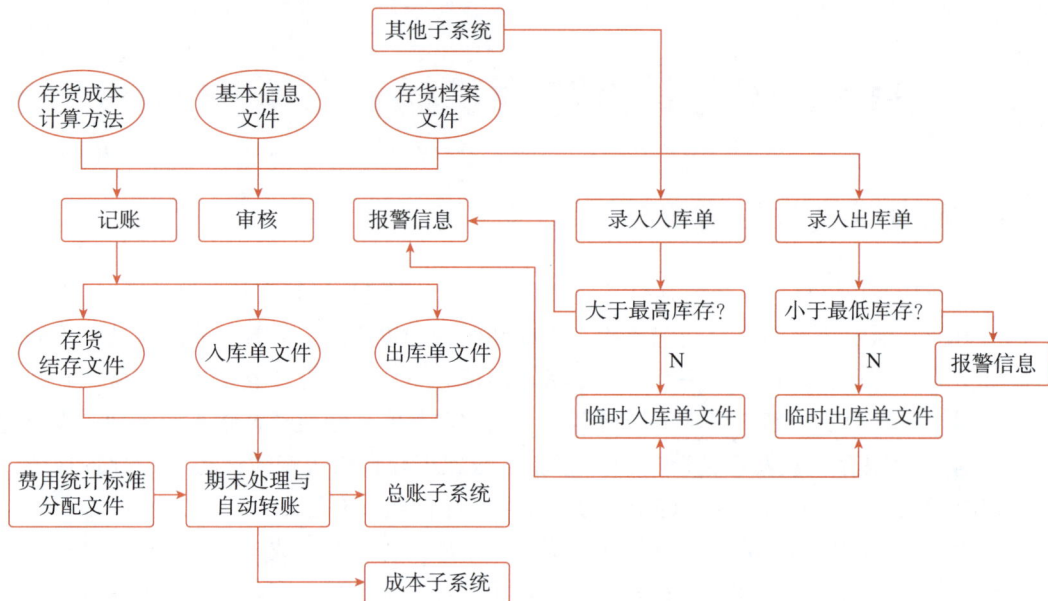

图 9-1 库存管理与存货核算系统数据流程

9.2 库存管理与存货核算业务处理

9.2.1 库存管理与存货核算系统的初始设置

库存管理与存货核算的初始设置和其他子系统一样，即为用户在计算机上处理存货管理业务准备一个适宜的运行环境，并在经济业务发生某些变化时对已有的设置进行修改以便适应这些变化。在实际业务处理中，企业一般将采购管理、销售管理、库存管理及存货核算系统联合启用，统称供应链模块，故而库存管理与存货核算的初始设置中的很大一部分内容往往与采购管理和销售管理系统的初始化内容重合，如账套建立、基础档案信息设置等。这些内容在第7章和第8章已经做了较为详尽的介绍，在此不再赘述。下面仅对库存管理与存货核算各系统的初始化内容进行介绍。

1. 库存管理系统的初始设置

1) 期初数据

初次使用库存管理系统时，应先输入全部存货的期初数据。重新初始化时，可将上年度12月份的库存结存结转到下年度的期初余额中。期初数据包括仓库的期初库存数据和期初未处理的不合格品结存量。

期初数据只有启用库存管理的第一年或重新初始化的年度可以录入，其他年度均不可录入。库存管理系统启用第一年或重新初始化年度第一个会计月结账后，不允许再新增、修改或删除期初数据，也不可以审核和弃审。因此应在期初数据全部录入完毕并审核后，再进行第一个会计月的结账操作。若进行过数据卸载操作，则期初数据不可查询。

2) 系统选项设置

(1) 成套件管理控制。成套件是指一种存货由其他几种存货组合而成。设置成套件时，需明确该存货由哪些存货组成及组成数量，例如，一台计算机由一个显示器、一个键盘和一台主机组成。成套件的管理对许多企业都非常重要，其可在企业应用平台基础档案中设置完成。

有成套件管理时，既可以统计存货单件的数量金额，也可以统计成套件的数量金额。无成套件管理时，只统计存货套件的数量金额。

(2) 货位零出库控制。货位零出库是指该货位在出库后，结存小于零，即负库存。当企业未允许货位零出库时，若在指定货位过程中有零出库情况，则货位信息不能保存。

(3) 预计可用量检查。预计可用量检查是指按预计可用量公式(预计可用量＝现存量－冻结量＋预计入库量－预计出库量)统计各存货的预计可用量，如果出库数量超过预计可用量，则系统会给出提示但不强制控制。

(4) 最高最低库存控制。最高最低库存是指当存货的预计可用量小于最低库存量或大于最高库存量时，系统会触发报警提示的存货库存管理机制。最高最低库存管理可以细化用户的库存管理，为用户提供预警信息和控制出入库，避免库存积压和短缺。

(5) 批次管理控制。存货的批号可用于记录需要进行批号跟踪的相关信息，如厂家生产批号、医药化工行业主要原辅料的相关重要检测指标等。通过库存管理系统中的"有无批次管理"功能，可以对存货的收发存情况进行批次管理，如可统计某一批次所有存货的收发存情况或某一存货所有批次的收发存情况。

(6) 保质期管理控制。保质期管理是指对存货的失效日期进行监控，对到期、过期的存货进行报警，并对即将过期的存货进行预警。企业实施保质期管理控制可通过"有无保质期管理"功能实现。由于各批次产品的生产日期不同，因此进行保质期管理控制的前提是要进行批次管理。若存货同时设置了批次管理控制和保质期管理控制，系统将按失效日期顺序从小到大进行分配，这种情况适用于对保质期管理较严格的存货，如食品、医药等；若存货仅设置了批次管理控制而未设置保质期管理控制，则按批号先进先出原则进行分配。

2. 存货核算系统的初始设置

1) 期初记账

(1) 期初数据录入。初次使用存货核算系统时，应录入全部末级存货的期初数据，以保证其数据的连贯性。存货核算系统的期初余额可以取数自库存管理系统，并与库存管理系统进行对账。

当存货核算系统使用前录入各存货的期初结存情况，即存货核算系统期初余额和库存管理系统的期初余额分开录入时，库存管理系统与存货核算系统可以分别启用。

按计划价或售价核算出库成本的存货都应有期初差异账或差价账，初次使用存货核算系统时，应先输入此存货的期初差异余额或期初差价余额。

(2) 期初记账。期初数据录入并执行期初记账后，系统将期初差异分配到期初单据上，并将该单据中的数据记入存货总账、存货明细账及差异账等账簿。存货核算系统期初数据录入完毕，必须进行期初记账，否则无法进行日常业务核算。

2) 科目设置

该功能用于设置存货核算系统中生成凭证所需要的各类存货科目、差异科目、分期收款发出商品科目、委托代销科目、运费科目、税金科目、结算科目和对方科目等。根据不同的仓库类型和存货属性设置核算存货的科目，如将产成品库的存货核算科目设置为"库存商品"、材料库的存货核算科目设置为"原材料"、分期收款发出商品的科目设置为"发出商品"。根据不同的出入库类型、存货类型、存货种类、部门等设置存货核算的对方科目，如将材料采购入库的对方科目设置为"材料采购"、产成品入库的对方科目设置为"生产成本"、销售出库的对方科目设置为"主营业务成本"。根据不同结算方式设置存货核算的结算科目，如将现金结算的结算科目设置为"库存现金"、转账支票结算的结算科目设置为"银行存款"。

用户在制单前需先在本系统中正确且完整地设置存货科目，否则存货核算系统将无法生成科目完整的凭证。

3) 系统选项设置

(1) 存货核算方式。存货核算系统可按仓库、部门和存货3种方式计算出库成本。①按仓库核算。表示各仓库独立核算，这种核算方式下存货核算系统将按仓库设置计价方式，并且每个仓库单独核算出库成本。②按部门核算。如果有两个或两个以上仓库统一核算，则应按部门核算，统一核算的仓库所属部门应相同。③按存货核算。通常情况下，选择该方式时，系统将按用户在存货档案中设置的计价方式进行核算。注意，只有在期初记账前，才能将按存货设置计价方式改为按仓库或部门设置，或者由按仓库或部门设置计价方式改为按存货设置。

(2) 暂估方式。对于已验收入库的外购货物，如果其发票账单尚未到达，则需进行暂估入库处理。暂估入库的材料或商品可采取月初回冲、单到回冲或单到补差的方式进行回冲处理。如果明细账中有暂估业务未报销或本期未进行期末处理，则不允许修改暂估方式。

(3) 零出库成本选择。当出库数量大于库存数量时，无法计算出库成本，此时可选择上次出库成本、参考成本、结存成本、上次入库成本、手工输入等来计算出库成本。

上次出库成本指取明细账中此存货的上一次出库单价，作为本出库单据的出库单价来计算出库成本；参考成本指取存货目录中此存货的参考成本，即参考单价，作为本出库单据的出库单价来计算出库成本；结存成本指取明细账中此存货的结存单价，作为本出库单据的出库单价来计算出库成本；上次入库成本指取明细账中此存货的上一次入库单价，作为本出库单据的出库单价来计算出库成本；当使用手工输入方式时，则系统会提示用户输入单价，该单价将作为本出库单据的出库单价用于计算出库成本。

(4) 委托代销成本核算方式。存货核算系统可以按发出商品或按普通销售方式核算委托代销成本。如果选择按发出商品业务类型核算，则按"发货单+发票"方式记账。若按普通销售方式核算，则按系统选项中的销售成本核算方式中选择的销售发票或销售出库单进行记账。

(5) 资金占用计划选择。资金占用计划选择是指用户确定企业资金占用计划的输入方式，并按该方式进行资金占用分析。企业可选择按仓库、存货分类等方式进行资金占用计划的输入和分析。

9.2.2 库存管理与存货核算系统日常业务处理

库存管理系统的业务处理内容主要包括入库业务、出库业务、库存调拨、组装与拆卸、形态转换及盘点。

存货核算系统的业务处理内容主要包括日常业务、业务核算及财务核算。

1. 库存管理系统的日常业务处理

1) 库存管理系统的输入

库存管理系统的数据输入与其他子系统一样可以分成三类：第一类是初始设置数据的输入，如存货、仓库等基本信息的设置；第二类是从其他子系统转入的数据，如产成品的单价从成本核算子系统调取等；第三类是日常业务处理的原始数据。由于库存管理在实务中多与采购管理系统、销售管理系统联合启用，故而其中涉及的大部分输入内容已在之前两章做过介绍，在此不再赘述。这里仅就前面章节未涉及的部分进行介绍。

(1) 产成品入库单的输入。产成品入库单一般指产成品验收入库时所填制的入库单据。产成品入库单是工业企业入库单据的主要部分。只有工业企业才有产成品入库单，商业企业没有此单据。产成品一般在入库时无法确定产品的总成本和单位成本，所以在填制产成品入库单时，一般只有数量，单价和金额为空。

(2) 其他入库单的输入。其他入库单是指除采购入库、产成品入库外的其他入库业务，如调拨入库、盘盈入库、组装拆卸入库、形态转换入库等业务形成的入库单。其他入库单一般由系统根据其他业务单据自动生成，也可手工填制。

(3) 材料出库单的输入。材料出库单是领用材料时所填制的出库单据，当从仓库中领用材料用于生产时，就需要填制材料出库单。只有工业企业才有材料出库单，商业企业没有此单据。

(4) 其他出库单的输入。其他出库单指除销售出库、材料出库外的其他出库业务，如调拨出库、盘亏出库、组装拆卸出库、形态转换出库、不合格品记录等业务形成的出库单。其他出库单一般由系统根据其他业务单据自动生成，也可手工填制。

(5) 调拨单的输入。调拨单是指用于仓库之间存货的转库业务或部门之间的存货调拨业务的单据。同一张调拨单上，如果转出部门和转入部门不同，表示部门之间的调拨业务；如果转出部门和转入部门相同，但转出仓库和转入仓库不同，表示仓库之间的转库业务。

(6) 盘点单的输入。盘点是企业存货管理中一个非常重要的业务，盘点的结果可能是盘盈，也可能是盘亏。进行调节时，盘盈的结果形成盘盈入库，盘亏的结果形成盘亏出库。盘点单主要的输入项目是盘点日期、盘点仓库、存货编码、实际盘点数量、单价等，账面数量由系统自动调出，实际盘点数量与账面数量的差形成盘盈、盘亏数量。

2) 库存管理系统的处理

从用户使用角度看，存货管理子系统的数据处理大致包括数据的输入处理和一些常见业务的处理。

(1) 业务数据的输入处理。

① 库存管理系统的主要输入单据为各类出入库单，其输入格式允许用户根据自身需求和数据输入的便利性自行设计。部分用户希望单据输入格式尽量与手工单据格式一致，以减少因使用习惯差异带来的错误。但需要注意的是，这种格式的一致是有限的，在格式一致的表象下用户界面中还包含计算机重要的使用特点。因此，在输入单据时，为了避免误操作，需遵循以下操作规范：每张单据输入完毕后需进行存盘操作；输入下一张单据前需进行增加操作；增加一条记录时需进行插入操作；等等。为方便用户使用，系统在多数用户界面都提供了常用的增加、插入、删除等操作的快捷键，熟悉这些快捷键的标志和使用方法是熟练使用系统的基础。

② 为了加快输入速度，避免重复输入，相互关联的单据可以由系统自动互相生成。例如，采购入库单可由采购管理系统中的采购订单或采购发票来形成，销售出库单可由销售管理系统中的销售订单来形成。

③ 与其他子系统一样，在输入出入库单时，凡是在初始设置中进行过设置的项目，如存货代码或名称、仓库代码或名称等，可在输入的用户界面对应的项目中设置操作键，用以调出设置内容供用户选择输入。当存货种类太多或编码设计不合理时，这种输入方式反而会降低数据输入的速度。在实际工作中，为了提高输入效率，可通过扫描条形码的方式输入存货代码。

④ 在输入单据的各个项目时，有些项目的数据必须输入，而有些项目的数据是由系统自动计算生成。例如，在出库单的输入中，存货单价无须输入；在入库单的输入中，某些情况下单价是不确定的，需注意对这类情况的处理。

⑤ 与其他子系统一样，正式记录存入系统的单据需经过确认。由于存货数据直接关联企业的资金与物资，为确保业务真实性和数据准确性，只有经过确认的单据才有效。因此，系统通常设有单据审核功能，用于对输入的数据进行确认。注意，单据的输入与审核需由不同人员完成，以此体现内部控制的基本要求。

(2) 常见业务的处理。

① 入库业务。入库业务处理包括采购入库、产成品入库及其他入库。

○ 采购入库是指采购业务员将采购回来的存货交到仓库，由仓库保管员对其所购存货的实际到货情况进行质量和数量检验与签收的过程。采购入库业务在"第7章 采购与应付款管理"中已做详细介绍，在此不再赘述。

○ 产成品入库是指工业企业对原材料及半成品进行一系列加工后，形成可销售的商品，并对这些产品验收入库的过程。仅有工业企业才有产成品入库业务。一般，产成品在入库时无法确定产品的总成本和单位成本，因此，在填制产成品入库单时，只需填写数量，无须填写单价和金额。产成品入库业务处理流程如图9-2所示。

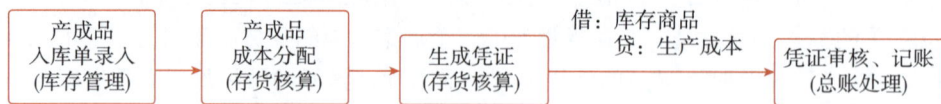

借：库存商品
贷：生产成本

产成品入库单录入（库存管理）→产成品成本分配（存货核算）→生成凭证（存货核算）→凭证审核、记账（总账处理）

图 9-2 产成品入库业务处理流程

○ 其他入库是指除采购入库和产成品入库外的其他入库业务，如调拨入库、盘盈入库、组装拆卸入库、形态转换入库等。其中，调拨入库、盘盈入库、组装拆卸入库、形态转换入库等业务可以自动生成相应的其他入库单，其余的其他入库单则由用户自行填制。上述业务的具体处理流程将在后续章节中单独介绍。

② 出库业务。出库业务处理包括销售出库、材料出库及其他出库。

- 销售出库是指企业销售货物引起的产品出库过程。销售出库业务在"第8章　销售与应收款管理"中已做详细介绍，在此不再赘述。
- 材料出库是指工业企业领用材料的过程。只有工业企业才有材料出库业务。材料出库业务处理流程如图9-3所示。

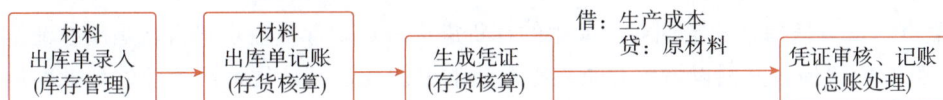

借：生产成本
贷：原材料

材料出库单录入（库存管理） → 材料出库单记账（存货核算） → 生成凭证（存货核算） → 凭证审核、记账（总账处理）

图 9-3　材料出库业务处理流程

- 其他出库是指除销售出库和材料出库外的其他出库业务，如维修、办公耗用、调拨出库、盘亏出库、组装拆卸出库、形态转换出库等。其中，调拨出库、盘盈出库、组装出库、拆卸出库、形态转换出库等业务可以自动生成相应的其他出库单，其余的其他出库单则由用户自行填制。调拨出库、盘盈出库、组装出库、拆卸出库、形态转换出库等业务的具体处理流程将在后续章节单独介绍。

③ 库存调拨。库存管理系统中提供了调拨单用于处理仓库之间存货的转库业务或部门之间的存货调拨业务。如果调拨单上的转出部门和转入部门不同，就表示是部门之间的调拨业务；如果转出部门和转入部门相同，但转出仓库和转入仓库不同，就表示是仓库之间的转库业务。库存调拨业务处理流程如图9-4所示。

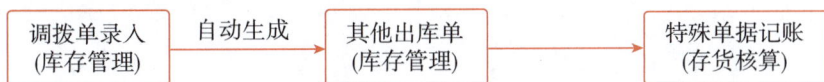

调拨单录入（库存管理） →自动生成→ 其他出库单（库存管理） → 特殊单据记账（存货核算）

图 9-4　库存调拨业务处理流程

④ 组装与拆卸。在实际业务中，有些企业中的某些存货既可单独出售，又可与其他存货组装在一起销售。例如，计算机销售公司既可将显示器、主机、键盘等单独出售，又可按客户的要求将显示器、主机、键盘等组装成计算机销售，这时就需要对计算机进行组装；如果企业库存中只存有组装好的计算机，但客户只需要买显示器，此时又需将计算机进行拆卸，然后将显示器卖给客户。

组装指将多个散件组装成一个配套件的过程。组装单包括两张单据，一个是散件出库单，另一个是配套件入库单。配套件和散件之间是一对多的关系，可在产品结构中设置。用户在组装产品之前应先对其结构进行定义，否则无法进行组装。

拆卸指将一个配套件拆卸成多个散件的过程。拆卸单包括两张单据，一个是配套件出库单，另一个是散件入库单。配套件和散件之间是一对多的关系，可在产品结构中设置。用户在组装拆卸产品之前应先对其结构进行定义，否则无法进行拆卸。

组装与拆卸业务处理流程如图9-5所示。

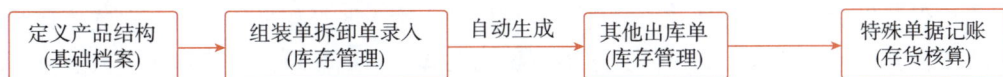

定义产品结构（基础档案） → 组装单拆卸单录入（库存管理） →自动生成→ 其他出库单（库存管理） → 特殊单据记账（存货核算）

图 9-5　组装与拆卸业务处理流程

⑤ 形态转换。在实际业务中，由于自然条件或其他因素的影响，某些存货会由一种形态转换成另一种形态。例如，煤块由于风吹、雨淋，天长日久变成了煤渣；活鱼由于缺氧变成了死

鱼；等等，从而引起存货规格和成本的变化。因此，库管员需根据存货的实际状况填制形态转换单，报请主管部门批准后进行调账处理。形态转换业务处理流程如图9-6所示。

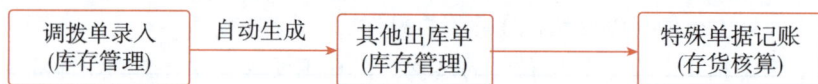

图 9-6　形态转换业务处理流程

⑥ 盘点。盘点是指企业定期对仓库中的存货进行清点。存货盘点报告表是用以证明企业存货盘盈、盘亏或毁损，并据以调整存货实存数量的书面凭证，该凭证经企业领导批准后，即可作为原始凭证登记入账。通常，库存管理系统按仓库或批次来进行盘点，还可对各仓库或批次中的全部或部分存货进行盘点操作，盘点后产生的盘盈、盘亏结果可自动生成相应的出入库单。

盘点前应将所有已办理实物出入库但未录入计算机的出入库单、销售发货单或销售发票均录入计算机中。同一时刻不能有两张相同仓库且相同存货的盘点表未记账。盘点业务处理流程如图9-7所示。

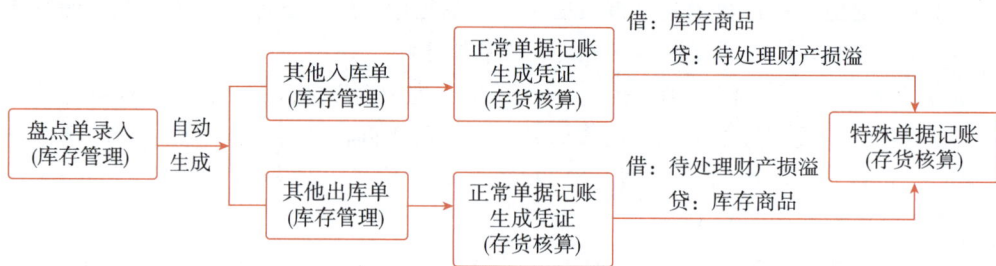

图 9-7　盘点业务处理流程

3) 库存管理系统的输出

库存管理系统的输出主要是指根据存货出入库单文件、存货库存余额文件及存货档案资料文件中的各种出入库单数据、库存余额数据和基础数据，经对比、统计分析等数据处理后输出的各种账簿与报表。这些账簿与报表主要用于：反映存货出入库动态变化的情况；反映存货结存情况，如现存量查询表、出入库流水账、货位汇总表、账龄分析表等。这些账簿与报表可根据用户需求输出，如用户可输入一定日期范围、某类存货的编码、某仓库编码等条件，系统将依据这些条件生成反映存货收发存情况的各类账簿与报表。

2. 存货核算系统的日常业务处理

1) 存货核算系统的输入

存货核算系统的数据输入主要通过日常业务处理来实现，其日常业务处理主要完成存货核算数据的输入工作。存货核算系统的输入数据是采购管理系统、销售管理系统和库存管理系统输入数据的总和，由于采购业务引起大部分入库业务，销售业务引起大部分出库业务，这些业务均需在存货核算系统中进行成本计算。在存货核算系统的数据输入量大且输入项目较多的情况下，为确保数据输入的正确性和可靠性，应尽量减少输入的工作量。因此，存货核算系统中的数据大多由其他系统传入，其中的大多数单据已在其他系统模块的数据输入中做过介绍，在此不再赘述，这里仅就未涉及的调整单和假退料单进行简要介绍。

(1) 调整单。调整单主要分为入库调整单和出库调整单。入库调整单是对存货的入库成本进行调整的单据，其只调整存货的金额，不调整存货的数量。入库调整单主要用于调整当月的入库金额，并相应调整存货的结存金额，可针对具体单据或存货进行调整。出库调整单是对存货的出库成本进行调整的单据，其只调整存货的金额，不调整存货的数量。出库调整单主要用于调整当月的出库金额，并相应调整存货的结存金额，其只能针对存货进行调整，不能针对单据进行调整。

(2) 假退料单。假退料单适用于车间已领用的材料在月末尚未消耗完毕，且下月需要继续耗用而不办理实际退料业务时的成本核算。

2) 存货核算系统的处理

存货核算系统的处理主要是通过业务核算和财务核算处理来实现的。

(1) 业务核算。存货核算系统的业务核算处理主要完成单据出入库成本计算、暂估成本与结算成本的处理及产成品分配。其业务核算按功能可分为单据记账、恢复记账、暂估业务处理和产成品成本分配。其中，业务核算中的记账功能用于将各类单据登记至存货明细账和差异明细账，若企业类型为"商业"，则还需登记受托代销商品明细账和受托代销商品差价账。

具体来说，存货核算系统处理的业务核算类型主要包括：采购业务成本核算，如普通采购业务、受托代销业务；销售业务核算，如普通销售业务、分期收款发出商品核算、委托代销发出商品核算、直运业务核算；其他业务核算，如材料出库业务、产成品入库业务核算、调拨业务核算、组装与拆卸业务核算、形态转换业务核算、盘点业务、假退料业务核算、调整业务核算。

这里仅就还未涉及的假退料业务和调整业务处理流程进行介绍，其余业务处理流程不再赘述。

① 假退料业务。假退料业务是指车间已领用的材料在月末尚未消耗完，且下月需要继续耗用的情况下，可不办理实际退料业务，通过制作假退料单进行成本核算的处理方式。月末结账时，可根据当月已记账的假退料单自动生成假退料的回冲单。假退料业务处理流程如图9-8所示。

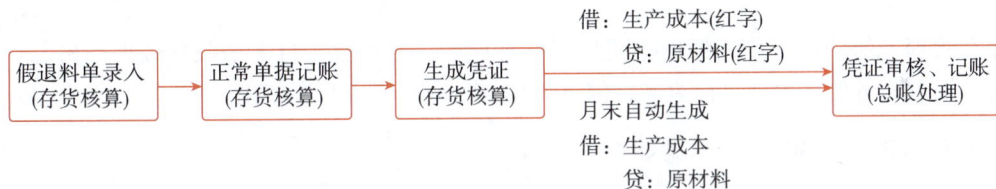

图 9-8　假退料业务处理流程

② 调整业务。当出入库单据记账后，发现单据金额错误时，若为录入错误，则通常可采用修改方式进行调整。但如果遇到由于暂估入库后发生零出库业务等原因造成出库成本不准确，或者库存数量为零而仍有库存金额的情况，则需要利用调整单据进行调整业务处理。调整业务处理流程如图9-9所示。

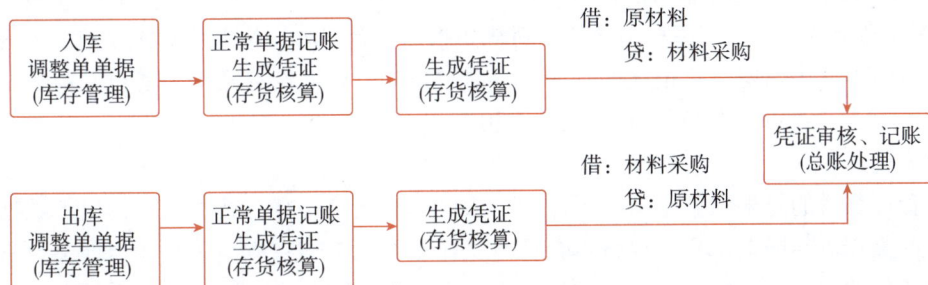

图 9-9　调整业务处理流程

（2）财务核算。存货核算系统的财务核算处理主要完成各类经济核算业务记账凭证的生成。在财务核算中生成的记账凭证自动传递到账务处理系统进行审核、记账，实现业务和财务的一体化。

在存货核算系统中的财务核算处理，可根据不同类型的出入库单据形成记账凭证并传递到总账系统中。例如，根据材料库的采购材料入库单，系统可形成凭证信息如下的记账凭证。

借：原材料

贷：材料采购

根据产成品库的产成品入库单，可形成凭证信息如下的记账凭证。

借：库存商品

贷：生产成本

根据产成品库的销售出库单，可形成凭证信息如下的记账凭证。

借：主营业务成本

贷：库存商品

3) 存货核算系统的输出

存货核算系统的输出主要包括单据和账表输出。

（1）单据输出包括各类原始单据的查询和凭证的输出。存货核算系统提供包括采购入库单、产成品入库单、销售出库单、材料出库单、出库调整单及入库调整单在内的原始单据列表的查询。凭证输出则是指向总账传送存货成本核算生成的各类凭证。

（2）账表输出通过存货核算系统的账表模块实现。存货核算系统输出的账表主要包括存货明细账、发出商品明细账、存货总分类账、入库汇总表、出库汇总表及暂估材料/商品余额表等。

9.2.3　库存管理与存货核算系统期末业务处理

库存管理系统的期末业务处理主要指库存管理系统的对账、月末结账和数据卸出。存货核算系统的期末业务处理内容包括对账、期末处理、月末结账和数据卸出。

1. 库存管理系统的期末业务处理

1) 对账

库存管理系统的对账包括库存与存货对账、库存与货位账对账。

（1）库存与存货对账。库存与存货对账是指库存管理系统与存货核算系统对账。对账的内容为两个系统中对账月份各仓库、各存货的收发存数量是否相符。需要注意的是，只有当库存管理系统和存货核算系统的对账月份均已完成结账，且存货核算系统对账月份不存在未处理单据（即无压单）时，两者的数据才有可能核对一致。

（2）库存与货位账对账。库存与货位账对账是指库存台账与货位卡片对账。对账的内容为库存台账与货位卡片中对账月份记录的仓库、存货、批次、台账结存数量、货位结存数量、结存数量差额（台账结存数量－货位结存数量）是否相符。

2) 月末结账

库存管理系统的月末结账是指将每月的出入库单据逐月封存，并将当月的出库数据记入有关报表中的操作。结账前用户应检查本会计月工作是否已全部完成，只有在当前会计月所有工作全部完成的前提下，才能进行月末结账，否则会遗漏某些业务。注意，月末结账之前一定要进行数据备份，否则数据一旦发生错误，将造成无法挽回的后果。

库存管理系统在启用的第一个会计年度或重新初始化年度时，一月份结账后将不能修改期初数据。因此，需在第一个会计月结账前，将所有期初数据录入完毕并审核后，再进行第一个月的结账操作。月末结账后将不能再做已结账月份的业务，只能做未结账月的日常业务，即已结账月份的出入库单据不允许编辑和删除。出入库单据的审核日期所在的会计月已结账时，单据将不能取消审核。

注意，只有在采购管理和销售管理系统月末结账后，才能进行库存管理系统的月末结账。

3) 数据卸出

数据卸出是将当前数据库中不经常使用或业务已经执行完毕的数据，按指定会计年度卸出到历史账套库，以减少当前数据库的数据量，提高查询和操作效率。卸出的历史数据库可以进行数据查询。

在年末完成所有需月结产品的结账操作后，进行卸出操作，卸载日期以当年最后一个会计月的截止日期为准。卸出时只支持所有子系统数据一起卸出，不支持分子系统卸出。

2. 存货核算系统的期末业务处理

1) 对账

存货核算系统的对账包括与总账对账、发出商品与总账对账。

(1) 与总账对账。与总账对账是指存货核算系统与总账系统对账。对账的内容为核对两个系统中存货科目和差异科目在各会计月份的借方发生额、贷方发生额和数量，以及期末结存金额和数量信息是否相符。

(2) 发出商品与总账对账。发出商品与总账对账是指存货核算系统的发出商品科目与总账的发出商品科目进行对账。对账的内容为核对发出商品科目在存货核算系统中的期初数据、发生数据及结存数据，与该科目在总账系统中的借方发生额、贷方发生额和期末结存金额是否相符。

2) 期末处理

当存货核算系统日常业务全部完成后，进行期末处理。成本核算方法和计价方式不同，期末处理的内容也有所不同，具体如下。

(1) 当存货采用计划成本法时，系统将自动计算各存货的差异率，并形成差异结转单，且用户不能人为修改。用户确认后，系统将自动记账。

(2) 当存货采用全月加权平均法时，系统将自动计算各存货的全月加权平均单价，并计算本月的出库成本(不包括填制出库单时已录入出库成本的出库)，生成期末成本处理表。用户确认后，系统将对存货明细账及出库单回填出库成本。

(3) 对于其他计价方式，系统不做特殊处理，仅打上期末处理标志。

3) 月末结账

存货核算系统的月末结账工作是在存货核算系统中对本月账簿做结账标志，如果与采购管理系统联合使用，且暂估处理方式选择"月初回冲"，月末结账的同时会生成下月红字回冲单等。月末结账后将不能再进行当前会计月的工作，只能做下个会计月的日常工作。

由于在存货核算系统中本会计月的单据可以压单到下月记账，因此进行月末结账前应检查本会计月工作是否已全部完成，只有在当前会计月所有工作全部完成的前提下，才能进行月末结账，否则会遗漏某些业务。

月末结账前，用户一定要进行数据备份，否则数据一旦发生错误，将造成无法挽回的后果。月末结账后，将不能再做当前会计月的业务，只能做下个会计月的日常业务。

存货核算系统12月结账后，系统会将本会计年度的期末结存余额结转至新会计年度，作为新会计年度的期初余额，涉及的账簿包括库存商品明细账、发出商品明细账、委托代销发出商品明细账和直运销售明细账；同时会在新会计年度生成红字回冲单、假退料回冲单及新年第一个会计月的存货总账。12月结账后，可查询下一会计年度的期初余额，且该期初余额处于记账状态。

4) 数据卸出

数据卸出是将当前数据库中不经常使用或业务已经执行完毕的数据，按指定会计年度卸出到历史账套库，以减少当前数据库的数据量，提高查询和操作效率。卸出的历史数据库可以进行数据查询。

在年末完成所有需月结产品的结账操作后，进行卸出操作，卸载日期以当年最后一个会计月的截止日期为准。卸出时只支持所有子系统数据一起卸出，不支持分子系统卸出。

实务训练

实训准备

引入"8-1销售与应收"账套数据。

实训1 库存盘点业务

实训要求

2025年7月31日，进行期末库存盘点，结果如图9-10所示。

库存商品实存账存对比表

盘点单位：仓管部各仓库　　　盘点日期：2025年7月31日　　　单位：元

商品名称	单位	单价	账面结存		实际盘存		升溢		损耗		升溢损耗原因
			数量	金额	数量	金额	数量	金额	数量	金额	
被芯(泰国产)	件	120.00	620	74 400.00	610	73 200.00			10	1 200.00	系西安爱家家居用品制造有限公司少发，对方同意补货
床笠(秋天)	件	80.00	600	48 000.00	620	49 600.00	20	1 600.00			无法查明原因

单位主管：(略)　　会计：(略)　　复合：(略)　　监盘：(略)　　物资负责人：(略)

图 9-10　库存商品实存账存对比表

岗位说明

以"C01陈晨"身份登录平台，完成库存管理系统业务处理。

以"W02张文华"身份登录平台，完成应收款管理系统、总账管理系统及存货核算系统业务处理。

实训指导

(1) 在库存管理系统中录入"盘点单"。

① 以仓管人员"C01陈晨"身份登录，修改"注册日期"为"2025年7月31日"。

② 执行"供应链"|"库存管理"|"盘点业务"命令，单击"盘点单"界面左上角工具栏中的"增加"按钮，在表头选择"盘点仓库"为"床上用品仓库"、"出库类别"为"盘亏"、"入库类别"为"盘盈入库"，按照盘点单结果，录入"单价""盘点数量"等信息，"账面金额""盘点金额"信息自动生成，最后单击工具栏上的"保存"和"审核"按钮。审核后，盘点业务模块会自动生成相应的出入库单。

(2) 在库存管理系统中审核出入库单。

① 盘亏审核"出库单"。仓管人员执行"供应链"|"库存管理"|"出库业务"命令，双击"其他出库单"选项，单击工具栏上的"末张"按钮，查看盘亏出库单，单击工具栏上的"审核"按钮。

② 盘盈审核"入库单"。仓管人员执行"供应链"|"库存管理"|"入库业务"命令，双击"其他入库单"选项，单击工具栏上的"末张"按钮，查看盘盈入库单，单击工具栏上的"审核"按钮。

(3) 在存货核算系统中根据出入库单结转成本记账凭证。

① 以会计人员"W02张文华"身份登录，修改注册日期为"2025年7月31日"。

② 执行"供应链"|"存货核算"|"业务核算"|"正常单据记账"命令，在"正常单据记账"对话框中，依次单击工具栏上的"全选"和"记账"按钮。

③ 执行"存货核算"|"财务核算"|"生成凭证"命令，在"查询条件"对话框中，单击"全消"按钮，选中"(08)其他入库单"和"(09)其他出库单"复选框，单击"确定"按钮。

④ 在"未生成凭证单据一览表"窗口中，选择对应单据，单击"确定"按钮。

⑤ 在"生成凭证"界面，单击工具栏上的"生成"按钮，最后在"记账凭证"界面单击工具栏上的"保存"按钮。

盘亏生成的相应会计分录如下。

借：待处理财产损溢——待处理流动资产损溢
　　贷：库存商品

盘盈生成的相应会计分录如下。

借：库存商品
　　贷：待处理财产损溢——待处理流动资产损溢

(4) 在总账系统中录入盘盈、盘亏批准后的记账凭证。

执行"财务会计"|"总账"|"凭证"|"填制凭证"命令，根据批准结果录入会计凭证。

盘亏生成的相应会计分录如下。

借：在途物资
　　贷：待处理财产损溢——待处理流动资产损溢

盘盈生成的相应会计分录如下。

借：待处理财产损溢——待处理流动资产损溢
　　贷：营业外收入或管理费用——存货盘点

实训2　计提存货跌价准备业务

实训要求

2025年7月31日，接销售部通知，库存部分商品期末可变现净值低于成本，如图9-11所示。按要求计提存货跌价准备。

库存商品期末可变现净值一览表

存货编码	商品名称	型　号	可变现净值单价
0103	床垫(秋天)	1.8M	39.00

制单人：略

图 9-11　库存商品可变现净值一览表

岗位说明

以"W02张文华"身份登录平台，完成存货核算系统业务处理。

实训指导

(1) 设置存货跌价准备科目及费用计提科目(见表9-1)。

表9-1　存货跌价准备科目及费用计提科目

存货分类编码	存货分类名称	跌价准备科目	计提费用科目
01	床上用品	存货跌价准备	资产减值损失
02	卫浴用品	存货跌价准备	资产减值损失

① 以"A01陈强"身份登录平台，在企业应用平台中，单击"供应链"|"存货核算"|"跌价准备"|"跌价准备设置"选项，进入"跌价准备设置"界面。

② 按所给实训资料依次输入数据。

(2) 在存货核算系统中计提存货跌价准备。

① 以会计人员"W02张文华"身份登录，修改"注册日期"为"2025年7月31日"。

② 执行"供应链"|"存货核算"|"跌价准备"命令，双击"计提跌价准备"选项，在"计提跌价处理单"对话框中，单击工具栏上的"增加"按钮，按照"库存商品期末可变现净值一览表"中的信息，录入"部门""存货编码"和"可变现价格"等信息后，依次单击"保存""审核"按钮。

(3) 在存货核算系统中生成计提准备记账凭证。

① 执行"供应链"|"存货核算"|"跌价准备"命令，双击"跌价准备制单"选项，单击工具栏上的"选择"按钮，在弹出的"查询条件"对话框中，选中"(47)跌价准备单"复选框，单击"确定"按钮，在"未生成凭证单据一览表"窗口中，依次单击工具栏上的"全选"和"确定"按钮。

② 在"生成凭证"界面中，单击工具栏上的"生成"按钮，最后在"记账凭证"界面单击工具栏上的"保存"按钮。

相应的会计分录如下。

借：资产减值损失

　　贷：存货跌价准备

实训3　系统结账

➡ 实训要求

7月31日，业务部门与财务部门进行系统结账。

➡ 岗位说明

以"W01赵晓琪"身份登录平台，完成凭证审核及总账结账。

以"W03黄宁"身份登录平台，完成凭证出纳签字处理。

分别以"G01 林群""X01 段佳奕""C01 陈晨""W02 张文华"身份登录平台，对供应链(采购管理系统、销售管理系统、库存管理系统、存货核算系统)进行结账。

以"W02张文华"身份登录平台，完成应收款管理系统、应付款管理系统结账，以及总账管理系统内期间损益结转与凭证记账。

➡ 实训指导

(1) 采购管理系统结账。

可参考前序业务操作指导，在此不再赘述。

(2) 销售管理系统结账。

① 以账套主管"X01段佳奕"身份登录，修改"注册日期"为"2025年7月31日"。执行"销售管理"|"月末结账"命令，打开"月末结账"对话框。

② 单击7月所在行，选中该条记录。

③ 单击"结账"按钮，系统弹出"月末结账"信息提示框，提示"是否关闭订单？"，单击"是"按钮，在"查询条件—采购订单列表"窗口中，"是否关闭"选项选择"否"，单击"确定"按钮，查看是否存在业务处理完成但未关闭的订单，若存在，则选中相应记录后，单击"批关"按钮。

④ 返回"月末结账"界面，单击"结账"按钮，弹出"月末结账完毕！"信息提示框；单击"确定"按钮，"是否结账"一栏显示"已结账"字样。

⑤ 单击"退出"按钮。

(3) 库存管理系统结账。

可参考前序业务操作指导，在此不再赘述。

(4) 存货核算系统结账。

① 执行"存货核算"|"财务核算"|"与总账系统对账"命令，进入"与总账对账表"窗口。

② 选中"包含未记账凭证"复选框，查看对账结果，若数据不符，则显示底纹色。单击"退出"按钮返回。

③ 执行"存货核算"|"业务核算"|"期末处理"命令，对所有业务进行仓库期末处理。

④ 执行"业务核算"|"月末结账"命令，对存货核算系统结账。

❖ **注意：**

◇ 供应链管理系统结账，需遵循销售管理与采购管理系统先结账，库存管理系统、存货核算系统依次结账的操作顺序，以避免遗漏业务。

知识拓展1

供应链管理系统的取消结账

○ 采购管理与销售管理系统的取消结账

① 执行"月末结账"命令，打开"月末结账"对话框。

② 单击"选择标志"栏，出现"选中"标志。

③ 单击"取消结账"按钮，系统弹出"取消月末结账完毕！"信息提示框；单击"确定"按钮，"是否结账"栏显示"未结账"字样。

④ 单击"退出"按钮。

❖ **注意：**

◇ 若应付款管理系统、库存管理系统或存货核算系统已结账，则采购管理系统不能取消结账；若应收款管理系统、库存管理系统或存货核算系统已结账，则销售管理系统不能取消结账。

○ 库存管理系统的取消结账

在"结账"窗口中单击"取消结账"按钮即可。

○ 存货核算系统的取消结账

① 以下月任意日期登录系统服务平台，执行"业务核算"|"月末结账"命令，单击"取消结账"按钮取消结账。

② 执行"存货核算"|"业务核算"|"期末处理"命令，单击"恢复"按钮，对所有业务进行仓库恢复期末处理。

(5) 应付款管理系统结账。

① 执行"期末处理"|"月末结账"命令，打开"月末处理"对话框(以"W02 张文华"身份登录)。

② 双击7月份的"结账标志"栏。

③ 单击"下一步"按钮，屏幕显示各处理类型的处理情况。

④ 在处理情况都是"是"的情况下，单击"完成"按钮，结账后，系统弹出"月末结账成功！"信息提示框。

⑤ 单击"确定"按钮，系统自动在对应结账月份的"结账标志"栏中显示"已结账"字样。

❖ **注意：**

◇ 本月的单据在结账前应全部审核；本月的结算单据在结账前应全部核销。应收款管理系统结账后，总账管理系统才能结账。当应付款管理系统与采购管理系统集成使用时，应在采购管理系统结账后，才能对应付款管理系统进行结账处理。

(6) 应收款管理系统结账。

同理，完成应收款管理系统结账操作。

知识拓展2

应收款管理与应付款管理系统的取消结账

分别在应收款管理系统与应付款管理系统中执行以下操作。

① 执行"期末处理"|"取消月结"命令，打开"取消结账"对话框。

② 选择"7月已结账"月份。

③ 单击"确定"按钮，系统弹出"取消结账成功！"信息提示框。

④ 单击"确定"按钮，当月结账标志即被取消。

❖ 注意:

◇ 如果当月总账管理系统已经结账，则应收款管理系统不能取消结账。

(7) 总账系统结账。

① 完成凭证批量审核。请参考前序业务操作指导，在此不再赘述(以"W01 赵晓琪"身份登录)。

② 以出纳人员"W03黄宁"身份登录，完成凭证出纳签字。请参考前序业务操作指导，在此不再赘述。

③ 以会计人员"W02张文华"身份登录，完成凭证记账。请参考前序业务操作指导，在此不再赘述。

④ 完成期间损益结转，并对生成的凭证审核、记账。请参考前序业务操作指导，在此不再赘述(注意更换操作员)。

⑤ 以账套主管"W01赵晓琪"身份登录，完成总账结账。

⑥ 将账套输出至D盘根目录下"9-1库存与存货"文件夹。

素养园地

数字中国(九)——中广核新能源：建设能源强国，实现备件联储共享

中国广核新能源控股有限公司(简称"中广核新能源")是中国广核集团有限公司的二级成员公司，是中广核在境内非核清洁能源领域的开发、投资和业务管理平台。

党的二十大报告强调，必须牢固树立和践行绿水青山就是金山银山的理念，站在人与自然和谐共生的高度谋划发展。作为以清洁能源为主责主业的中央企业，中广核新能源深入学习贯彻党的二十大精神，坚持从党和国家事业全局出发，完整、准确、全面贯彻新发展理念，围绕"碳达峰碳中和"战略决策，构建核能、新能源齐头并进的清洁能源发展格局，奋力谱写人与自然和谐共生的中国式现代化建设新篇章。

随着公司新能源业务规模持续扩大，风机、光伏电站运营时间不断增加，风电场运维费用逐渐以非计划性检修为主，备件在运维成本中所占的比重逐年增加，风电和光伏的备品备

件库存管理成为降低隐性成本的突破口。中广核新能源打造了创新的行业化备件联储平台，形成新能源备件行业的互联网生态圈：对内实现生产备件的互联、互通、共享、互备，满足采购计划制订、联储供应保障、内部调拨管理等物资管理需求；对外与供应商和其他业主单位实现库存共享，支持寄存寄售等业务需求。这一行业化、专业化的备件联储服务平台，通过互惠互利、合作共赢模式，为新能源行业备件供应管理创造价值。中广核新能源通过该备件储备及供应服务平台，对内实现互联、互通、共享、互备，对外实现与供应商库存信息互备，有效提升了库存物资管理水平。目前已撮合采购金额上亿元，发货效率提升400%，采购成本降低20%。

实现风电行业备件共享生态

备件联储平台的建设，帮助中广核新能源提升采购效率，降低备件的储备数量，减少库存资金的占用，全面提升物资管理水平。目前该平台已覆盖公司总部及29家区域分公司，吸引超20家备件供应商入驻，涵盖国际国内主流整机厂商及零部件提供商，成功构建起风电行业备件共享生态体系。

第10章 UFO 报表管理系统

10.1 UFO报表管理系统概述

10.1.1 UFO报表管理系统的功能

UFO报表管理系统的目标是根据账务处理子系统、会计信息系统中的其他子系统、UFO报表管理系统内部，以及其他系统中的数据来源，针对各类会计报表使用者对报表编制与分析的需要，依据相关的会计制度和会计法规，及时、准确、完整地向使用者提供会计信息。

10.1.2 UFO报表管理系统与其他系统之间的关系

报表管理系统主要是从其他系统中提取编制报表所需的数据。总账、薪资管理、固定资产、应收款、应付款、财务分析、采购管理、库存管理、存货核算和销售管理子系统均可向报表管理子系统传递数据，以生成财务部门所需的各种会计报表。

报表编制工作在计算机上完成，根据计算机编制报表的工作内容，会计报表软件的工作流程可分为报表名称登记、报表格式及数据处理公式设置、报表编制和报表输出四步。

10.1.3 UFO报表管理系统数据流程

UFO报表管理系统数据处理流程如图10-1所示。

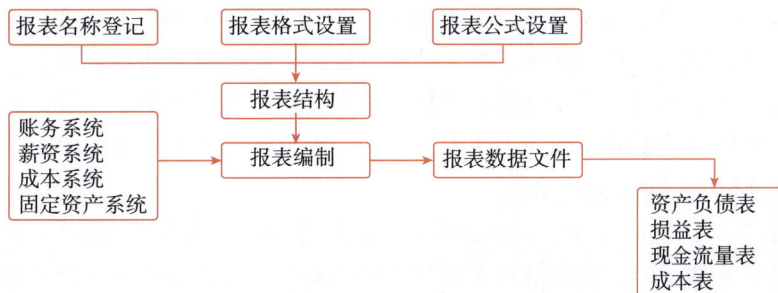

图 10-1　UFO 报表管理系统数据处理流程

10.2　UFO报表管理系统业务处理

10.2.1　UFO报表管理系统的基本术语

1. 报表基本结构分析

为了掌握通用会计报表系统的使用方法，需要对报表的基本结构有所了解。就报表结构的复杂性而言，报表可以分成简单表和复合表两类。

简单表是由若干行和列组成的规则的二维表。通过比较两类表可以看出，复合表的结构比简单表复杂得多。复合表可由简单表嵌套而成，也可由多个简单表拼合而成，因此复合表在处理上不如简单表方便。目前使用较多的会计报表系统中，仅有部分能够处理复合表。但无论简单表还是复合表，就其结构而言基本由两大部分组成，即基本固定的报表格式和随会计期间不同而不同的表中的数据部分。

在计算机报表管理系统中，报表格式实质上是一个保存在计算机中的模板，使用该模板可以无限复制相同格式的表格供用户使用。一个报表的格式包括以下几方面内容。

(1) 标题。标题用来表示报表名称及报表的编制日期、编制单位、使用的货币单位等内容。标题可能有一行也可能有若干行，例如，图10-2所示的资产负债表标题就有两行。在计算机打印标题时，通常希望将字体放大并加粗打印。

资产负债表

资产	行次	年初数	本期数	负债和所有者权益	行次	年初数	本期数
流动资产				流动负债			
货币资金	1	1 500 000.00	2 000 000.00	短期投资	46	87 000.00	45 000.00
——							
——							
资产合计				权益合计			

编制单位：××单位　　　　　　　　　　年　月　日　　　　　　　　　　单位：元　会工01

补充资料：1. 已贴现的商业承兑汇票＿＿＿＿＿元；

　　　　　　2. 融资租入固定资产原价＿＿＿＿＿元。

图 10-2　资产负债表示意图

(2) 表头。表头用来表示报表的栏目。栏目和栏目的名称是报表中的重要内容，它们决定了报表及报表每一栏的宽度，从而确定了报表的基本格式。简单报表的栏目只有一层，这种栏目称为基本栏。复合报表的栏目可以分成若干层，即大栏目下包含几个小栏目，这种栏目称为组合栏。有些报表软件也将表的标题和表头部分视为一个整体，该整体称为表头。以下为了说明的方便，都将标题和表头合称为表头。

(3) 表体。表体即报表的主体。表体由横向的若干栏和纵向的若干行组成。纵向表格线和横向表格线将表体部分划分成一些方格用于填写表中的数据，这些方格称为表单元。表单元是组成报表的最小基本单位，每一个表单元都可以用它所在的列坐标和行坐标来表示。通常将确定某一单元位置的要素称为"维"。

为了方便报表数据的处理，有时需要对多个单元的数据同时进行计算，因此有些报表系统需要定义区域。区域由多个单元组成，其范围是从起点单元到终点单元构成的长方形单元阵列。区域是二维的，最小的区域为一个单元，最大的区域可以包括整张报表的所有单元。

在编制报表过程中，向报表单元中填入的内容一般有两种：一种是文字；另一种是数字。其中有些文字部分用来作为每行(或列)的标题，称为表样。表样单元的内容在编制不同会计期间的同一会计报表时，与表头、表尾等一样，内容固定不变，因此表样属于报表格式的一部分。

(4) 表尾。表尾指表格线以下进行辅助说明的部分。表尾部分在一些表中有内容，另一些报表中则没有内容，但无论是否有内容，表尾这一结构在报表中是一定存在的。

表头、表体和表尾是组成报表的基本要素，不同报表的区别实质上是各要素的内容差异。表处理子系统的基本工作原理是，软件为用户提供设置表头、表体和表尾的功能，用户只需运行这些功能，即可生成满足需要的报表。

2. 报表公式和关键字

(1) 报表公式。在计算机报表系统中，报表的格式和数据是分开处理与管理的。其中，报表格式不仅用于说明数据的经济含义，还具备管理数据的作用；而报表数据则主要用于反映相应经济指标的大小。一般，报表数据部分在每月编制报表时会不同，在使用计算机编制报表时，表中的数据一般无须手工输入，而是通过设置报表单元公式，由计算机根据公式自动从指定的文件中调取。这些单元公式是报表公式中的主要构成部分。

除了报表单元公式，报表公式还包括报表审核公式和报表舍位平衡公式。其中，报表审核公式可根据报表数据间的钩稽关系检查报表数据是否正确；报表舍位平衡公式则是在将以元为单位的报表转换为以千元或万元为单位的报表时，为保持报表数据的平衡而使用的公式。

在报表的编制过程中，虽然报表中的数据在每个会计期间并不相同，但同一报表中各个单元填列数据的规律一般是不变的，如资产负债表中货币资金项总是从现金、银行存款和其他货币资金调取数据。因此，报表公式一经设定，在编制不同会计期间的同一会计报表时，公式的内容也是固定不变的。每次编制报表时，通常无须重新设定格式。

由于报表的格式和公式在编制不同会计期间的同一会计报表时通常是不变的，两者共同构成了该报表的基本结构，因此在计算机报表系统中一般将其合称为表结构。而将表处理软件运行表结构文件后生成的、填列了具体数字的报表称为数字表。

(2) 关键字。关键字是特殊的数据单元，其实质上是一个计算机的取值函数。它可以唯一地标识一个表页，用于在大量表页中快速定位一张表页。关键字在报表系统中的主要作用是在编制报表时，由系统自动在报表相应位置填列报表编制的年、季、月、日等日期和报表编制单位的名称等内容。报表关键字通常在表格式设置中进行定义，且会计报表中可以设置多个关键字。

(3) 多维表。确定某一数据位置的要素称为"维"。例如，在一张有方格的纸上填写一个数，该数的位置可通过行和列(二维)来描述。若将这张有方格的纸称为"表"，则其就是二维表，通过行和列的坐标可以找到该二维表中任意位置的数据。

如果将多个相同的二维表叠放在一起，要找到某一个数据要素需增加一个维度，这个维度一般称为表页。表页在报表中的序号以标签的形式出现在表页的下方，称为"页标"。页标用"第1页"～"第××××页"的形式表示，这样的一叠表称为三维表。

如果将多个不同的三维表组合在一起，要从这些三维表中找到某个数据，就需要增加一个要素，即表名。对三维表进行的表间操作，即称为"四维运算"。

会计信息系统中的表处理系统一般属于三维报表管理系统，确定某一数据的所有要素包括表名、列、行和表页。

3. 格式状态和数据状态

报表管理系统可分为两大部分进行处理，即报表格式和公式设计工作与报表数据处理工作。这两部分的工作是在不同状态下进行的，具体如下。

(1) 格式状态。在报表格式设计状态下，可进行有关格式设计的操作，如：表尺寸、行高列宽、单元属性、单元风格、组合单元、关键字；定义报表的单元公式(计算公式)、审核公式及舍位平衡公式。在格式状态下，只能看到报表的格式，报表的数据全部隐藏。此时进行的操作会对本报表的所有表页发生作用，但不能进行数据的录入、计算等操作。

(2) 数据状态。在报表的数据状态下可对报表数据进行管理，如输入数据、增加或删除表页、审核、舍位平衡、制作图形、汇总及合并报表等。在数据状态下，不能修改报表的格式，但能看到报表的全部内容，包括格式和数据。

报表工作区可通过"格式/数据"按钮，在"格式状态"和"数据状态"之间进行切换。

4. 其他基本术语

(1) 区域。区域是由相邻单元组成的矩形块。区域是二维的，其最大范围是整个表页，最小范围是一个表单元。描述一个区域时起点单元与终点单元之间用"："连接，如A1：C6。

(2) 表页。表页是由若干行和列组成的一张二维表。一个报表中的所有表页都具有相同的格式，但其中的数据不同。

(3) 报表文件。报表文件是指将具有相同经济意义的多张表页存放在同一个数据文件中，其是一个三维表。在报表文件中，确定一个数据的基本要素包括表名、表页、行和列。

10.2.2 UFO报表管理系统的初始设置

1. 报表文件名称登记

在计算机中，程序和数据一般都是以文件形式存储。会计报表系统也不例外，为了存储用户定义的表格式和表公式，系统要求用户在定义前预先在系统中登记文件名，以便在调用定义内容时作为标识。因为该文件名是供用户调用使用的，所以通常称为文件的外部标识名。有些报表处理软件为了便于处理，在登记外部标识名的同时，会由计算机自动给该文件生成一个名称，这个名称用于计算机处理文件，因此称为内部标识名。

需要注意的是，不同报表的名称也不相同。报表名是供用户调用设定的报表结构文件使用的，它与表的标题并没有直接的关系。报表名可以是中文，也可以是西文或汉语拼音的缩写。

2. 报表格式设置

会计报表的格式定义是数据输入和运算处理的基础，只有将报表数据放入指定的报表格式中，这些数据才具有真正的意义。在创建或打开报表文件后，即可进行报表格式的设置。因此，报表格式设置是整个报表处理系统的重要组成部分，也是报表编制工作的基础环节。报表格式的设置方式可以划分为非直观和直观两种。

1) 非直观的报表格式设置方式

采用非直观的报表格式设置方式时，屏幕上无法显示成形的表样，使用者只能通过对话方式将报表标题、栏目等结构要素输入计算机，并将其保存在数据库文件中。在设置报表格式的过程中，使用者虽然能看到报表的各个部分，但当报表的行、列、文字大小、字体等不符合要求时，不能直接在显示的报表结构上进行修改，必须返回对话方式来调整报表结构和格式。完整的报表格式通常要到公式定义或报表编制时才能呈现。

2) 直观的报表格式设置方式

在直观的报表格式设置方式下，采用整表设置模式，具有"所见即所得"的特性。其基本设计思想是划定范围，允许用户在该范围内自由设计所需的报表格式。许多报表系统采用了类似电子报表软件Excel的界面，用户可在屏幕显示的网格上直接填充文字、设置格式，当报表的行、列、文字内容、字体等不符合需求时，也可直接在整张表上进行调整修改。目前流行的Windows版报表系统，一般采用直观的报表格式设置方式。

与非直观的报表格式设置方式相比，直观的报表格式设置方式的基本设置内容和注意事项并无本质区别，但操作更为简便。两者在具体使用方法上有以下几点不同。

(1) 报表尺寸定义。报表尺寸定义的目的是确定报表的行数和列数，其单位是表行和表栏。一旦报表尺寸确定，报表所占用的范围也随之确定。在定义报表尺寸时，应以表栏目的宽度能够放下本栏最大数字为原则，否则将出现数字溢出的错误。

(2) 单元属性和风格定义。单元属性主要指的是单元内容的性质，如数字、字符及表样。单元风格是指单元内容的字体、字号、字形、对齐方式、颜色图案等的设置。设置单元属性和风格，会使设计的报表更符合阅读习惯，也更加美观和清晰。定义单元属性和风格时，可先确定区域，然后对整个区域进行统一定义，以简化操作流程。

(3) 组合单元定义。在整表设置方式中，设定范围内的所有处理均以单元作为基本处理单位。在进行格式设置时，若报表的标题、表尾说明文字等较长文字无法在一个单元中登录，可将横向相邻的几个单元组合成一个组合单元。此外，使用组合单元功能还可以解决复合报表表头的设置问题。组合单元由相邻的两个或两个以上同类型单元组成，其名称可用区域名称或区域中某一单元的名称来表示。

(4) 在会计报表系统中，表格式设置采用"一次设置、长期有效"的工作方式。因此，如果表头、表尾中包含日期等相对变动的量，则应在相应位置设置报表关键字。一般报表系统都提供了这样的关键字，以便在编制报表时，报表编制日期能自动显示为当前输入日期。

(5) 综合报表格式设置的一般操作内容如下。

① 设置报表尺寸。设置报表表页的行数和列数时，应注意涵盖标题、表头、表体、表尾四部分结构。

② 设置报表行高和列宽。根据输出需要调整行的高度或列的宽度。

③ 画表格线。在制定区域内画表格线。

④ 定义组合单元。将几个单元视为一个单元使用。

⑤ 输入报表内容。报表内容包括标题、表头、表体和表尾四部分。

⑥ 设置单元风格。其主要指字体、字号、字形、对齐方式、颜色图案等。

⑦ 设置单元属性。其主要指单元类型、数字格式、边框样式等。

⑧ 设置关键字。其主要指单位名称、年、月、日等。

3. 报表公式设置

报表系统中的公式分为运算公式、审核公式和舍位平衡公式。

1) 报表运算公式的设置

报表运算公式是编制报表时用于确定表元数据来源的公式，其主要作用是，在报表生成过程中，系统通过设定的运算公式，从公式描述的数据库文件中提取指定数据，进行表达式规定的运算，并将运算结果填入对应表元中。

确定运算公式时，主要考虑以下几个方面。

(1) 确定表元的数据来源及取数所要满足的条件。

① 从账务系统取数，这是报表系统数据的主要来源。

- 从其他核算系统取数，如工资、固定资产、成本、销售等系统的数据。
- 从报表系统自身取数，可以从其他报表取数，也可以从同一报表的不同表页或同一表页的不同单元取数。
- 从系统外部取数，包括直接通过键盘录入、从软盘读入或通过网络传入。
- 从其他会计软件取数。

② 取数所要满足的条件一般包括借方发生额、贷方发生额、期初(末)借方余额、期初(末)贷方余额、累计数(包括借方累计、贷方累计)、前期数等。

(2) 运算公式的构成。

运算公式由以下几部分构成。

① 表单元及坐标。表示表单元在表中的位置。

② 运算符。包括"＋""－""×""／""＝"等。

③ 表达式。将常量、变量、函数用运算符连接起来。

例如，某报表系统公式格式如下。

列号、行号=QC(科目编码,会计期间,方向,账套号)

其中，列号用代表列的字符表示，行号用数字表示；QC是一个账务取数函数，表示取某科目某时期期初余额；科目编码、会计期间、方向、账套号是取数函数的自变量。例如，C10=PTOTAL(C6∶C9)，表示C10表元的值是C6、C7、C8、C9表元值的合计数。

(3) 运算公式的设置方式。

通用报表系统中运算公式的实现有以下两种方式。

① 通过键盘直接录入公式。在这种方式下，只需按照公式的格式输入公式，其优点是输入速度快，但要求使用者对系统比较熟悉。

② 系统采取引导输入的方式自动生成公式。在这种方式下，使用者只需根据系统提示回答相关问题，如数据来源、会计科目、会计期间、借贷方向、发生额或余额等，系统即可自动生成需要的公式。这种方法对软件初学者来说，具有易学、易用的特点，但编辑速度较慢。

(4) 函数。

为简化报表数据来源的定义，通用报表软件通常会将报表编制中比较固定的处理流程封装为独立模块，并向用户提供一整套针对性较强的函数，用于从各类数据库文件中调取数据。例如，前面的公式QC(科目编码,会计期间,方向,账套号)就是一个取数函数。不同的报表系统函数的具体表示方法不同，但这些函数所提供的功能和使用方法一般是相同的，用户在使用时可查阅相关说明或求助系统的帮助功能。一个报表系统编制报表的能力，主要通过系统提供的取数函数是否丰富来体现，取数函数越丰富，报表系统编制报表的能力越强。函数架起了报表系统与其他系统、同一报表文件中不同表页之间、不同报表文件之间，以及同一报表内部的数据传递桥梁。

① 账务取数函数，如表10-1所示。

表10-1　账务取数函数

总账函数	金额式	数量式	外币式
期初额函数	QC( )	SQC( )	WQC( )
期末额函数	QM( )	SQM( )	WQM( )
发生额函数	FS( )	SFS( )	WFS( )
累计发生额函数	LFS( )	SLFS( )	WLFS( )
条件发生额函数	TFS( )	STFS( )	WTFS( )
对方科目发生额函数	DFS( )	SDFS( )	WDFS( )
净额函数	JE( )	SJE( )	WJE( )
汇率函数	HL( )		

② 同一报表同一表页不同单元的取数函数主要有以下几种。

数据合计　　　　PTOTAL( )

平均值　　　　　PAVG( )

最大值　　　　　PMAX( )

最小值　　　　　PMIN( )

③ 同一报表其他表页不同单元的取数函数主要如下。

对于取自本表其他表页的数据，可以利用某个关键字作为表页定位的依据，或者直接以页标号作为定位依据，指定取某张表页的数据。

可以使用SELECT( )函数从本表其他表页取数，如以下数据。

A1单元取自上个月的A2单元的数据：A1=SELECT(A2, 月@=月+1)。

B1单元取自第2张表页的B2单元的数据：B1=B2@2。

④ 自其他报表取数的函数。

对于取自其他报表的数据可以用""报表[.REP]"–>单元"格式指定要取数的某张报表的单元。例如，C6="资产负债表"–>C6@5表示当前表页中的C6单元格的数据取自资产负债表第5页C6单元格的数据。

在计算财务比率时，经常应用此类函数。例如，计算某企业1月份应收账款周转率时，假设利润表中C5单元格为主营业务收入，资产负债表中C10、D10分别为该企业应收账款的期初、期末金额，则可以将公式定义为：2*"利润表"–> C5@1/("资产负债表"–>C10@1+"资产负债表"–>D10@1)。

2) 报表审核公式的设置

报表审核公式是用于检查报表数据之间关系的公式，主要作用体现在两方面：一是报表数据来源定义完成后，审核报表的合法性；二是在报表数据生成后，审核报表数据的正确性。

在各类会计报表中，每个数据都有明确的经济含义，且数据间通常存在特定的对应关系，这种关系被称为钩稽关系。例如，资产负债表中资产合计数应等于负债与所有者权益合计数，这种平衡关系就是钩稽关系。如果在资产负债表编制结束后，发现没有满足这种平衡的钩稽关系，则可以肯定该表在编制过程中出现了错误。因此，在实际工作中，利用钩稽关系对报表进行检查是保证报表正确性的重要手段。为了满足财会人员编制报表时对数据审核功能的需求，通用报表系统提供了数据审核功能，财会人员只需将报表数据之间的钩稽关系用审核公式表示出来，计算机即可按照审核公式定义的钩稽关系自动对报表进行审核。

报表审核公式的设置与报表运算公式的设置方法相似，主要区别在于：审核公式用于校验报表数据的钩稽关系，其运算符除计算公式允许使用的类型外，还可以使用">""<""<>"等逻辑运算符。运算公式是报表生成的必备设置，而审核公式可根据业务需求选择性配置。

3) 舍位平衡公式

舍位平衡公式用于报表数据进行进位或小数取整时调整数据。系统根据定义的舍位关系对指定区域内的数据进行舍位，并按照平衡公式对舍位后的数据进行调整，以保数据平衡。例如，将以"元"为单位的报表数据变成以"千元"为单位的报表数据，需定义舍位平衡公式，操作如下：在"舍位公式"对话框中，输入"舍位表名"为SWB、"舍位范围"为"C5：H16"、"舍位位数"为"3"、"平衡公式"为"C16=Gll+Gl5，Dl6=Hll+Hl5"。该设置表示将"C5：H16"区域的数据转换为以"千元"为单位后，仍需保持"C16=Gll+Gl5，Dl6=Hll+Hl5"的平衡关系，同时将以此条件生成的新表存入报表文件SWB中，且表中的平衡关系仍然成立。舍位平衡公式可根据实际需求选择性设置。

4) 设置报表公式的其他注意事项

(1) 表公式中的运算符主要包括 =、+、−、×、÷、^。通常情况下，公式中紧接目标单元的运算符应为"="，仅当公式过长需要拆分成多个公式时，后续公式开头才可以使用其他运算符。

(2) 多数会计报表软件从账簿科目取数时需注意：若在表处理系统中设置为取某科目期末借方余额，而该科目实际余额在贷方，则公式返回的值为零，而非贷方金额的负值。这一规则与一般会计人员的习惯不同，设置时必须注意。

(3) 通常，目标单元的行号和列号表示其在表中的实际位置，这个数值与屏幕提示行显示的当前行号和列号无关。使用特定软件时，应注意该软件对行号和列号的具体规定。

4. 报表模板

通过报表格式定义和公式定义可设置自定义报表。虽然自定义报表能够满足企业的个性化需求，但其设置过程较为烦琐，工作量也较大。因此，报表管理系统提供了覆盖33个行业的各类标准财务报表格式。利用报表模板，用户可以迅速建立符合需求的财务报表。报表模板表示了一张标准格式的会计报表。

另外，对于一些本企业常用而报表模板中未提供的报表，企业可根据本单位的实际情况定制新的会计报表模板。企业在自定义完这些报表的格式和公式后，可将其定义为报表模板，并存入模板库中，方便以后直接调用。

10.2.3 UFO报表管理系统日常业务处理

1. 报表编制

设置报表格式和报表公式仅完成了报表结构的定义，若想生成填有数据的报表，还需进行报表的编制工作。报表的编制工作由计算机在人为的控制下自动完成。它的作用是使系统运行载有设置好的报表结构的文件，使其中的运算公式能从相应的数据源中调取数据并填入相应的表单元中，从而得到数据表。系统将自动生成一个文件用以保存得到的数据表。为区分不同月份的同一张表，每次编制前系统会要求用户输入关键字的值。若相同关键字值的报表已存在，系统会提示用户确认是否重编。如果用户重新编制，则新编的表将覆盖已存在的旧表。因此，当用户修改表格式或表公式后，必须重新编制报表，以得到按新结构生成的报表。

在报表编制过程中，系统将对公式的格式进行检查，若有语法或句法错误，系统将给予提示。但需注意的是，检查正确并不等同于公式的逻辑关系也正确，因为系统不会对公式的逻辑关系进行检验，也很难进行检验。

报表系统的日常工作主要是每月末编制报表并打印输出。每月编制报表前，需先将当月业务处理完毕(既包括日常业务的处理，也包括期末摊、提、结转业务的处理)并结账。编制季度和年度报表时，也应遵循这一原则。

2. 报表输出

表处理系统中报表输出有两种方式：一种是屏幕显示输出，主要用于用户检查报表设置和编制的正确性。为了展示更多实质性内容，非必要的表格线一般不显示。另一种是打印输出，此时输出的是按正规要求生成的正式报表。

除此以外，系统一般还可以打印空表和用户设置的公式清单供用户检查公式设置使用。

为方便用户打印出满意报表，系统一般都提供打印设置功能，该功能可以对报表使用的字形、字号进行设定以便对报表进行调整。例如，对行距和列距进行设定来调整报表的大小；或者通过设置表首的上、下边距及表左、右边距等，来调整报表在打印纸上的位置。用户在打印报表前，应使用相关功能对相应内容进行设置，以得到满足需要的会计报表。

3. 报表的汇总和分析

1) 报表的汇总

报表系统的汇总功能是指，将结构相同但数据不同的两张报表进行简单叠加，从而生成一张新表的功能。在实际工作中，该功能主要用于对同一报表不同时期的数据进行汇总，以得到某一期间的汇总数据；或者用于对同一单位不同部门的同一张报表进行汇总，以得到整个单位的合计数字。

需要注意的是，报表汇总功能不能用于编制合并报表。这是因为合并报表是集团公司对总公司及下属各单位的有关会计报表数据进行汇总，以反映全公司综合财务状况的报表。合并时需要将各子公司之间的内部往来、内部投资等数据进行抵扣，而不是对各子公司报表进行简单叠加。因此，编制合并报表必须使用具有合并报表编制功能的软件。

进行报表汇总时，需要进行汇总的报表(编好的数据表)必须已经存在，且各表的结构必须相同。

2) 报表的分析

报表分析就是使用各种方法对报表的数据进行分析。在报表软件中一般有两种分析方法：图形分析法、视图分析法。

(1) 图形分析法。图形分析法就是将报表中选定的数据以图形方式显示，使用户直观地看到数据的大小或变化的情况。图形有比较直观、醒目、易理解等特点，在会计报表分析中早已普遍使用。图形实际上是表的延伸，它反映的仍然是分析表中的数据，只是表现形式不同。一张分析表可以采用多种图形表示方式。在手工条件下，绘制图形不仅过程复杂、准确性低，还缺乏色彩表现。而计算机凭借处理复杂问题的准确性及彩色图形处理功能，为图形应用带来了广阔的前景。

图形可分为平面图形和立体图形两大类。图形的基本形式主要有点图、线图、直方图和饼图4种，其余各类图形都是这些基本形式的派生物。目前国内流行的通用报表处理软件，一般都提供饼图、直方图、折线图、立体图4种图形的分析功能。

计算机制图的主要步骤如下。

① 选取绘图数据。

② 选择图形类型。

③ 根据系统提示生成图形。

(2) 视图分析法。在报表系统中，大量年度或月份数据是以表页形式存储的，通常情况下，每次只能查看一张表页。若要对各个表页中相同行或列区域的数据进行比较，可借助视图分析法实现。视图分析法是从某一张表或多张表中抽取具有某种特定经济含义的数据，形成一张"虚表"，从而达到对多个报表数据在系统生成的"虚表"中进行重新分类、对比分析的效果。这种表的数据是通过数据关系公式从关联的数据报表中抽取并反映在表上的。由于"虚表"本身不存储数据，因此也被称为"视图"。视图是数据报表的派生表，没有数据报表就无法生成视图。这种分析方法是手工报表分析难以实现的，因此也是报表系统提供的重要功能。

4. 报表的维护

报表维护是报表系统的一项基本功能，主要包括：报表的备份、恢复、删除，结构复制，等等。其中备份和恢复功能与账务系统的备份和恢复功能类似，此处不再赘述。

(1) 报表删除。实际工作中，每次编制报表都会生成一个存储数据表的文件。随着系统运行数年，报表的数据文件会逐渐增多，这些文件会占用大量硬盘空间。为确保系统正常运行，需要定期从系统中删除旧表(一般系统只需保留一两年的数据)。本功能正是为此而设置的。

使用报表删除功能时需注意，报表删除功能不仅可以删除编制后的数据表，也可以删除表结构。报表结构一旦删除，若需使用只能重新设置。因此使用删除功能时，一定要注意系统的提示，以免误删报表结构。一般情况下，即使是不常使用的报表，若非必要，则不应删除报表结构。这样一来，一旦需要编制该报表，只需运行报表编制功能，即可方便地生成需要的数据表。

(2) 结构复制。会计报表种类很多，每种报表的定义较复杂，需要花费较长时间。为了方便用户定义新的报表，会计报表系统一般都提供了结构复制功能。使用该功能可以在定义新报表时，选择结构类似的报表进行复制，对复制过来的报表结构按需要进行修改即可使用，从而减少用户设置的工作量。需要注意的是，报表结构复制功能只能复制报表的结构(即报表格式和报表公式)，不能复制编制后生成的数据报表。

实务训练

实训准备

引入"9-1库存与存货"账套数据。

实训1　利用模板生成利润表

⤷ 实训要求

7月31日，财务部编制公司2025年7月的利润表。

⤷ 岗位说明

以"W01赵晓琪"身份登录平台，生成利润表。

⤷ 实训指导

1. 调用利润表模板

① 在格式状态下，执行"格式"|"报表模板"命令，打开"报表模板"对话框。
② 选择"所在的行业"为"2007年新会计制度科目"、"财务报表"为"利润表"。
③ 单击"确认"按钮，系统弹出"模板格式将覆盖本表格式！是否继续？"信息提示框。
④ 单击"确定"按钮，即可打开"利润表"模板。

2. 调整报表模板

(1) 切换到格式状态。
单击"数据/格式"按钮，将"利润表"切换到格式状态。
(2) 调整报表模板。
在UFO报表管理系统中，预设的报表模板已预先设置各项目计算公式。但由于各公司实际启用的会计科目不同，因此首次调用报表模板生成报表后，需要根据企业实际情况修改模板中的计算公式，以避免出现错误。下面是实际应用中容易出现的三类错误。

- 公式中会计科目代码录入错误。例如，在定义利润表中"营业外收入"项目的公式时，所使用的科目代码应与本单位科目代码表一致。本例中，"营业外收入"本期金额的计算公式为：FS(6301,月,"贷",,年)。
- 公式中会计科目方向应与科目默认方向一致，收入类科目计算公式方向为"贷"，费用类科目计算公式方向为"借"。例如，"营业外收入"本期金额的计算的公式为：FS(6301,月,"贷",,年)。
- 公式中科目不全。当报表项目由多个科目发生额合计构成时，设置公式时需避免遗漏科目，以防导致报表数据失真。例如，"营业收入"由"主营业务收入6001"和"其他业务收入6051"构成，故而"营业收入"本期金额的计算公式为：FS(6001,月,"贷",,年)+ FS(6051,月,"贷",,年)，不可只计算一个科目的本期发生额。

进行报表公式定义的方法有以下两种。

- 定义单元公式——直接输入公式。
① 以"营业外收入"本期金额计算公式为例。选定需要修改或定义公式的单元C16。
② 执行"数据"|"编辑公式"|"单元公式"命令，打开"定义公式"对话框。
③ 在"定义公式"对话框中，直接输入总账发生函数公式为"FS(6301,月,"贷",,年)"，单击"确认"按钮。

❖ **注意：**

◇ 单元公式中涉及的符号均为英文半角字符。单击fx按钮或双击公式单元或按"="键，都可以打开"定义公式"对话框。

○ 定义单元公式——引导输入公式。

① 以"营业外支出"本期金额计算公式为例。选定被定义单元C17。

② 单击fx按钮，打开"定义公式"对话框。

③ 单击"函数向导"按钮，打开"函数向导"对话框。

④ 在"函数分类"列表框中选择"用友账务函数"选项，在右侧的"函数名"列表框中选择"发生(FS)"选项，单击"下一步"按钮，打开"用友账务函数"对话框。

⑤ 单击"参照"按钮，打开"账务函数"对话框。

⑥ 选择"科目"为"6711"、"方向"为"借"，其余各项均采用系统默认值，单击"确定"按钮，返回"用友账务函数"对话框。

⑦ 单击"确定"按钮，返回"定义公式"对话框，单击"确认"按钮。

⑧ 根据单位实际业务情况输入或修改其他单元公式后，保存调整后的报表模板。

❖ **注意：**

◇ 如果未进行账套初始化，那么账套号和会计年度需要直接输入。

3. 生成利润表数据

① 在数据状态下，执行"数据"|"关键字"|"录入"命令，打开"录入关键字"对话框。

② 输入关键字"年"为"2025"、"月"为"07"。

③ 单击"确认"按钮，系统弹出"是否重算第1页？"信息提示框。

④ 单击"是"按钮，系统会自动根据单元公式计算7月份数据；单击"否"按钮，系统不计算7月份数据，以后可利用"表页重算"功能生成7月份数据。

⑤ 单击工具栏上的"保存"按钮，将生成的报表数据以文件名"lrb.rep"保存到本机D盘根目录下。

实训2 利用模板生成资产负债表

⬐ 实训要求

(1) 7月31日，财务部生成公司2025年7月资产负债表。

(2) 定义"审核公式"及"舍位平衡公式(千元)"，并进行审核和舍位平衡处理。

⬐ 岗位说明

以"W01赵晓琪"身份完成以上任务。

⬐ 实训指导

1. 调用资产负债表模板

① 在格式状态下，执行"格式"|"报表模板"命令，打开"报表模板"对话框。

② 选择"所在的行业"为"2007年新会计制度科目"、"财务报表"为"资产负债表"。

③ 单击"确认"按钮，系统弹出"模板格式将覆盖本表格式！是否继续？"信息提示框。

④ 单击"确定"按钮，打开"资产负债表"模板。

2. 调整报表模板

① 单击"数据/格式"按钮，将"资产负债表"处于格式状态。

② 根据本单位的实际情况，调整报表格式，修改报表公式。

③ 保存调整后的报表模板。

3. 生成资产负债表数据

① 在数据状态下，执行"数据"|"关键字"|"录入"命令，打开"录入关键字"对话框。

② 输入关键字"年"为"2025"、"月"为"07"、"日"为"31"。

③ 单击"确认"按钮，系统弹出"是否重算第1页？"信息提示框。

④ 单击"是"按钮，系统会自动根据单元公式计算7月份数据；单击"否"按钮，系统不计算7月份数据，以后可利用"表页重算"功能生成7月份数据。

⑤ 单击工具栏上的"保存"按钮，将生成的报表数据以文件名"zcfzb.rep"保存到本机D盘根目录下。

4. 定义审核公式并进行资产负债表审核

审核公式用于审核报表内或报表之间的钩稽关系是否正确。"资产负债表"的审核公式为"资产合计＝负债合计＋所有者权益合计"。

① 在格式状态下，执行"数据"|"编辑公式"|"审核公式"命令，打开"审核公式"对话框。

② 在文本框中输入公式""C40=G31+G38, D40=H31+H38 MESS"资产不等于负债加所有者权益""，单击"确定"按钮。

③ 在数据状态下，执行"数据"|"审核"命令，若报表数据正确，则在报表右下角状态栏显示"完全正确"；若数据有误，系统会弹出"资产不等于负债加所有者权益"信息提示框。

5. 定义舍位平衡公式并进行舍位处理

① 在格式状态下，执行"数据"|"编辑公式"|"舍位公式"命令，打开"舍位平衡公式"对话框。

② 输入"舍位表名"为"SW1"、"舍位范围"为"C8：D40,G8：H40"、"舍位位数"为"3"、"平衡公式"为"C6=C4+C5, D6=D4+D5"，单击"完成"按钮。

③ 在数据状态下，执行"数据"|"舍位平衡"命令。

④ 系统会自动根据前面定义的舍位公式进行舍位操作，并将舍位后的报表保存到本机D盘根目录下SW1.REP文件中。

⑤ 舍位操作以后，打开SW1.REP文件与原资产负债表对比，如果舍位公式有误，系统状态栏会弹出"无效命令或错误参数！"提示信息。

实训3 自定义"财务指标分析表"

↘ 实训要求

7月31日，为辅助企业经营决策，财务部编制了财务指标分析表。

格式要求：标题设置为黑体、14号、居中，行高为7，三列列宽为50mm、46mm、46mm；单位名称及年和月设置为关键字；表头中文字设置为黑体、12号、居中；表体中文字设置为楷体、12号、居中；表尾"制表人："设置为宋体、10号、右对齐第3栏。财务指标分析表及财务指标分析表公式定义如表10-2和表10-3所示。

表10-2 财务指标分析表

编制单位： 　　　　　　　　　　　　　　2025年7月

指标	要求	指标数值(%)
流动比率	利用zcfzb.rep定义表间取数公式	
速动比率	利用zcfzb.rep定义表间取数公式	
资产负债率	利用zcfzb.rep定义表间取数公式	
产权比率	利用zcfzb.rep定义表间取数公式	
应收账款周转率	利用zcfzb.rep和lrb.rep定义表间取数公式	
营运资本周转率	利用zcfzb.rep和lrb.rep定义表间取数公式	
总资产周转率	利用zcfzb.rep和lrb.rep定义表间取数公式	
营业净利率	利用lrb.rep定义表间取数公式	
资产利润率	利用zcfzb.rep和lrb.rep定义表间取数公式	

表10-3 财务指标分析表公式定义

指标	公式	单元格
流动比率	"E:\ zcfzb.rep"->C18/"E:\zcfzb.rep"->G19	C4
速动比率	("E:\zcfzb.rep"->C18-"E:\zcfzb.rep"->C15-"E:\ zcfzb.rep"->C11)/"E:\zcfzb.rep"->G19	C5
资产负债率	"E:\ zcfzb.rep"-> G29/"E:\zcfzb.rep"->C38	C6
产权比率	"E:\ zcfzb.rep"->C29/"E:\zcfzb.rep"->G36	C7
应收账款周转率	"E:\lrb.rep"->C5/((("E:\zcfzb.rep"->C10+ E:\zcfzb.rep"->C9)+("E:\ zcfzb.rep"->D10+"E:\ zcfzb.rep"->D9))/2)	C8
营运资本周转率	"E:\lrb.rep"->C5/(("E:\zcfzb.rep"->C18+"E:\ zcfzb.rep"->D18)/2-("E:\zcfzb.rep"->G19+"E:\zcfzb.rep"->H19)/2)	C9
总资产周转率	"E:\lrb.rep"->C5/(("E:\zcfzb.rep"->C38+"E:\ zcfzb.rep"->D38)/2)	C10
营业净利率	"D: \lrb.rep"->C22/"E:\lrb.rep"->C5	C11
资产利润率	"E:\lrb.rep"->C20/(("E:\zcfzb.rep"->C38+"E:\ zcfzb.rep"->D38)/2)	C12

↘ 岗位说明

以"W01赵晓琪"身份登录平台，编制财务指标分析表。

↘ 实训指导

1. 启用UFO报表管理系统

① 以"W01赵晓琪"身份进入企业应用平台，执行"财务会计"|"UFO报表"命令，进入

报表管理系统。

② 执行"文件"|"新建"命令，建立一张空白报表，报表名默认为report1。

2. 报表格式定义

(1) 设置报表尺寸。

① 查看空白报表底部左下角的"格式/数据"按钮，使当前状态为格式状态。执行"格式"|"表尺寸"命令，打开"表尺寸"对话框。

② 输入"行数"为"13"、"列数"为"3"，单击"确认"按钮。

(2) 定义组合单元。

① 选择需合并的单元区域A1：C1。

② 执行"格式"|"组合单元"命令，打开"组合单元"对话框。

③ 选择"组合方式"为"整体组合"或"按行组合"，该单元即合并为一个单元格。

④ 同理，定义A2：C2、A4：A5、A8：A10、A11：A12单元为组合单元。

(3) 画表格线。

① 选中报表需要画线的单元区域A3：C12。

② 执行"格式"|"区域画线"命令，打开"区域画线"对话框。

③ 选择"网线"单选按钮，单击"确认"按钮，将所选区域画上表格线。

(4) 输入报表项目。

① 选中需要输入内容的单元或组合单元。

② 在该单元或组合单元中输入相关文字内容，例如，在A1组合单元中输入"财务指标分析表"。

❖ **注意：**

◇ 报表项目指报表的文字内容，主要包括表头内容、表体项目、表尾项目等，但不包括关键字。日期一般不作为文字内容输入，而是设置为关键字。

(5) 定义报表行高和列宽。

① 选中需要调整的单元所在行A1。

② 执行"格式"|"行高"命令，打开"行高"对话框。

③ 输入"行高"为"7"，单击"确定"按钮。

④ 选中需要调整的单元所在列，执行"格式"|"列宽"命令，可按要求设置A～C列的宽度。

❖ **注意：**

◇ 行高、列宽的单位为毫米。

(6) 设置单元风格。

① 选中标题所在组合单元A1。

② 执行"格式"|"单元属性"命令，打开"单元格属性"对话框。

③ 打开"字体图案"选项卡，设置"字体"为"黑体"、"字号"为"14"。

④ 打开"对齐"选项卡，设置"对齐方式"为"居中"，单击"确定"按钮。

⑤ 同理，按照要求设置其余单元格。

(7) 定义单元属性。

① 选定单元C13。

② 执行"格式"|"单元属性"命令，打开"单元格属性"对话框。

③ 打开"单元类型"选项卡，选择"字符"选项，单击"确定"按钮。

④ 同理，设置C4：C12单元格属性为"数值"，选中"百分号"复选框，单击"确定"按钮。

❖ **注意：**

> 格式状态下输入内容的单元均默认为表样单元，未输入数据的单元均默认为数值单元，在数据状态下可输入数值。若希望在数据状态下输入字符(文字)，应将其定义为字符单元。字符单元和数值单元输入后只对本表页有效，表样单元在数据状态下不可修改且输入后对所有表页有效。

(8) 设置关键字。

① 选中需要输入关键字的组合单元A2。

② 执行"数据"|"关键字"|"设置"命令，打开"设置关键字"对话框。

③ 选择"单位名称"单选按钮，单击"确定"按钮。

④ 同理，设置"年""月"关键字。

❖ **注意：**

> 每个报表可以同时定义多个关键字。如果要取消关键字，需执行"数据"|"关键字"|"取消"命令。

(9) 调整关键字位置。

① 执行"数据"|"关键字"|"偏移"命令，打开"定义关键字偏移"对话框。

② 在需要调整位置的关键字后面输入偏移量"年"为"-180"、"月"为"-150"。

③ 单击"确定"按钮。

❖ **注意：**

> 关键字的位置可以用偏移量来表示，负数值表示向左移，正数值表示向右移。在调整时，可以通过输入正或负的数值来调整。关键字偏移量单位为像素。

3. 报表公式定义

① 选定需要定义公式的单元C4，即"流动比率"的计算公式。

② 执行"数据"|"编辑公式"|"单元公式"命令，打开"定义公式"对话框。

③ 在"定义公式"对话框中，直接输入"流动比率公式"为""D:\ zcfzb.rep"->C18/" D:\\ zcfzb.rep"->G19"，单击"确认"按钮。

❖ **注意：**

> 单元公式中涉及的符号均为英文半角字符。单击fx按钮或双击某公式单元或按"="键，都可以打开"定义公式"对话框。

④ 同理，定义其余单元格公式，详见表10-4。

表10-4 定义财务比率各单元格公式

能力	指标	单元格	指标数值(%)
偿债能力分析	流动比率	C4	"D:\ zcfzb.rep"->C18/"D:\\zcfzb.rep"->G19
	速动比率	C5	("D:\zcfzb.rep"->C18-"D:\zcfzb.rep"->C15-"D:\ zcfzb.rep"->C11)/"D:\zcfzb.rep"->G19
	资产负债率	C6	"D:\ zcfzb.rep"-> G29/"D:\\zcfzb.rep"->C38
	产权比率	C7	"D:\ zcfzb.rep"->G29/"D:\\zcfzb.rep"->G36
营运能力分析	应收账款周转率	C8	"D:\lrb.rep"->C5/(("D:\zcfzb.rep"->C10+"D:\ zcfzb.rep"->D10)/2)
	营运资本周转率	C9	"D:\lrb.rep"->C5/(("D:\zcfzb.rep"->C18+"D:\ zcfzb.rep"->D18)/2-("D:\zcfzb.rep"->G19+"D:\zcfzb.rep"->H19)/2)
	总资产周转率	C10	"D:\lrb.rep"->C5/(("D:\zcfzb.rep"->C38+"D:\ zcfzb.rep"->D38)/2)
盈利能力分析	营业(销售)净利率	C11	"D: \lrb.rep"->C21/"D:\lrb.rep"->C5
	资产利润率	C12	"D:\lrb.rep"->C19/(("D:\zcfzb.rep"->C38+"D:\ zcfzb.rep"->D38)/2)

4. 保存报表格式

① 执行"文件"|"保存"命令。如果是第一次保存，则打开"另存为"对话框。

② 选择保存文件夹的目录，输入"报表文件"名为"财务指标分析表"，选择"保存类型"为*.REP，单击"保存"按钮。

❖ **注意：**

◇ 报表格式设置完后，需及时保存自定义报表格式，以便以后随时调用。如果没有保存就退出，系统会弹出"是否保存报表？"提示信息，以防止误操作。".REP"为用友报表文件专用扩展名。

5. 生成财务指标分析表数据

① 启动UFO系统，执行"文件"|"打开"命令。

② 选择存放报表格式的文件夹中的报表文件"财务指标分析表.REP"，单击"打开"按钮。

③ 单击空白报表底部左下角的"格式/数据"按钮，使当前状态为"数据"状态。

❖ **注意：**

◇ 报表数据处理必须在数据状态下进行。

④ 执行"数据"|"关键字"|"录入"命令，打开"录入关键字"对话框。

⑤ 输入关键"年"为"2025"、"月"为"7"。

⑥ 单击"确认"按钮，系统弹出"是否重算第1页？"信息提示框。

⑦ 单击"是"按钮，系统会自动根据单元公式计算7月份数据；单击"否"按钮，系统不计算7月份数据，以后可利用"表页重算"功能生成7月份数据。

❖ **注意：**

◇ 不同表页对应不同的关键字值，输出时随同单元一起显示。日期关键字可以确认报表数据取数的时间范围，即确定数据生成的具体日期。

实训4 自定义预算管理报表

实训要求

7月31日，为合理估计企业盈利能力及为管理人员调整经营策略提供数据支撑，财务部编制了利润预算表。公司财务人员估计各项日常业务预算与实际基本一致，8月份销售成本增长1%。

格式要求：标题设置为黑体、14号、居中，行高为7mm，两列列宽为46mm、46mm；标题下"单位：元"设置为宋体、10号、右对齐第2栏；表体中文字设置为楷体、12号、居中；表尾"制表人："设置为宋体、10号、右对齐第2栏。8月份预计利润表如表10-5所示。

表10-5 8月份预计利润表

单位：元

销售收入	
销售成本	
毛利	
销售及管理费用	
财务费用	
所得税	
净利润	
加：月初未分配利润	
可供分配的利润	
减：利润分配	
月末未分配利润	

制表人：

岗位说明

以"W01赵晓琪"身份登录平台，编制预计利润表。

实训指导

1. 报表格式定义

参照题目要求定义8月份预计利润表格式，具体步骤不再赘述。

2. 报表公式定义

① 将新华公司"7月份成本费用一览表""8月份销售管理及财务费用预算表""8月份销售预算表"复制到D盘根目录下。

② 在格式状态下，定义8月份预计利润表中各单元格公式，详见表10-6。

表10-6 预计利润表单元格公式定义

项目	单元格	计算公式
销售收入	B3	"D:\ 8月份销售预算表.rep"->E18
销售成本	B4	"D:\7月份成本费用一览表.rep"->B6*1.01
毛利	B5	B3-B4
销售及管理费用	B6	"D:\8月份销售管理及财务费用预算表.rep"->B4+"D:\8月份销售管理及财务费用预算表.rep"->B6
财务费用	B7	"D:\ 8月份销售管理及财务费用预算表.rep"->B8
利润总额	B8	B5-B6-B7
所得税	B9	B8*0.25
净利润	B10	B12-B13
加：月初未分配利润	B11	QM("410406",月,,,,,,,,,)
可供分配的利润	B12	B10+B11
减：利润分配	B13	B12*0.4
月末未分配利润	B14	B12-B13

素养园地

数字中国(十)——广东省机场管理集团：构建云端平台创新管理模式

广东省机场管理集团有限公司通过构建智慧管控云平台，大幅减少了下属多个机场在系统建设方面的重复投入，使集团总部的功能定位日益清晰，集团管控模式也进一步明确。通过该平台对下属企业进行有效投资管理和实时运营监控，真正实现了从投资规划到运营指导和监控的一体化运作，为企业决策提供了数据支撑。

打通信息孤岛、加速集团管控

广东省机场管理集团有限公司(以下简称"省机场管理集团")是直属广东省人民政府的国有大型航空运输服务保障企业，成立于2004年，下辖广州白云、揭阳潮汕、湛江、梅县和惠州五个机场。目前，所辖机场已与70余家航空公司建立业务往来，通航的目的地超过200个。

伴随省机场管理集团公司制改革和结构化调整的不断深入，其自身对财务及业务的管理、各下属机构的管控、安全生产的监控、信息的及时反馈和共享等要求与日俱增。虽然集团已经开展了信息化建设工作，但仍存在多个信息孤岛，信息无法共享，工作效率不高，管控要求无法得到支撑，这些问题都会阻碍集团整体管理水平的提升。因此，集团需构建一个强大的数据集成共享平台，将这些独立的系统整合起来，使之发挥整体协同效应。

助力科学决策、提升企业效益

为推动民航"强国建设"和地区经济社会的发展，满足创新管控模式，提高规范管理水平，进一步为省机场管理集团经营提供决策支持，避免重复投资，省机场管理集团于2015年携手用友构建了集团统一智慧管控云平台。该平台由集成云平台、十大应用(统一门户、协同办公、经营管理、安全管理、投资管理、工程管理、资产管理、风控管理、法务管理、管理驾驶舱)及HR人力资本管理模块组成。

集团统一综合管控云平台的实施，帮助省机场管理集团实现：

(1) 构建企业门户，统一工作入口，提高办公效率，总经办秘书一天最高可审办3000多条信息。

(2) 科学化项目管理，保障项目安全如期进行、助力高层投资决策。

(3) 人力资源战略部署，助力HR工作提效，科学绩效促进组织激励。

(4) 建立全面的风险管理体系，搭建实时在线的公司监管平台，加强信息化系统与管理深度融合。

(5) 为企业决策提供数据支撑，提高决策的科学性。